일본불교를 세운 고대 한국 승려들

프라즈냐 총서
48

일본불교를 세운
고대 한국 승려들

일본 사서에 나타난 고구려, 백제, 신라 승들의 활동을 중심으로

이윤옥 지음

운주사

머리말

이웃 나라 일본에 불교가 공식적으로 전수傳授된 것은 백제 성왕 때로 서기 538년[1]이다. 지금도 아스카, 나라, 교토에는 천년고찰이 즐비한 데, 이곳은 유네스코 세계문화유산(UNESCO World Heritage)에 등록된 사찰이 몰려 있어 한국인은 물론이고 세계 각국에서 이곳을 찾는 이들의 발걸음이 끊이질 않는다.

　40여 년 전, 대학에서 일본어를 전공하면서 일본 역사에 관심을 갖게 된 뒤 많은 사서史書를 접하면서 일본의 불교가 고대 한국스님들에 의해 그 뿌리를 내리게 된 사실을 알게 되었다. 그 뒤 서기 720년에 간행된 『일본서기』를 시작으로 1702년의 『본조고승전』까지 약 1,000 여 년의 시간 동안 이들 사료에서 고대 한국스님들의 이야기가 어떻게 전승되고 있는가를 추적하기 시작했다. 그러나 연구는 좀처럼 진척되지 않았다. 그 까닭은 지금까지 일본에서 활약한 고대 한국스님에 대한 종합적인 연구가 이뤄지지 않은 점과, 1,500여 년 전에 도일渡日한

---

1 일본불교 전래의 구체적인 연도는 552년과 538년 설이 있으니 현재는 538년 설을 따르고 있다. 그동안 『일본서기日本書紀』, 긴메이왕(欽明天皇) 13년(552) 10월 조에 백제 성왕으로부터 불상과 경전이 전해진 기록을 불교 공인 연도로 따랐으나 『상궁성덕법왕제설上宮聖德法王帝說』과 『원홍사가람연기병류기자재장元興寺伽藍緣起并流記資財帳』의 기록이 『일본서기』보다 앞선 것으로 밝혀져 현재 일본의 불교 공인 연도는 538년 설을 따르고 있다.

고대 한국스님들에 관한 사료 접근의 어려움 때문이었다.

일본에 건너가 불국토를 이루기 위해 활약한 고대 한국스님들의 이야기는 국내 사료에는 없고 거의 일본 사료에만 남아 있다. 그러한 옛 기록들을 모두 끄집어내어 퍼즐 맞추듯 일일이 확인하는 작업은 결코 쉽지 않았다. 사료 접근의 어려움에 대해 한 가지 예를 들어보면, 에도기(江戶期)인 1702년에 만겐시반(卍元師蛮)이란 스님이 30년 동안 일본 전역을 발로 뛰어 완성한 『본조고승전』의 경우만 해도 텍스트로 삼을 책 한 권 구하기가 어려운 실정이다. 거기에다가 설사 사료를 구한다 해도 상당수의 일본 사료들은 현대 일본어 완역본이 없는 상태라 이를 독해하는 작업에 적지 않은 공을 들여야 했다.

이 책은 필자의 박사학위 논문인 「고대 일본불교의 한국계 승려 연구」(2016)를 대폭 손보아 일반 독자들도 읽을 수 있도록 풀어쓴 것이다. 풀어썼다고는 해도 어렵기는 매한가지일 것이다. 그런데도 이 책을 세상에 내놓기로 한 것은 일본에 불교의 뿌리를 내린 고대 한국스님에 대한 관심이 없는 현실에서 이들에 대한 조명을 한 번쯤 해보고 싶은 욕심이 있었기 때문이다.

오늘날 불교는 가람이나 불경, 불상, 불탑과 같은 외형적인 면이 중시되어 유네스코 세계문화유산에 올리기 위한 노력을 앞다투어 하고 있으나, 정작 불교의 내면에 속하는 승려들의 삶이나 수행, 철학, 사상 등에 관한 연구는 소홀한 느낌이다. 이에 대해 본서는 1,500여 년에 이르는 한국의 장엄한 불교 역사를 되돌아보는 차원에서 일본의 사서史書와 문헌 등에 산견散見되는 고대 한국스님들의 활약상을 총정리한 것이다.

　신라승 혜초(慧超, 704~787)는 일찍이 인도를 순례하고 『왕오천축
국전往五天竺國傳』을 남겼다. 지금도 가기 쉽지 않은 그 길을, 혜초는
1,300여 년 전 목숨을 걸고 구법순례求法巡禮의 길을 떠났다. 일본승
자각대사 엔닌(慈覺大師 圓仁, 794~864) 역시 험난함을 무릅쓰고 당나
라로 구법순례의 길을 다녀와 『입당구법순례행기入唐求法巡礼行記』를
남긴 것은 잘 알려진 일이다. 그런가 하면 인도의 마라난타(384)는
불법佛法 전수를 위해 험한 바다를 건너 백제로 와서 불교를 전했다.
이처럼 고대 승려들은 불교의 흥륭興隆을 위해 험준고령을 넘고 망망대
해를 건너 구법과 전교에 힘썼다. 이들이 없었다면 한·중·일 동아시아
삼국의 찬란한 불교문화는 꽃피울 수 없었을 것이고, 이를 토대로
한 불교유산 역시 남아 있지 않았을 것이다.

　불법佛法이 중국을 거쳐 고대 한국에서 꽃을 피우고 이어서 일본에
전수된 때는 고구려, 백제, 신라가 번성할 무렵이다. 20여 년 간 성덕태
자의 스승으로 활약한 고구려 혜자스님을 비롯한 고대 한국스님들은
일본 불교의 발상지인 아스카(飛鳥)와 나라(奈良) 일대에 즐비한 불교
사원을 짓고 불법 흥륭에 전력을 다했다. 이 과정에서 고대 한국스님들
은 사원 건립은 물론이고 불상, 불탑 조성과 더불어 불경의 전수와
강설에 깊숙이 관여하여 일본불교의 토대를 구축하는 데 초석을 다졌
다. 그러나 고대 삼국의 멸망과 동시에 고려 이후 조선을 거치는
동안 한국에서는 이 시기에 일본에서 활약한 고승들에 대한 관심이
줄어들었다. 한편, 일본의 경우도 무사 정권기인 가마쿠라시대(鎌倉時
代, 1192~1333) 이후 에도시대(江戶時代, 1604~1867)에 이르러서는
신도존중神道尊重이라는 구조 속에 불교 경시 풍조가 만연한데다가,

근대학문이 성립하는 메이지기(明治期)에 이르러서는 메이지정부의 폐불훼석廢佛毁釋[2]의 광풍에 휩싸여 자신들의 찬란한 고대 불교문화와 관련된 연구 기회를 잃었다.

1868년에 공포된 태정관포고, 일명 신불분리령神佛分離令은 마치 중국의 분서갱유를 연상케 하는 조치로, 1,300여 년 동안 이어온 일본의 불교 역사를 하루아침에 송두리째 뿌리 뽑아 버리는 안타까운 상황을 연출하고 말았다. 주석하고 있던 절에서 쫓겨난 승려들은 신사神社의 신직神職으로 전향해야 했고 인류문화유산에 빛나는 불상佛像과 불구佛具는 상당수 훼손되고 말았다. 폐불훼석이 철저했던 사츠마번(薩摩藩)에서는 사원 1,616곳이 간판을 내려야 했고 환속한 승려만도 2,966명에 달했다. 또한 기후현 미노지방(岐阜縣 美濃國) 나에기번(苗木藩)에서는 폐불훼석이 더 심해 관내의 모든 사원과 불단, 불상이 파괴되었을 뿐 아니라 번주藩主의 보리사菩提寺[3]였던 운림사雲林寺마저 폐해버렸으며 폐불훼석이 철저히 지켜져 지금도 주민 대부분은 장례식을 신도식神道式[4]으로 치르고 있을 정도다.

오늘날 일본에서 불교가 하나의 학문으로 연구 대상이 되기까지에는 이러한 역사적인 우여곡절이 있었으며, 출발이 늦었던 만큼 고대 한국의 불교에까지 눈을 돌릴 여력은 없었다. 불교에 대한 분서갱유에

---

2 막부정권을 무너뜨리고 1868년에 들어선 메이지 정부가 불교사원과 승려들이 받고 있던 특권을 빼앗기 위해 사원, 불경, 불상 등을 훼손하고 없애버린 사건을 말한다.

3 한 집안에서 장례 뒤에 대대로 조상의 위패를 모시어 명복을 빌고 천도와 축원을 하는 개인 소유의 절. 보리菩提는 산스크리트어 'Bodhi'의 음역어다.

4 일본에서는 결혼식은 신도식神道式, 장례식은 불교식으로 치르는 것이 일반적이다.

해당하는 광풍의 소용돌이가 불어 닥친 메이지기 이후가 지나 한국불교를 조금씩 연구 대상으로 삼기는 했지만, 이번에는 황국사관에 사로잡혀 일본의 많은 학자들은 고대 한국불교를 외면하고 일본불교의 시작을 중국의 승려 감진스님[5]의 도일渡日부터라는 황당한 주장을 하고 있는 상황이다. 그들의 말대로 일본의 불교가 감진스님으로부터라면 그가 도일한 서기 752년이 일본불교의 시발점이라는 이야기다. 그렇다면 서기 538년, 백제 성왕 때 전수되어 752년 사이의 214년 동안 일본의 불교역사는 어떻게 설명한다는 말인가! 일본 불교에서 이 시기는 매우 중요하다. 일본 최초의 절인 아스카의 비조사飛鳥寺를 비롯하여 오사카의 사천왕사四天王寺, 나라의 법륭사法隆寺, 광륭사廣隆寺, 홍복사興福寺, 대안사大安寺, 동대사東大寺 등은 모두 중국의 감진스님 도일 이전에 완성되어 일본 불교문화를 꽃 피웠던 절이다. 이처럼 일본의 학자들은 애써 고대 한국스님들에 대한 이야기를 외면하고 그 대신 고대 한국과 관련된 사원건축과 불상, 불탑, 불화와 같은 외형적인 것에만 눈을 돌리고 있다. 소프트웨어는 놔두고 하드웨어에만 매달리고 있는 셈이다.

---

5 감진(鑑眞, 688~763)은 일본 율종律宗의 시조로 당의 양주揚州 태생이다. 18살에 도안道岸으로부터 보살계를 받고 20살에 장안으로 입성하여 실제사實際寺에서 경홍弘景으로부터 구족계를 받았다. 이후 양주 대명사大明寺에서 주지로 있을 때 일본승려 영예榮叡와 보조普照 등이 건너가 일본의 계율을 맡아줄 것을 간청했다. 이에 감진鑑眞은 도일을 결심하고 742년에 최초로 도일 시도를 한 이래 5회에 걸친 악조건을 이겨내고 12년 만의 노력 끝에 754년 12월 마침내 일본에 도착한다. 일본에 도착했을 때는 눈이 먼 상태였다. 이후 그는 계단원戒壇院을 설치하는 등 율사의 역할을 하다가 당초제사唐招提寺에서 75살로 입적했다.

그렇다면 한국의 실정은 어떠한가? 국내 불교학계 역시 일본 불교계에 혁혁한 공을 세운 고대 한국스님들에 대해 깊은 통찰을 할 겨를이 없이 오늘에 이르고 있다. 물론 전혀 그런 연구가 없었던 것은 아니지만, 선별적인 연구를 통해서는 고대 한국스님들의 일본 내에서의 활동과 그것이 지니는 의미를 파악하기가 힘들다. 고대 한국스님들은 백제 관륵스님처럼 승려 직위로는 최고 자리인 승정僧正에 오르거나 고구려 혜관, 신라 심상, 백제 담혜스님처럼 나라불교奈良佛敎의 핵심인 남도 6종[6]의 종조宗祖가 되는 등 눈부신 활약을 한 분들이 많다.

이 책은 2부로 되어 있는데, 1부는 '일본 문헌에 나타난 고대 한국 승려들'로 모두 4장으로 구성되어 있다. 1장 '일본불교의 뿌리 남도 6종과 고대 한국승' 편에서는 신라승 심상審祥과 고구려승 혜관慧灌이 각각 화엄종과 삼론종의 종조宗祖로 활약한 사실을 소개했으며, 2장 '민중과 국가 불교의 접목' 편에서는 민중불교의 보살행을 실천한 백제계 행기行基의 사상과 업적을 다뤘다. 나아가 원효와의 대비를 통해 각각 신라와 일본이라는 공간에서 민중불교가 어떻게 전개되었는가를 밝혔다. 이어 백제승 관륵觀勒 편에서는 '승려가 조부를 도끼로 살해한 사건'을 계기로 일본의 승강제도僧鋼制度가 정비되는 과정에서 관륵이 크게 기여한 사실에 주목했다. 한편 백제계 양변良弁 편에서는 나라불교의 중심 사찰인 동대사의 초대 주지로서 일본불교 진흥에 앞장섰던 성무왕(聖武天皇)과의 관계를 다뤘다.

---

6 남도 6종의 경우 성실종은 백제승 담혜와 도심(554)을 종조宗祖로 삼고 있으며, 삼론종은 고구려승 혜관(626), 법상종과 구사종은 신라계 현방(735), 화엄종은 신라승 심상(740) 등이 종조이며, 율종은 예외다.

3장의 '영험력을 통한 불법 전수' 편에서는 백제승 의각義覺의 도일을 둘러싼 국내 정세와 일본에서의 행적을 확인하고 충남 향천사의 유적에 대해서 살폈다. 이어 법력法力으로 환자를 치료한 백제 출신 비구니승 법명法明과 치료승들의 활동을 소개했다. 한편 기우제로 이름을 날린 백제승 도장道藏 편에서는 그가 지은 『성실론소成實論疏』가 당시 동대사 학승들의 텍스트 역할을 했다는 사실을 밝혔다. 마지막으로 4장의 '선진문화 전파의 선구적 역할' 편에서는 고구려승 담징曇徵이 그린 법륭사 금당벽화를 둘러싼 논쟁에 대해 다뤘다. 이어 『일본세기』를 지은 고구려승 도현道顯과 우지교(宇治橋)를 건설한 고구려승 도등道登에 대해서도 검토하였다.

2부는 '일본의 천년고찰과 고대 한국 승려들'이라는 항목으로 이들이 남긴 발자취를 직접 취재하여 실었다.

모쪼록 이 책을 통해 고대 한국, 곧 고구려, 백제, 신라의 고승들이 일본에 건너가 일본불교의 초석을 놓은 역사적 사실을 일본의 사료들을 통해 확인하고, 그들이 이룩하고자 했던 불국토의 꿈과 이상은 무엇이었는지를 생각하는 계기가 되었으면 하는 바람이다. 아울러 1,500년 전 온몸을 던져 일본의 불법홍륭佛法興隆을 위해 뛰었던 고대 한국스님들의 활약에 주목하는 계기가 되길 바란다.

2020년 6월 한뫼골에서

이윤옥 씀

일러두기

1. 일본어 표기는 국립국어원의 한글맞춤법 표기안의 외래어표기법에 따르는 것을 원칙으로 한다. 단, '이'계 장모음은 표기하며, 어두에 오는 k, t, p 음의 표기는 변동이 있다.
   예) 사이메이왕(齊明天皇), 고칸시렌(虎關師鍊)

2. 고유명사 가운데 책 이름은 처음 나올 때만 한자와 일본 발음을 괄호 안에 표기하고 승려 이름의 경우도 마찬가지다.
   예) 『일본서기(日本書紀, 니혼쇼키)』, 고구려승 혜관(慧灌, 에칸)

3. 일본의 산, 강, 시설물 등의 고유명사는 일본어 원음으로 표기하며, 국분사國分寺와 같이 전국의 절을 관장하는 곳이거나 금광명사천왕호국지사金光明四天王護國之寺 같은 이름은 한글음으로 표기하고 한자를 함께 표기한다.
   예) 우지교(宇治橋), 와카소산(若草山), 금광명사천왕호국지사金光明四天王護國之寺

4. 땅이름(地名)은 일본어 원음으로 표기하되 시市·현縣 등의 행정단위는 한글음으로 읽는다. 다만 일본의 옛 땅이름(地名)에서 '국國'은 국가라는 의미가 아니므로 '지방'으로 표기한다.
   예) 나라현(奈良縣), 무사시 지방(武藏國)

제1부

일본 문헌에 나타난 고대 한국 승려들

제1장 일본불교의 뿌리 남도 6종과 고대 한국승

1. 일본불교의 뿌리 남도 6종

일본불교의 뿌리라고 할 수 있는 나라시대(奈良時代)의 남도南都[1] 6종이 성립되기까지 고대 한국 승려의 영향은 매우 컸다. 남도 6종이란 나라시대 헤이조쿄(平城京)를 중심으로 발달한 삼론종·성실종·법상종·구사종·화엄종·율종을 일컫는데, 당시는 사찰별로 특정 종파를 신봉하는 것이 아니라 한 사찰 안에서도 여러 종파가 함께 어우러져 활동하던 시기였다. 따라서 초기에는 '종파'라기보다 법상중法相衆, 화엄중華嚴衆과 같이 '중(衆, 무리)'의 모습으로 존재했으며, 교의를 중시하여 동대사東大寺를 중심으로 한 불교교리를 연구하는 교학적 요소가 짙은 모습이었다. 나라불교에서 남도 6종의 등장은 『속일본기續日本紀』 '망청제4위13계이발3학6종望請制四位十三階以拔三學六宗'[2]

---

1 여기서 남도南都라고 하는 것은 교토(京都, 平安京)를 북부北部, 나라(奈良, 平城京)를 남도南都라고 한 데서 유래한다.

의 기사에서 '6종六宗'을 확인할 수 있지만, 아직 이 시기의 '종宗'의 개념은 하나의 종파적인 성격이라기보다는 학단學團을 중심으로 한 교의教義 연구 집단으로 봐야 할 것이다.

이러한 성격의 남도 6종은 동대사를 중심으로 '종파'로서의 모습을 갖춰 가는데, 그것은 정창원 문서인 「승지경장소본의등소봉청계僧智憬章疏本義等疏奉請啓」에 보이는 양변良弁의 제자 지경智憬이 5종의 학두學頭[3]에게 제종諸宗의 장소(章疏; 불전의 번역서) 목록을 만들도록 명한 데서 알 수 있다. 이 목록에는 삼론종 학두 3인, 율종 학두 3인, 구사종 학두 3인, 성실종 학두 3인이 양변의 명을 받았다는 내용이 쓰여 있다. 이에나가 사부로(家永三郎, 1913~2002)는 이 가운데 6인이 동대사 승려이며, 나머지도 동대사 승려로 추정하여 남도 6종이 동대사를 중심으로 이뤄진 것으로 보고 있다. 이로써 백제 성왕으로부터 불교가 전래(538)된 이래 200여 년 만에 공식적인 국가 공인의 '종파' 성립을 보게 된 것이다.

9세기에 성립된 『일본영이기日本靈異記』[4] 중권 28화 「아주 가난한 여인이 장륙존상에게 복을 빌어 기이한 일이 나타나 현세에 큰 복을

---

2 天平寶字四年七月庚戌條, 天平寶字四年.(『속일본기』③권, p.356)

3 학두學頭란 대사원에서 학사學事를 총괄하는 승려이며, 여기서 5종이라고 한 것은 양변良弁의 제자 지경智憬 자신이 담당한 것을 빼고 말한 것으로 자신이 담당한 화엄종을 포함하면 6종이다.

4 원제목은 『일본국현보선악영이기日本國現報善惡靈異記』이며 헤이안시대(9세기)에 완성된 일본 최고最古의 설화집으로 저자는 약사사藥師寺 승려인 교카이(景戒)이다. 구성은 상중하 3권으로 이뤄졌으며 116화의 설화가 수록되어 있다. 여기서는 『일본영이기日本靈異記』로 줄여 부른다.

받은 이야기(極窮女於尺迦丈六佛願福分示奇表以現得大福緣)」에 남도 6
종의 승려 이야기가 등장하고 있는 것으로 보아 이 시기에는 이미
남도 6종이 일반화되어 있었던 것으로 볼 수 있다.

여인은 다시 장륙존상 앞으로 가서 꽃과 향과 등잔 기름을 바치고는
집으로 돌아와서 잠자리에 들었다. 다음날 일어나서 마당을 보니
또다시 돈 4관이 있었고 거기에 또 종이가 붙어 있었는데 이렇게
쓰여 있었다. "대안사 성실론종(독송회)에 바친 돈." 여인은 다시
그 돈을 절에 보냈다. 독송회 스님들이 돈궤를 들여다보니 봉인은
여전히 그대로였다. 열어보니 돈 4관만 없었다. 6종의 학승(六宗之
學頭僧)들이 기이하게 여기며 다시 넣고 봉해두었다.[5]

나라불교의 기초가 된 것은 남도 6종의 성립에 의한 것으로 이
과정에 고대 한국승려들이 종조宗祖로 관여했음에 주목하고 싶다.
손영익[6]에 이어 김태흡도 아스카시대부터 나라시대에 이르는 230년
동안 남도 6종을 중심으로 고대 한국 출신 승려들이 종조宗祖의 역할을
다했기에 가능하다고 했다. 김태흡은 나라시대 6종의 종조에 대해,
삼론종은 백제승 관륵觀勒과 고구려승 혜자慧慈의 토대 위에서 고구려
승 혜관慧灌이 초조初祖라 했으며, 성실종은 백제승 도장道藏이 종조이
고, 법상종은 당 유학을 마친 백제계 도소道昭를 처음 전한 사람으로

5 『일본영이기』 중권 28화, p.205.
6 손영익, 「남도 6종의 종조들에 대하여」, 『印度學佛教學研究』, 第21卷 第2號,
日本印度學佛教學會, 1973, pp.174~175.

보았다. 구사종은 법상종에 부설된 종파로 보아 그 시작을 법상종과 같이 보았고 화엄종은 신라승 심상審祥을 종조로 보았으며, 율종은 당의 감진鑑眞을 초조라 하였다.[7] 이와 관련해서 일본의 경우 남도 6종의 성립을 둘러싼 연구[8]는 비교적 활발하지만 종조에 관해서는 히라이 슌에이(平井俊榮)의 「남도 삼론종사의 연구서설(南都三論宗史の研究序説)」에서 다룬, 삼론종의 종조가 고구려승 혜관이며 고구려승 혜자, 백제승 혜총과 관륵 등도 삼론종 발전에 초석을 놓은 승려임을 밝힌 것 외에는 종조에 관한 연구는 아직 미흡하다.

한편, 남도 6종 가운데 특히 화엄종은 국분사國分寺[9]의 총본산인

---

7 김태흡은 손영익과 남도 6종의 종조宗祖에 대한 견해를 대개 같이 하나 성실종의 경우 손영익은 종조를 백제승 담혜와 도심으로 보는데 견주어 김태흡은 백제승 도장으로 보았고, 법상종의 경우 손영익은 신라계 현방으로 보았는데 김태흡은 백제계 도소로 보았다. 그러나 이것은 사료 문제라기보다는 성실종의 경우처럼 백제승 담혜, 도심, 도장 가운데 누구를 종조로 보는가에 대한 견해 차이로 볼 수 있다. 김태흡이 성실종의 종조로 도장을 꼽은 것은 도장의 저서인 『성실론소』를 근거로 한 것이 아닌가 한다. 김태흡, 「동양불교의 개설」, 『佛敎』 제41호, 불교사, 1927, pp.8~13.

8 '남도 6종'을 다룬 연구로는 1967년의 동대사東大寺 주지인 히라오카 조카이(平岡定海)의 「나라시대에 있어서 '종'에 대하여(奈良時代における'宗'について)」를 시작으로 최근의 저서인 다케무라 마키오(竹村牧男)의 『일본불교 사상의 발자취(日本仏教思想のあゆみ)』(2015) 속의 '남도 6종의 사상(南部六宗の思想)'을 포함하여 적지 않은 논저가 있으나 이들은 주로 남도 6종의 의미와 성립과정에 관한 논저일 뿐 그 뿌리인 종조에 관한 종합적인 연구는 아직도 이루어지지 않고 있다. 히라오카 조카이(平岡定海), 「나라시대에 있어서 '종'에 대하여(奈良時代における'宗'について)」, 『宗敎研究』 40, 日本宗敎學會, 1967, 다케무라 마키오(竹村牧男), 『일본불교 사상의 발자취(日本仏教思想のあゆみ)』, 講談社學術文庫, 講談社, 2015.

동대사를 중심으로 당시 중국과 한국의 화엄학의 발달로 인해 활짝 꽃을 피우게 되었는데, 그 중심적 역할을 한 승려로는 신라출신 심상審祥[10]을 들 수 있다. 심상이 활약하던 8세기는 '동아시아 화엄의 세기'라고 일컬을 정도로 한중일 삼국에서 화엄적 세계관이 강조된 시기로, 당나라 유학을 마치고 일본으로 건너가 화엄학을 널리 편 심상의 활동 시기는 조국인 신라와 일본의 활발한 교류로 승려들의 왕래와 경전류의 유통이 크게 확대되던 시기이기도 하다.

이 무렵 중국은 두순杜順, 지엄智儼에 이어 화엄종을 완성한 법장(法藏, 643~712)이 활약하였고, 신라에서는 의상(義湘, 625~702)이 화엄학을 크게 펼쳤다. 특히 의상의 화엄학 경지는 당나라의 법장조차 자신의 저서인 『오교장五敎章』을 신라의 의상에게 교정을 봐달라고 보낼 정도로 높은 수준에 있었다.[11] 심상은 이와 같이 일본 화엄종의

---

9 국분사國分寺란 서기 741년 성무왕(聖武天皇)이 국가진호國家鎭護를 위해 일본 전역에 건립을 명하여 세운 절을 가리킨다.

10 신라승 심상審祥에 대한 표기는 심상審祥과 심상審詳 두 가지가 혼용되고 있다. 본고에서는 심상審祥을 따르되 사료 속의 표기는 '심상審祥 또는 심상審詳'의 표기대로 따른다.

11 『균여대사화엄학전서해제均如大師華嚴學全書解題』의 「기해동서寄海東書」에 따르면 중국의 법장이 자신의 저술을 신라의 의상에게 보내면서 그 잘잘못을 가려줄 것을 청했다고 한다. 이에 의상은 법장의 저술인 『화엄교분기華嚴敎分記』를 접수하여 진정眞定과 지통智通에 명해서 연구시켰으며, 최종으로 자신이 검토하고 나서 『오교장五敎章』의 순서가 잘못되어 교체하게 된다. 다시 말해서 법장으로부터 보내온 『오교장』 가운데 교의리분제편敎義理分齊編이 제10에 배열되어 있는 것을 의상이 제9로 교체하여 전후의 뜻이 통하도록 조치한 것이다. 김지견, 『均如大師華嚴學全書解題』, 東京 後樂出版社, 1977, pp.15~16.

전개와 발전에 지대한 공헌을 한 고승임에도 일본불교계에서는 심상에 대한 연구가 미미하다.[12] 따라서 이 책에서는 화엄종의 총본산인 동대사를 중심으로 심상이 나라불교에 전수한 화엄학 전개와 관련된 전후 사정과 공헌한 부분을 살펴봄으로써 8세기 일본에서 만개한 화엄종의 위상을 살펴보기로 한다.

2. 화엄종의 시조 신라승 심상審祥

1) 화엄종의 개관

어떤 사람이 남의 보물을 세어도(如人數他寶)
스스로는 반 푼도 없는 것 같이(自無半錢分)
불법을 닦아 행하지 아니하면(於法不修行)
많이 들은 것 또한 이와 같도다.(多聞亦如是)[13]

이는 『화엄경』 보살명문품菩薩問明品 가운데 법수보살의 내용이다.

---

12 심상에 관한 논문으로는 히라오카 조카이(平岡定海)의 「신라의 심상 교학에 대해서(新羅の審祥の教學について)」, 『印度學佛教學研究』 Vol. 20(1971~1972)가 비교적 자세한 편이지만 이 논문은 심상의 출생과 입적, 심상 사경목록 등에 초점을 둔 것이다.

13 『화엄경』 「보살명문품」에 있다. 보살문명품은 39품으로 이뤄진 『80화엄경』 중 제9품에 해당하며, 보살문명이란 문수보살과 9수보살(각수, 재수, 보수, 덕수, 목수, 근수, 법수, 지수, 현수)의 신심을 성취케 하기 위해 10가지로 묻고 10가지로 답하는 것을 말한다. 전호연, 『화엄의 세계』, 민족사, 2011, p.50.

화엄의 세계는 끝을 헤아릴 수 없는 광대무변한 세계에 꽃을 피우는 것처럼 『화엄경』을 펼쳐 들면 장엄하면서도 형용하기 어려운 철학적인 화엄법계의 세계가 펼쳐진다. 화엄종은 『대방광불화엄경大方廣佛華嚴經』을 소의所衣 경전으로 하는 독자적인 교학체계를 세운 종파를 말하며, 『화엄경』이 인도에서 이루어진 데 견주어 화엄종은 중국과 한국에서 체계화[14]되었다.

중국 화엄종의 개조는 두순(557~640), 지엄(602~668), 법장(643~712), 징관(738~839), 종밀(780~839)로 이어지는 화엄 5조설이 있으며, 『화엄경』을 소의 경전으로 하는 화엄종이라는 명칭이 처음 사용된 것은 징관의 『화엄경소華嚴經疏』다. 화엄종은 소의 경전인 『화엄경』이 번역되면서 종파의 형성을 이루게 되는데, 동진시대의 북인도 출신 불타발타라佛陀跋陀羅에 의해 한역된 이래 『화엄경』 연구가 활발해졌으며, 특히 511년 인도의 논사論師 세친世親의 저서 『십지경론十地經論』을 모두 완역한 것을 계기로 지론종地論宗[15]이 성립되었는데, 이는 화엄종 성립의 학문적 기초를 이루는 것이다.

---

14 "특히 의상의 화엄종의 경우에는 아미타불과 관세음보살로 소의 본존을 삼고 있는데, 이는 중국 화엄종에서는 볼 수 없는 일이다." 김영수, 「五教兩宗에 대하여」, 『佛教』 신29집, 1941, p.18.

15 지론종地論宗은 세친世親의 십지경론十地經論에 의거하여 성립된 학파로 혜광(慧光, 468~537) 계통의 남도파南道派와 도총(道寵, 생몰년 미상) 계통의 북도파北道派로 나뉘는데, 전자는 아뢰야식阿賴耶識을 청정한 진식眞識이라고 하는데 견주어, 후자는 오염된 망식妄識이라고 봄. 북도파는 수대隋代 초에 섭론종에 흡수되었고, 남도파는 당대唐代 초에 섭론종과 화엄종에 흡수됨. 『시공 불교사전』, 시공사, 2003.

한국에서는 신라의 원효와 의상 등이 화엄사상을 크게 발전시켰는데, 원효의 『화엄경소』는 화엄의 집대성자인 현수대사 법장의 『탐현기探玄記』[16]에 인용될 만큼 큰 영향을 끼쳤다. 이처럼 신라불교사에서 화엄종은 중요한 위치를 차지하는데, 당과 일본에 끼친 영향력이 적지 않다는 점과 당시 신라에 여러 종파[17]가 있었지만 나말려초의 구산선종九山禪宗이 뿌리를 화엄사상[18]에 두었다는 점 등이 화엄종의 위치를 말해준다.

특히 김지견은 구산선문에 영향을 준 것은 화엄학의 쌍벽을 이루고 있는 원효와 의상 가운데 의상계로 보고 있는데, 이는 고려 때 균여의 전기를 쓴 혁연정赫連挺이 인도의 화엄은 용수요, 신라의 화엄은 의상이고, 고려의 화엄은 균여라고 하는 데서도 알 수 있으며, 균여 자신이 의상의 저술인 『법계도기法界圖記』에 대한 주석을 하고 있을 뿐 아니라 지눌의 저서인 『법집별행록절요화병입사기法集別行錄節要華垃入私記』의 결론 부분에서 의상의 『법계도기』를 인용하고 있는 것에서도 의상

---

16 『탐현기』에 인용된 원효의 사교판四敎判은 一, 三乘別敎(如四諦敎緣起經等) 二, 三乘通敎(如般若敎深密經等) 三, 一乘分敎(如瓔珞及梵網經等) 四, 一乘滿敎(謂華嚴經普賢敎)로 이를 인용한 중국의 화엄학승은 이통현李通玄, 혜원慧苑, 징관澄觀 등이 있으며, 일본의 경우는 동대사의 수영壽靈의 저서인 『오교장지사기五敎章指事記』에 인용되어 있다. 김지견, 「新羅華嚴學의 系譜와 思想」, 『學術院論文集』, 人文社會科學篇 12, 大韓民國學術院, 1973, p.39.

17 화엄종이 성립되던 무렵 신라에는 열반종, 법상종, 계율종, 신인종神印宗 등이 성립해 있었다. 金映遂, 「五敎兩宗에 대하여」, 『佛敎』 신29집, 1941, pp.14~29.

18 崔柄憲, 「新羅下代待 禪宗九山脈의 成立」, 『한국사연구』, 韓國史硏究會, 1972, pp.81~87.

의 화엄이 중시되었음을 알 수 있다고 했다.[19] 그는 또 오늘날에도 한국불교의식에서 의상의 법성게法性偈가 독송되고 있는 것을 들어 의상의 화엄이 한국에 더 깊게 뿌리 내린 것으로 보았으며, 신라 화엄의 특징은 화엄을 교리학적으로만 이해하는 게 아니라 실천불교로 받아들이고 있음을 지적했다. 이 점이 바로 중국과 일본의 화엄과 다른 점이자, 의상의 스승인 중국의 지엄이 의상을 높이 평가하는 부분이라고 했다. 그러나 김지견의 이러한 견해는 원효를 의상보다 아래에 두려는 것도 아니고 의상을 올리려는 것도 아니라는 생각이다. 김지견 자신도 이러한 화엄학의 거봉인 원효와 의상의 우월을 따지려고 한 것이 아니라 그만큼 신라의 화엄학에 영향을 준 두 거봉의 연구가 한동안 원효 중심으로 이뤄진 데 대한 자성의 차원이라고 말한 바 있다.

일본의 경우 원효의 화엄에 크게 의존했던 학승을 보면 젠슈(善珠, 723~797), 묘에(明惠, 1173~1232), 교넨(凝然, 1240~1321) 등을 들 수 있으며, 그들의 저서에는 원효의 저서를 인용한 부분이 적지 않다. 실제로 원효 연구가인 후쿠시 지닌(福士慈稔)은 일본학자 가운데 원효를 모르는 사람을 찾기가 더 어려울 것[20]이라고 했을 만큼 원효는

---

19 신라 화엄학을 논할 때 원효를 중심으로 연구가 이뤄진 점에 이의를 제기하고 의상이 화엄의 주류임을 주장한 이는 김지견이다. 그는 외국승들 사이에 원효가 더 유명한 인물로 알려졌다면서 중국의 법장이 지은『탐현기』에 원효의 사교판이 인용되고 있음을 들고 있다. 김지견, 앞의 논문, pp.32~33.

20 "신라불교사, 한국불교사, 사상사, 교학사 등에 관한 그 어떤 서적 및 논문을 보더라도 원효에 관해서 언급하지 않는 것을 찾는 것이 곤란할 정도이다. 또 일본불교사 연구자 중에서도 원효의 이름을 모르는 연구자는 없을 것이고 실제로

이미 일본 불교계에 널리 알려진 인물이다. 에다 도시오(江田俊雄)[21]도 "『무량수경』에 대한 주석도 원효와 경흥이 중국의 현장과 어깨를 나란히 하여 남겼는데 이를 무량수경 4소四疏라고 해서 중국에서도 소중히 여겨왔다."고 말하고 있다. 이와 같이 당시 신라의 화엄학 홍륭의 분위기는 그대로 일본에 전해졌는데, 일본의 화엄학을 말할 때 가장 먼저 거론되는 인물이 신라승 심상審祥이다.

2) 화엄종의 총본산 동대사 창건

일본불교의 뿌리이자 남도 6종의 꽃을 피웠던 나라(奈良)는 아스카(飛鳥)와 더불어 일본 최고最古의 불교 유적지가 남아 있는 곳이다. 나라 동대사는 일본 화엄종의 총본산으로 나라현 나라시 조시초(奈良縣 奈良市 雜司町)에 있는 천년고찰이다. 서기 538년 백제로부터 불교가 전래된 이래 8세기(752년 낙성식)에 세워진 동대사는 호국불교 이념 아래 국가 관리의 총국분사總國分寺로써 그 존재감이 뚜렷했던 대사찰이다. 대불전에는 국보에 빛나는 노사나불盧舍那仏이 모셔져 있으며 1,300여 년이 지난 오늘날도 참배객들이 줄을 서고 있는 곳이기도 하다. 동대사에는 노사나불 외에도 남대문, 금당, 법화당, 종루와 같은 국보급 문화재와 견본저색구사만도라도絹本著色倶舍曼荼羅図 등

특히 일본불교 형성 초기에 일본에 큰 영향을 끼친 것이 원효다." 후쿠시 지넌(福土慈稔), 「삼국시대, 통일신라시대의 불교에 대한 연구(三國時代·統一新羅時代の仏敎に對する硏究)」, 『韓國仏敎學SEMINAR』8, 2004, pp.180~181.

21 에다 도시오(江田俊雄), 「신라불교에 있어서 정토교(新羅仏敎に於ける淨土敎)」, 『支那仏敎史學』3-3·4合号, 1939, pp.145~155.

의 그림, 목조아미타여래입상木造阿弥陀如來立像과 같은 조각품 등
숱한 보물급 문화유산을 간직하고 있다. 이러한 유서 깊은 동대사는
초대 별당別当[22]인 백제계 양변良弁과 자훈慈訓, 신라승 심상審祥 등
고대 한국 출신 고승들과도 깊은 인연이 있는 절이다.

동대사가 헤이조쿄(平城京)에 들어서게 된 것은 제45대 성무왕(聖武
天皇, 재위 724~749) 때 일로 이 무렵이 되면 나라 일대에는 법흥사(法興
寺, 호코지, 587), 광륭사(廣隆寺, 고류지, 603), 법륭사(法隆寺, 호류지,
607) 등 이미 많은 절들이 들어서게 된다. 성무왕은 고대하던 황태자를
낳았지만 만 1살이[23] 채 안 되어 태자가 요절하자 왕비(光明皇后)와
함께 황태자의 명복을 빌기 위해 절을 짓게 되는데, 이곳이 동대사
전신인 금종사(金鐘寺, 곤슈지)다. 동대사 창건에 관한 이야기는 9세기
불교설화집 『일본영이기』에 실려 있다.

나라 동쪽 산에 절이 하나 있다. 이름을 금취金鷲라고 하였다.
금취우바새金鷲優婆塞가 이 산사에 살고 있었기 때문에 그런 이름이

---

22 별당別当이란 동대사(東大寺, 도다이지), 흥복사(興福寺, 고후쿠지), 사천왕사(四天王
寺, 시텐노지) 등에서 사무寺務를 통괄하는 장관長官에 해당하는 승직이다. 별당은
임기 4년으로 임기가 만료된 때에는 사내寺內 5사五師와 대중大衆의 추천으로
승강僧綱과 강독사講讀師에 의한 심사를 받은 뒤 태정관太政官이 임명했다. 일본
에서 최초의 별당을 둔 것은 동대사이며, 기록상으로는 천평승보天平勝宝 4년
(752) 백제계 양변良弁이 동대사의 별당에 임명된 것이 처음이다.

23 성무왕과 왕비 사이에 태어난 모토이 왕자(基皇子)는 신귀神龜 4년(727) 11월
20일(윤9월 29일)에 태어나지만 신귀 5년(728) 10월 24일(윤9월 13일)에 채 1살이
안 된 나이에 그만 죽고 만다. 이에 앞서 성무왕은 출생 32일 만에 이례적으로
모토이 왕자를 황태자로 세운다.

붙었으며 지금의 동대사다. 동대사를 세우기 전에 성무천황이 다스
리던 시기에 금취는 수행자로서 그 절에 살면서 불도를 닦고 있었다.
그 산사에는 흙으로 빚은 집금강신執金剛神의 토상土像이 하나 있었
다. 수행자는 신상神像의 장딴지에 새끼줄을 걸어 매고는 낮이고
밤이고 쉬지 않고 기원을 올렸다. 그러자 장딴지에서 빛이 나오더니
천황의 궁전까지 뻗쳤다. 깜짝 놀란 천황은 기이하게 여기고 사람을
보내 살펴보게 하였다. (중략) 천황은 그 수행자를 불러들여 명을
내렸다. '무엇을 바라며 기도하느냐?' 그러자 수행자가 대답하였다.
'바라는 바는 출가하여 불법을 배우고 닦는 것입니다.' 이에 천황은
조서를 내려 득도를 허락하고 금취라는 이름을 주었다.[24]

한편 『동대사요록東大寺要錄』[25]에도 "천평 5년(733)에 와카소산(若
草山) 언덕에 창건된 금종사金鐘寺"라는 기록이 보이며, 『속일본기』에
는 신귀神龜 5년(728)에 제45대인 성무왕과 왕비가 어린 나이로 죽은
왕자의 명복을 위해 지행승智行僧 9명을 산방에 주거시켰다는 기록이
있다.[26] 이 산방은 뒤에 금종사로 이름을 바꾸게 되는데, 이곳에는
8세기 중반까지 견색당羂索堂과 천수당千手堂이 있었으며, 견색당은
현재의 법화당(다른 이름 삼월당)을 말한다. 741년에 조정에서 국분사

---

24 『일본영이기』 중권 제21화, p.184.

25 1106년에 편찬된 동대사사지東大寺誌로 10권 10장으로 구성되어 있으며 본원·
   연기·공양·제원·제회·제종·별당·봉호수전封戶水田·말사末寺·잡사雜事의 내
   용이 실려 있다. 이 책은 창건 당시부터 원정기(院政期, 무사들이 활약하는 12세기
   말)까지의 동대사 역사를 이해하는 데 귀중한 자료다.

26 庚辰, 擇智行僧九人, 令住山房焉. 『속일본기』, 신귀神龜 5년, ②권, p.202.

國分寺와 국분니사國分尼寺 설치의 칙명이 내려지자 금종사는 대화금
광명사大和金光明寺로 이름을 바꾸었다가 다시 동대사로 이름을 바꾸
는데, 이 시기는 동대사 대불 주조가 시작된 천평 19년(747)이다.
성무왕이 국분사를 세우게 된 목적은 불교를 통해 국가의 안녕과
백성을 평안하게 하기 위한 것으로,

> 옛날의 현명한 군주는 모두 조상의 업적을 성실히 이어와서 국가가
> 평안하였고 백성은 복을 누렸다. 어떻게 나라를 통치해야 할 것인
> 가? 각 국분사(비구절)에는 봉 50호, 논 10정을 두고 국분니사(비구
> 니절)에는 논 10정을 하사한다. 국분승사(비구절)에는 반드시 승려
> 20인을 두고 그 절 이름은 금광명사천왕호국지사라고 짓고, 니사
> (비구절)에는 10인을 두며 이름은 법화멸죄지사라 한다.[27]

라는 기록에서 엿볼 수 있다. 성무왕이 조정의 중심사찰인 동대사의
초대 주지(별당) 자리에 백제계 양변良弁을 앉히고 양변으로 하여금
나라불교의 중흥을 맡긴 것은 그 만큼 양변의 역량이 출중했기 때문이
다. "자훈慈訓과 심상審祥은 함께 현수법사 법장賢首法師 法藏에게 친히
배웠던 인물이다. 그러나 자훈과 심상은 크게 떨치지 못하고 양변에
이르러서야 창성할 수 있었다. 성무왕도 양변을 숭앙하였다."[28]고
한 『원형석서』[29]의 기록은 양변의 인품과 법력法力을 잘 말해주는

---

27 『속일본기』② 권, p.390.
28 자훈과 심상, 양변은 모두 현수법사의 제자다. 자훈과 심상은 부진했으나 양변은
   창대하였다. 성무왕이 그를 공경하고 숭앙하였다. 『원형석서』, p.161.

것이라고 할 수 있다.

3) 심상의 출생과 도일

심상(審祥, 신쇼)에 대해서는 『삼국불법전통연기三國佛法傳通緣起』,
『동대사요록東大寺要錄』, 『원형석서元亨釋書』, 『본조고승전本朝高僧
傳』 등의 사료를 통해 그 존재를 확인할 수 있다. 하지만 심상의 출생에
관해서는 그 어느 자료도 정확히 기록되어 있는 것이 없다. 1322년에
고칸시렌이 지은 일본 최초의 불교통사인 『원형석서』에도 심상의
기록이 자세히 전해지지 않아 안타깝다는 기록이 보인다.

  자훈은 성이 후네씨[30]이고 나이슈(內州, 지금의 오사카) 사람이다.

---

29 『원형석서元亨釋書』는 일본 최초의 불교통사仏教通史로 전 30권으로 이뤄졌다.
  1322년 저자 고칸시렌(虎關師錬)이 일본의 불교전래부터 가마쿠라(鎌倉時代)까지
  약 700년간에 걸쳐 고승의 전기 등을 한문체로 기록했다. 이 책의 집필동기에
  대해 고칸시렌은 원나라의 핍박을 피해 1299년 도일한 승려 잇산이치네이(一山一
  寧, 1247~1317)가 일본의 고승에 대해 물었을 때 제대로 답을 하지 못해 부끄러움을
  느껴 고승전을 쓰기로 결심했다고 전한다. 집필 전에 고칸시렌은 중국의 고승전
  을 읽었는데 그에 대해 다음과 같이 평했다. "대장경을 보다가 승사僧寺의 3전傳이
  있음을 알았는데 이른바 양梁, 당唐, 송宋의 고승전이었다. 그러나 이 3전은
  사서의 글로는 정밀하지 못하였다. (중략) 『속고승전』은 일을 서술함에 있어
  문장이 난삽하고 전기와 논의 문체가 동일하여 마치 명문銘文과 같았다. 『송고승
  전』은 사실이 잡다하게 뒤섞여 있고 그 뜻을 헤아리기 어려운데 오래된 비갈문을
  그대로 기재하고 전혀 필삭하지 않았기 때문이다. 이런 까닭에 예로부터 전해오
  던 성인들과 현자들의 사업이 널리 현창顯彰되지 못하였으니 자못 안타깝다."(『원
  형석서』, 권제30, pp.497~503)
30 "후네씨는 백제계 도래씨족이다(船氏は百濟系渡來氏族)." 사에키 아리키요(佐伯有

처음에 흥복사의 양민良敏과 현방玄昉 두 스님을 모시고 법상종을
배웠다. 그 후에 심상법사와 함께 바다를 건너 당나라에 가서 현수국
사 법장을 뵙고 화엄의 깊은 종지를 전해 받았다. 돌아와서는 양변과
함께 현수종을 일으켰다. (중략) ㉠내가 기린다. 자훈과 심상 일에
관한 기록을 찾아보았으나 얻지 못했다. 비록 샅샅이 뒤졌다고는
할 수 없으나 옛 기록에 빠져 있음은 못내 애석하다. 이런 일을
크게 염려하여 이 책을 짓게 되었던 것이다.[31]

8세기의 고승인 심상을 14세기의 고칸시렌이 그 족적을 찾기에는
다소 무리가 따르는 일일지도 모른다. 이미 600년의 시차가 아닌가?
그러나 고칸시렌과 비슷한 시기에 활동한 동대사 학승 교넨(凝然)이
지은 『삼국불법전통연기三國佛法傳通緣起』에는 "㉠신라학생대안사
심상대덕기운 (중략) 엄지사재원흥사 량변화상즉왕피사 청피대덕
기사답운 오명시엄지이심비엄지〔新羅學生大安寺審祥大德記云(中略)嚴
智師在元興寺 良弁和上卽往彼寺 請彼大德 其師答云 吾名是嚴智而心非嚴智〕"
이라는 기록이 있는데, 이로써 교넨이 생존해 있던 시대에는『심상대덕
기審祥大德記』가 존재했던 것으로 추정된다. 교넨이『삼국불법전통연
기』를 지은 것은 1311년이고 고칸시렌이『원형석서』를 지은 것은
1322년이므로 약 10년 차이 밖에는 나지 않는다. 따라서 고칸시렌의
시대에도『심상대덕기』가 존재했을 가능성이 있지만 어찌된 영문인지
고칸시렌은 심상에 관한 자료가 옛 기록에 빠져 있다고만 적고 있을

清),『일본고대성씨사전(日本古代氏族事典)』, 雄山閣出版, 1994, pp.400~401.
31 『원형석서』 권제1, p.145.

뿐 『심상대덕기』 등을 찾아보지 않은 듯하다. 다만 '자훈과 심상법사가 함께 바다를 건너 당나라에 가서 현수국사 법장에게 사사'했음을 기록했을 뿐이다.

심상의 출생에 대해서는 알려져 있지 않으나 심상의 도일 시기는 정창원 문서를 통해 추정할 수 있다. 심상의 첫 기록은 천평 12년(740) 7월 8일자 사경소계寫經所啓 사경목록의 경론소經論疏에 "화엄론花嚴論[32] 49권 취인론取因論 1권, 화엄수자분花嚴修慈分 1권, 이상 심상사본審祥師本"이라는 기록이 남아 있다. 이것으로 미뤄 볼 때 740년에는 심상이 이미 일본에서 활약하고 있었음을 알 수 있다. 한편, 심상의 입적에 대해서는 교넨의 『삼국불법전통연기』에, "심상선사 3년종경, 천평14년임오엄언졸심상선사 3년종경, 천평14년임오엄언졸(審祥禪師 3年終經, 天平14年壬午奄焉卒審祥禪師 3年終經, 天平14年壬午奄焉卒)"이라는 기록이 있는데, 천평 14년은 742년을 가리키므로 이 해에 입적했음을 알 수 있다. 그러나 히라오카 조카이(平岡定海)는 정창원 사경소 기록에, "화엄론사십구권취인론일권화엄수자분일권 이상 심상사본천평십륙년윤종월십사일납정초엄경소제이질십권법장사선자(花嚴論四九卷取因論一卷花嚴修慈分一卷 以上審祥師本 天平十六年閏正月 十四日納卦焦嚴経疏第二秩十卷法藏師選者)"라는 내용을 들어 천평 16

---

32 정창원 문서 등에는 '화엄'에 대한 표기가 '화엄론花嚴論, 화엄수자분花嚴修慈分, 화엄경소華嚴經疏'와 같이 표기되어 있는데 당시에는 '花嚴', '華嚴'을 섞어 쓰고 있음을 알 수 있다. 후쿠시 지넌(福士慈稔)의 『대일본고문서정창원편년문서에 보이는 신라불교의 2, 3문제(『大日本古文書正倉院編年文書』にみられる新羅仏教の 二·三の問題)」, 『東洋文化研究所報』, 身延山大學東洋文化研究所, 2007, p.6.

년(744)까지는 심상이 살아 있었을 것으로 추정하고 있다.[33] 이러한
자료를 토대로 보면 출생일은 알 수 없지만 심상은 740년 무렵에는
일본에서 활약하고 있었으며 입적일은 744년으로 봐도 무리는 없을
것이다.

그런데 여기서 심상에 대해 한 가지 짚고 넘어가야 할 것이 있다.
신라 출신 심상을 두고 일본의 일부 학자[34] 가운데는 심상을 신라인이
아닌 일본인으로 보아야 한다는 주장을 펴고 있는 점이다. 이러한
주장에 대해 이도엽과 양은용 등은 교넨의 『삼국불법전통연기』, 만겐
시반의 『본조고승전』[35] 등 여러 사료를 들어 "심상은 분명한 신라인"[36]임

---

33 히라오카 조카이(平岡定海), 앞의 논문, p.86.

34 "심상 그는 과연 신라로부터 도래한 학승이었을까? 재고해봐야 할 문제다. 그는
   신라에 유학하고 돌아와 나라의 대안사에 주석하고 있었던 일본 승려다." 호리이
   케 슌포(堀池春峰), 「화엄경 강설에서 본 양변과 심상(華嚴經講說よりみた良弁と審
   詳)」, 『南都佛敎』 31, 1973, p.110.

35 『본조고승전本朝高僧傳』 권3 p.69. '와슈 대안사 사문 심상전(和州大安寺沙門審祥
   傳)'에, "석심상신라국인釋審祥新羅國人"이라고 분명하게 기록되어 있다.

36 이도엽은 「신라심상연구」에서 "일본에 화엄장소를 전래해주고 강설해줌으로서
   일본에 화엄사상을 크게 흥륭시킨 사람은 신라의 심상이었다. 그럼에도 일부
   일본 학자들은 심상의 국적에 의문을 제기하여 심상을 신라인이 아니라 일본인이
   라고 주장하고 있다. 화엄전적의 일본 전래에 대해서도 심상이 아니라 당나라의
   도선道璿이었다고 주장하면서 일본 화엄의 원류를 한국이 아닌 중국으로 연결시
   키려 한다."고 호리이케 슌포(堀池春峰)의 근거 등을 제시하며 비판했다. 이도엽,
   「新羅審祥研究」, 『신라학 국제학술대회 논문집』 제3집, 2009, p.38. 한편 양은용
   도 「신라 審祥과 일본의 華嚴學」, 『伽山學報』 제3호, 가산불교문화연구원, 1994,
   pp.71~98에서 히라오카 조카이(平岡定海)의 「신라 심상의 교학에 대하여(新羅の
   審祥の敎學について)」와 유키 레이몬(結成令聞)의 「화엄장소의 일본 전래 제설을

을 밝혀 놓았기에 여기서는 더 거론치 않기로 한다. 가마쿠라 불교의
권위자인 교넨은 불교관련 저술만도 125부 1,200권으로『삼국불법전
통연기』,『팔종강요八宗綱要』와 같은 비중 있는 불교관련 저서를 지어
일본불교계에서는 위대한 불교사가로 손꼽히는 인물이다. 그러한
교넨과『본조고승전』을 지은 만겐시반 등이 고대의 사료를 토대로
심상審祥을 신라인이라고 분명히 밝혀 놓은 사실을 부정하고 심상을
신라인이 아닌 일본인으로 봐야 한다는 엉뚱한 주장에 대해 비판의
목소리가 큰 것은 당연한 일이라고 본다.

4) 일본 화엄종의 시조, 심상

중국에서 시작된 화엄사상은 신라를 거쳐 일본으로 이어져 동대사대불
東大寺大佛 개안으로 종결되기까지 1세기 동안 화려한 꽃을 피웠는데
그 중심에는 신라승 심상審祥이 자리하고 있다. 신라의 화엄을 원효계
와 의상계로 나누어 말하듯이 일본 화엄을 동대사계東大寺系와 고산사
계高山寺系로 나누어 말하기도 하는데, 동대사계 화엄이 교넨(凝然,
1240~1321)을 중심으로 한 것이라면 고산사의 화엄은 묘에(明惠,
1173~1232)를 중심으로 한 화엄이라고 할 수 있다.[37] 화엄교학의 뛰어
난 연구자로 막부권력에 대해 한 치의 타협 없이 꼿꼿하고 고결한

평하며 심상에 관한 일본 전승의 근거와 심상 래일에 대한 사견(華嚴章疏の日本傳來
の諸說を評し、審祥に關する日本傳承の根據と審祥來日についての私見)」을 들어 심상
이 이미 신라인이라는 기록이 있음에도 호리이케 슌포(堀池春峰) 등이 심상을
일본인으로 보는 것은 문제가 있음을 상세한 논거를 들어 일축하고 있다.

[37] 가마타 시게오(鎌田茂雄),「일본 화엄에 있어서 정통과 이단(日本華嚴における正統
と異端)」,『思想』593號, 岩波書店, 1973, pp.62~77.

인격자로 남은 묘에(明惠)는 『화엄경』을 통한 실천불교를 강조했다. 한편 교넨(凝然)의 경우에는 『삼국불법전통연기三國佛法傳通緣起』, 『팔종강요八宗綱要』와 같은 저서를 남긴, 화엄교학을 집대성한 화엄학승이었다. 동대사가 신라승 심상과 관계가 깊다면 고산사는 신라의 원효와 의상과 관계가 깊다. 이는 화엄학을 교학적인 면에서 파악했는가 아니면 실천적인 면에서 파악했는가라는 측면보다는 교넨이 심상 관련 자료를, 묘에가 원효와 의상 관련 자료를 전하고 있다는 점에서 구별한 것이다.

심상에 관한 국내자료는 전무한 상태에서 다행히도 일본의 문헌으로는 교넨의 『삼국불법전통연기』, 『팔종강요』, 고칸시렌의 『원형석서』와 동대사에서 간행한 『동대사요록』, 만겐시반의 『본조고승전』 등이 있다. 이들 자료를 토대로 ①화엄종의 시조 심상, ②사경을 통한 화엄학 전개를 통해 심상의 진면목을 살펴보기로 한다.

① 화엄종의 시조, 심상

㉠천평 12년 경신 10월 8일 금종사에 성무천황이 심상사審祥師를 초청했다. 화엄경의 처음 강설이었다. (중략) 이로써 천평 16년 세차 갑신에 천황이 삼보에 귀의하였다. 지식화엄별공 승정의 꿈에 동대사 허공장보살 앞에 이르러 자색가사에 푸른 하의를 갖춰 입은 자가 나타나 원홍사元興寺의 엄지사嚴智師에게 화엄경 강설을 요청했는데, 엄지사는 자신이 무지하므로 응하지 않고 대신 신라학생 심상대덕에게 강설을 요청한 바 사양하다가 마침내 세 번 만에

강설에 응하였다.[38]

ⓛ신라 학생 대안사 심상대덕기전 (중략) 엄지사嚴智師가 원흥사에 주지로 있을 때 양변화상이 그를 찾아와서 대덕을 청하는 것이었다. 그때 엄지사가 하는 말이 나는 그렇게 유명한 사람이 아니다. 교넨이 말하길, 대안사에 신라학생 심상이 있는데 엄지사가 그를 화엄경 강설자로 추천하여 양변이 강설자로 초청하였다. (중략) 승정화상이 이를 받아 초청에 응하였고 천평 12년 경신 10월 8일 금종사에 오게 되었다. 이곳이 동대사 법화당法華堂으로 이곳에 고승 심상을 종사로 모시고 화엄경을 강설하였다. 때에 천황과 황후가 천평 16년 갑신년에 불교에 귀의하여 삼보를 받들었다. (중략) 천평 12년에 강설을 시작하여 60화엄경을 신라학생 대안사 심상화상이 맡았으며 이로써 화엄종 강설이 최초로 이뤄졌고 널리 유포하게 되었다. 심상은 당나라에 건너가 향상신사 아래서 화엄을 수학하였으며 (중략) 일본 화엄종의 초 발흥자인 양변이 처음으로 심상에게 강설을 청하였다. 이것이 대일본국 화엄종으로 심상과 양변이 당대의 수장이었다.[39]

ⓐ은『동대사요록』[40]이고, ⓛ은 교넨의『삼국불법전통연기』에 나

---

38 『동대사요록東大寺要錄』, p.157.

39 『삼국불법전통연기三國佛法傳通緣起』, pp.114~115.

40 『동대사요록東大寺要錄』은 가주원년(嘉承元年, 1106) 동대사 승려가 쇠퇴한 동대사를 부흥시키기 위해 편찬한 것으로 편찬자는 알 수 없다.『동대사요록』은 모두 10권 10장으로 되어 있으며 그 내용은 본원·연기·공양·제원·제회·제종·별당·

오는 심상 기록으로, 이 두 자료를 통해 심상이 일본에서 전개한 화엄학 강설의 전후 사정을 이해할 수 있다. 먼저 ㉠에서는 천평 12년(740) 10월 8일 금종산사에서의 화엄강설에 대해, 자색가사에 푸른 하의를 입은 자가 꿈에 나타나 예언해준 대로 양변이 원홍사의 엄지嚴智에게 『화엄경』 강의를 의뢰하지만 엄지는 사양하고 그 대신 심상을 천거하고 있음을 알 수 있다. 그러나 심상이 세 번이나 사양한 끝에 강설이 이뤄지는데 이 점을 두고 나오바야시 후타이(直林不退)는 원홍사와 대안사의 세력 균형 때문에 벌어진 일로 보고 있다. 그 당시 대안사에는 고승 도자道慈가 주석하면서 탄탄한 '중(衆=學團)'이 구성되었던 시기였으므로 이른바 대안사 우세론을 펴고 있는데, 심상이 천거될 수 있었던 것은 바로 대안사의 세력이 원홍사보다 우위에 있었기 때문이라는 것이다.[41] 그러나 엄지 대신 심상이 첫 『화엄경』 강설자로 천거된 까닭은 심상이 원홍사의 엄지보다 화엄교학의 지식이 깊을 뿐더러 원효로 대표되는 신라화엄의 정통성을 인정받고 있기 때문에 천거된 것으로 보는 견해[42]도 있다. 한편 ㉡교넨의 『삼국불법전

봉호수전·말사·잡사편으로 이루어져 있다. 이 가운데 심상에 관한 기록은 두 군데서 확인되는데, 「동대사요록 제1東大寺要錄 第一」 기록과 「동대사요록 제5東大寺要錄 第五」의 '동대사화엄별공연기東大寺華嚴別供緣起'다.

41 나오바야시 후타이(直林不退), 「계사초청의 발의와 원홍사 융존(戒師招請の發議と 元興寺隆尊)」, 『나라불교와 동아시아(奈良仏教と東アジア)』, 雄山閣出版, 1995, p.83.

42 심상의 제전諸傳이 전하길, 신라학생이었던 심상이 일본에 이르러 대안사에 머물렀다. 그 학풍은 그보다 먼저 와 있던 엄지의 화엄학보다 깊고, 현수로부터 원효에 이르러 발달한 신라 화엄의 정통적인 것을 물려받은 것으로 생각된다.

통연기』를 통해서는 첫『화엄경』 강설이 천평 12년(740) 10월 8일에 이뤄졌으며 장소는 동대사 법화당이고 이때에 왕과 왕비가 삼보에 귀의했음을 알 수 있다. 또한 심상이 당나라에 건너가 현수법장으로부터 화엄을 수학했으며, 일본의 화엄은 심상과 양변에 의해 이어져오고 있음을 알 수 있다.

ⓒ지금 10대조사는 법계의 큰 기둥인 노사나불여래로 이들이 법을 연 대사이며 일승一乘의 교주다. (중략) 이들은 보현보살, 문수사리보살, 마명보살, 용수보살, 세친보살, 제심보살, 운화존자, 현수보살, 청량대사, 규산대사다. 대일본국흥륭화엄 ⓐ양변승정이 그 시조이며 최초로 강설을 홍포한 자는 신라학생 심상선사이며 전법에 그 공이 있다.[43]

ⓔ중국은 두순을 포함하여 5조祖[44]를 화엄조華嚴祖로 치지만 일본에서는 두순, 지엄, 향상, 청량의 4조祖를 꼽으며 ⓑ일본에 (화엄을) 전한 자는 도선(道璿, 702~760)이 시조다. 그는 향상대사를 이은 율사로 화엄은 양변 승정으로 전수되었다.[45]

ⓕ그런즉 처음으로 장소(章疏: 불전 해설서)를 전한 이는 도선이

히라오카 조카이(平岡定海), 앞의 논문, p.85.

43 『화엄오교장통로기華嚴五教章通路記』 제1, 大日本佛教全書 9冊, p.5.

44 중국의 화엄 5조祖는 두순, 지엄, 현수, 청량, 규봉을 꼽는다.

45 『삼국불법전통연기』, 화엄종, pp.114~115.

공이 있으며, 최초 강설한 사람은 심상이다. 그리고 발원하여 일으
킨 사람은 양변이다. ⓒ심상은 신라인으로 당나라에 건너가 현수
(법사)에게 화엄종을 배웠으며 일본에 건너와 대안사에 머물며
(화엄) 강설을 폈다. ⓓ심상이 일본화엄의 시조이며 양변은 제2조
이다. 심상의 문인으로는 자훈, 원증, 엄지 등이며, 이들 모두
첫 강설자다.[46]

ⓒ에서 교넨은 보현, 문수보살을 비롯하여 인도의 마명, 용수보살과
중국의 청량, 규산대사 등을 들어 화엄의 법맥을 드러내면서 일본에서
화엄을 흥륭시킨 것은 양변이 그 시조(ⓐ부분)이며, 화엄경을 처음으
로 강설한 사람은 심상이라고 했다. 그런데 ⓔ에서 갑자기 교넨은
중국의 도선(道璿)을 화엄의 시조(ⓑ)라고 말하고 있다. 그러나 ⓑ의
'전일본도선율사위기시조傳日本道璿律師爲其始祖'라는 말은 엄밀한 의
미에서는 '화엄'의 시조라기보다는 '율사의 신분으로 화엄장소華嚴章疏
를 전한 사람(始祖)'이라는 뜻으로 보아야 할 것이다. 도선道璿이 원래
일본에 초청되어 오게 된 것은 감진鑑眞 등과 함께 계율선사의 자격으로
도일(736)하게 된 것이며, 이는 화엄을 전문으로 수학한 심상과 다른
입장이다. 즉 심상은 740년에 『60화엄경』을 강설했지만, 도선은 이통
현의 『신화엄경론』 40권을 일본에 가져온 것[47] 외에 동대사 대불개안식

---

46 교넨, 『화엄법계의경華嚴法界義鏡』, 大日本佛教全書 13冊.

47 "이통현의 『신화엄경론』 40권을 일본에 가져왔다는 것도 추정될 뿐이다." 直林不
退, 「東大寺大佛開眼供養會と道璿」, 『印度學佛教學研究』, 46卷 第2號, 1998,
pp.110~114.

大佛開眼式에 참여했고 계율서인 『범망경소』를 찬술하였으며, 후에 요시노(吉野)의 비소사比蘇寺에 들어가 수행한 것이 전부인 것을 보면 그를 일본 화엄종의 시조라고 하기보다는 불전을 처음으로 전파한 인물로 보는 것이 옳을 것이다. 더군다나 교넨은 ㉤의 ⓒ와 ⓓ에서 심상이 신라인이고 '심상일본화엄시조審祥日本華嚴始祖'라고 분명히 밝히고 있으며, 백제계 양변을 화엄종의 2조祖라고 결론짓고 있는 것을 보면 화엄종의 시조를 분명히 알 수 있을 것이다. 한편, 도선에 대해서는 '그런즉 초전 장소 도선 유공(然則初傳章疏道璿有功)'이라고 해서 '유공有功', 곧 '공이 있다'라고 해두었는데, 엄격히 말하면 '유공有功과 시조始祖'는 그 말뜻이 전혀 다른 것으로, 학승인 교넨의 관점은 화엄종의 시조를 신라승 심상에게 두고 있음을 알 수 있다.

② 사경寫經을 통한 화엄학 전개

일본에서 사경이 집중적으로 이뤄졌던 시기는 나라시대로, 특히 성무왕 때에 활발한 사경 작업이 이뤄졌다. 이 시기에 활발한 사경이 가능했던 것은 중국과 한반도로부터 지속적으로 불교 경전이 유입되었기 때문이다. 나라시대 사경의 대표적인 기관으로는 왕비가 중심이 된 황후궁직계皇后宮職系와 내리계사경內裏系寫経 기구를 들 수 있다. 황후궁직계에는 왕비발원일체경(光明子發願一切経), 대관일체경大官一切経, 후사일체경後寫一切経, 주기일체경(周忌齋一切経) 등을 사경했으며, 내리계사경 기구에서는 현존 최고最古의 성무왕발원일체경(聖武天皇發願一切経), 효겸천황발원일체경孝謙天皇發願一切経 등을 사경했다. 특히 왕비의 발원 중에 대표적인 것은 천평 12년(740) 5월

1일자에 발원한 『일체경一切経』[48]으로, 5월 1일에 발원했으므로 이를
『오월일일경五月一日経』[49]이라고도 부른다.

후지와라 왕비는 아버지 태정태신 후지와라 후히도(藤原不比等)와
어머니 아가타노이누카이노 미치요(縣犬養三千代)의 명복을 위해
일체론 및 율의 사경을 장엄하게 마쳤다. 아울러 성무천황의 장수와
여러 신하들의 충절을 기원하여 왕비가 발원하기를 홍제침륜, 근제
번장, 묘궁제법, 조계보리, 전등무궁을 천하에 유포하였다.[50]

발원문의 내용에서 왕비가 아버지 후지와라 후히도(藤原不比等)와
어머니의 명복과 성무왕의 무병장수 그리고 여러 신하들의 충절 등을
기원하고 있음을 알 수 있다. 이러한 사경을 위해서 절대적으로 필요한
것은 불교경전이다. 나라시대에 유입된 불전에 대해 정창원 문서에
보면 "한수漢手", "신라수新羅手", "백제수百濟手"라는 이름의 불전이

---

48 일체경一切経이란 석가의 교설과 관련이 있는 경經·율律·논論의 3장三藏과 그
주석서를 포함한 일체의 경전을 말한다.

49 『오월일일경五月一日経』에 대한 연구서로는 아카오 에이케이(赤尾榮慶) 「왕비어
원일체경(光明皇后御願一切経), 오월일일경에 대하여(五月一日経について)」, 『古筆
學叢林』二, 八木書店, 1987; 호리이케 슌포(堀池春峰), 「왕비어원유가사지론의
서사에 대하여(光明皇后御願瑜伽師地論の書寫について)」, 『南都仏教史の研究』上
東大寺篇, 法藏館, 1980; 미야자키 겐지(宮崎健司), 「고묘시발원오월일일경의
감경(光明子發願五月一日経の勘経)」, 『일본고대의 사경과 사회(日本古代の写経と社
会)』, 塙書房, 2006 등 참조.

50 미야자키 겐지(宮崎健司), 「나라시대의 사경(奈良時代の寫経)」 『불교학리뷰(Critical
Review for Buddhist Studies)』 9권, 2011, p.17.

보이는데, 이들 불전에는 서지적인 정보가 들어 있다. 예컨대 한수漢
手 불전佛典의 경우는 바탕종이(本紙)를 황지黃紙로 하고 축軸은 주정
축朱頂軸·백단축白檀軸·수정축水精軸으로 하는 경우가 많고, 백제수
百濟手·신라수新羅手 불전의 경우는 바탕종이를 백지白紙로 하고 축軸
을 칠축漆軸으로 하고 있음을 알 수 있다.[51]

　정창원 문서에 따르면 조동대사사사경소造東大寺司寫経所에서 가장
많이 이용된 불전으로는 '도서료경図書寮経'과 '심상사경審祥師経'을
들 수 있는데, '도서료경'이란 견당사와 견신라사遣新羅使가 가져온
불전들이며, '심상사경'은 심상이 소지하고 있던 경전을 말한다. 특히
나라사경(奈良朝寫経) 가운데 '신라사경' 속에는 원효의『판비량론』도
포함되어 있어 지질紙質·서풍書風·장정裝丁 등을 파악할 수 있는 중요
자료로 평가받고 있다. 또한 백지에 초서草書로 각필角筆[52] 등이 적혀
있어 이두吏讀의 존재도 확인할 수 있다.[53]

　나라사경(奈良朝寫経)에서 중요한 것은 경전의 확보라고 전술한
바 있는데, 심상을 포함한 신라승[54]들은 이 시기에 화엄학의 본국인

---

51 호리이케 슌포(堀池春峰),「화엄경 강설에서 본 양변과 심상(華厳経講説より見た良
　弁と審祥)」,『南都仏教史の研究』上, 法藏館, 1980.

52 대나무나 뿔, 상아 따위를 뾰족하게 깎아 만든 필기구로 새긴 구결. 11~12세기
　국내에서 간행된 불경들 가운데 각필로 글자 옆 또는 글자 자체에 다양한 형태의
　점點과 선線이 기입되어 있는 구결 자료들이 있다.

53 미야자키 겐지(宮崎健司),「오타니대학박물관장 판비량론 단간의 성격(大谷大學博
　物館藏 判比量論 斷簡の性格)」,『日本古代の写経と社会』, 塙書房, 2006.

54 후쿠시 지넌(福士慈稔)의『대일본고문서정창원편년문서에 보이는 신라불교의
　2, 3문제(『大日本古文書正倉院編年文書』にみられる新羅仏教の二·三の問題)」,『東洋

신라에서 수많은 경전류를 일본에 가져갔다. 심상이 신라에서 가져간
경전류에 대한 대대적인 조사는 심상 사후 24년 뒤인 신호경운神護景
雲 2년(768)부터 3년(769)에 걸쳐 이뤄졌는데 모두 571권으로 판명되
었다.[55]

  1) 神護景雲二年二月三日造東大寺司請疏文案(신호경운 2년 2월
  3일 조동대사사청소문안) 81권

  2) 神護景雲二年十一月十四日奉寫一切経所牒(신호경운 2년 11월
  14일 봉사일경경소첩) 214권

文化研究所報』, 身延山大學東洋文化研究所, 2007, pp.14~26에는『고문서古文
書』와『나라조 현재 일체경소목록奈良朝現在一切経疏目錄』과『심상청래경록審祥
請來經錄』을 대조한 경전 목록이 잘 정리되어 있다. 여기에는 신라승 원광을
비롯한 원측, 원효, 의상, 경흥과 같은 고승은 물론 법위, 지인, 영인, 순경,
도증, 승장, 현일, 의적, 대연, 표원, 대현, 현륭과 같은 승려의 이름도 보이며,
이들이 일본에 전한 경전류 목록과 권수가 자세히 기록되어 있다.

55 천평기天平期의『대일본고문서정창원편년문서大日本古文書正倉院編年文書』(이하
『고문서古文書』)에 관한 연구는 1930년의 이시다 모사쿠(石田茂作)의『사경에서
본 나라조 불교연구(寫経より見たる奈良朝佛教の研究)』가 효시이다. 이 책에는『고
문서』와 관련된 경전과 사경자들에 관한 구체적인 내용이 기술되어 있으며
심상에 관한 자료도 이를 통해서 확인할 수 있다. 특히『고문서』속에서「심상소지
본」을 정리한 사람은 호리이케 슌포(堀池春峰)와 히라오카 조카이(平岡定海)로
호리이케 슌포는「화엄경 강설에서 본 양변과 심상(華嚴経講說よりみたる良弁と審
詳)」에 관한 논문에서, 그리고 히라오카 조카이(平岡定海)는「신라 심상 교학에
대하여(新羅の審詳の教學について)」논문으로『日本寺院史の研究(古代編)』책에
서 이를 밝히고 있다. 그러나 이 두 사람의「심상소지본」의 권수에는 약간의
차이가 있다. 그것은 당시 기록에 오기誤記, 탈자脫字 등이 있을 뿐더러 정식
기록이 아닌 메모 형식의 글을 책 권수에 포함시키는가 아닌가에 따른 차이로
보인다.

3) 景雲二年十一月十二日造東大寺司牒案 / 神護景雲二年十二月
二日奉寫一切経司牒(경운 2년 11월 12월 조동대사사첩안 / 신호경운
2년 12월 2일 봉사일체경첩) 250권

4) 神護景雲二年十二月四日造東大寺司牒案 / 神護景雲三年六月
二十八日奉寫一切経 司移(신호경운 2년 12월 4일 조동대사사첩안
/ 신호경운 3년 6월 28일 봉사일체경 사이) 26권

5) 神護景雲三年七月二十日造東大寺司移 / 論疏章目錄(신호경운
3년 7월 20일 조동대 사이 / 논소장목록)[56]

이상은 심상이 신라에서 가져간 경전 권수를 히라오카 조카이(平岡
定海)가 정리한 것이다. 『사경소계寫經所啓』에 기록된 심상의 첫 기록
은 천평 12년(740) 7월 8일 기록에서 확인할 수 있다.

(심상사본 화엄론 39권 취인론 1권, 화엄수자분 1권 : 이상 심상사본
천평 16년 윤정월: 14일 납화엄경소 제2질 10권법 장사선자 이상
16년 4월 상월 15일 반송본주심상사소사 이시마로 다카마로 우평영
사소 수인성) ㉠審祥師本 花嚴論三九卷 取因論一卷 花嚴修慈分一
卷: 以上審祥師本 ㉡天平十六年閏正月: 十四日納華嚴經疏第二
帙十卷法藏師選者 以十六年四上月十五日返送本主審祥師所使 ㉢
石村鷹万呂 右平榮師所 受人成

㉠의 심상사본審祥師本 화엄론을 통해 이 경전이 심상의 것임을

알 수 있으며, 이것을 심상은 천평 16년(744)에 사경소에 제공하고 있음을 알 수 있다. 또한 ⓛ의 천평 16년 윤정월 14일 납 화엄경소 제2질 10권도 심상(本主審祥) 것임을 알 수 있다. 한편 ⓒ의 이시무라 다카마로(石村鷹万呂)는 심상의 대출본 출납을 맡았던 인물로 2003년 (平成 15년) 일본 궁내청정창원에서 대대적인 고문서(제1질 권1부터 제2질 4권까지 모두 10권) 조사를 단행[57]했을 때 이시무라 다카마로(石村 鷹万呂)의 이름이 보고서에서 나온 바 있다. 심상이 신라에서 가져간 화엄경을 포함한 경전을 유형별로 살펴보면 다음과 같다.

〈표1〉 심상이 신라에서 가져간 경전[58]

화엄華嚴 36 / 법상法相 27 / 정토淨土 8 / 법화法花 7 / 반야般若 6 / 삼론三論 5 / 구사俱舍 4 / 열반涅槃 4 / 금광명金光明 3 / 인명因明 3 / 율律 3 / 전류傳類 2 / 섭론攝論 1 / 잡雜 19 / 계 128권

〈표1〉에서 알 수 있듯이 심상이 신라에서 가져간 다양한 경전 가운데 단연 돋보이는 것은 『화엄경』으로 36권에 이른다. 심상이 가져간 전적류를 일본에서는 심상사청래審祥師請來 또는 심상사장래審祥師將 來라고 하는데, 심상사청래를 통해 당시 신라 불교학계에서 화엄학이 중시되고 있음을 알 수 있다. 화엄종의 소의 경전인 『화엄경』의 원래

---

57 미야케 히사오(三宅久雄)의 「궁내청 고문서 연차보고宮內廳 古文書 年次報告」 '제23 (檜前麻呂手實)~26(石村鷹万呂手實), 天平15(745) 9月以前作業分常與敎生手實', 宮內廳正倉院, (총 164쪽), 2003, p.124.

58 히라오카 조카이(平岡定海), 앞의 논문, p.89.

이름은 『대방광불화엄경』으로, 『화엄경』의 가장 오래된 주석서는 북위 때 영변(靈辯, 477~522)이 쓴 『화엄경론』이다. 여기서 영변을 거론하는 것은 영변과 심상이 밀접한 관계가 있기 때문이다. 천평 12년(740) 정창원 문서에 '심상사본'으로 기록된 『화엄론』 49권은 영변의 저서로 밝혀졌으며, 심상이 동대사의 전신인 금종사에서 처음으로 『화엄경』을 강설하던 때의 경전이 바로 영변이 찬술한 『화엄론』이다.

중국 화엄학의 대가인 영변의 『화엄경론』은 법장(法藏, 647~714)의 『탐현기』, 징관(澄觀, 738~839)의 『화엄경소』에서 참고할 정도로 『화엄경』을 자세히 분석한 주석서로, 이는 초기 화엄학 연구와 이후 동아시아 불교사상의 전개 과정을 이해하는 데 아주 중요한 책이다.[59] 『화엄경론』은 영변이 불타발타라(359~429)에 의해 번역된 구역 『60화엄경』을 기초로 하여 지은 주석서로 법장의 『화엄경전기』에 영변의 일생이 소개되어 있다. 영변은 어려서 출가하여 『화엄경』을 읽은 뒤 『화엄경』 연구에 몰두하였으며 이후 40살 때부터 『화엄경론』 찬술

---

[59] 영변의 『화엄경론』의 영인본은 2003년에 한국에서 만들어졌다. 당시 기사를 보면, "이번에 출간되는 영변의 『화엄경론』 영인본은 2001년 서울대 규장각에서 발견된 권51~56으로 『화엄경』 가운데 십지품十地品의 제2지에서 제4지의 내용에 대한 주석 부분이다. 윤선태 씨가 「신라 촌락문서」의 전래과정을 알아보던 과정에서 발견한 영변의 『화엄경론』은 송광사 소장본을 일제 강점기에 누군가가 필사한 것. 이 6권이 발견되기 전에는 모두 100권의 『화엄경론』 가운데 6권(권3, 10, 14, 16, 17, 18)만이 일본에서 확인됐었다. 이 책의 원본이 되는 송광사 소장본은 고려시대 의천 스님이 편찬한 『화엄경론 속장본續藏本』의 중수본重修本을 조선 초기 간경도감에서 간행한 것이다." 「현대불교신문」 2003년 12월 16일자 기사.

에 매진하여 4년 만인 520년 9월에『화엄경론』100권 10질을 완성하였
다. 그러나 영변의『화엄경론』은 이로부터 1세기가 훨씬 더 지난
뒤에 장안에 알려졌고 이후 중국 전역에 유통되기에 이른다. 법장은
『탐현기』권1에서 영변의『화엄경론』의 위대성을 밝히고 있지만 현재
중국에는 이 책이 단 1권도 남아 있지 않다. 이에 견주어 8세기 이후
신라와 일본에는 영변의『화엄경론』이 제법 남아 있었으며, 현재
한국과 일본에 사이좋게 각각 6권씩 12권이 현존하고 있다.[60]

　『화엄경론』은 현재 두 종류가 전해지는데, 그중 하나가 구역본인
『60 화엄경』을 주석한 영변의『화엄경론』100권이고, 다른 하나는
신역본인『80 화엄경』에 대한 주석서로 당나라 이통현(635~730)이
찬술한『화엄경론』40권이다. 이 가운데 이통현의『화엄경론』이 일본
에 유통되게 된 것은 중국 유학길에 올랐던 엔친(圓珍, 814~891)
때이므로 9세기 이후이다. 따라서 현재 정창원 문서에 보이는 찬술자가
적혀 있지 않은 것[61]들은 모두 영변의『화엄론』으로 보고 있는 것이다.
특히 심상과 관련하여 주목해야 하는 점은 이른바 심상사청래 가운데

---

[60] 윤선태, 「靈辯 撰 '화엄경론'의 유포와 현존 상황」, 『보조사상』, 2004, 21집,
　　p.249.

[61] 이통현의『화엄경론』이 중국 전역에 널리 알려진 것은 개원사開元寺의 지녕志寧이
　　후진 양성을 위해『화엄경』과 이통현의 논을 합하여『대방광불신화엄경합론』
　　120권을 만들게 되면서부터다. 이는 847년부터 860년 사이에 만들어진 것이므로,
　　천평 12년(740) 문서에 보이는 찬자가 적혀 있지 않은『화엄론』39권은 영변의
　　찬술로 보는 것이다. 이 부분은 모치즈키 신코(望月信亨)(編)의『모치즈키불교대
　　사전(望月佛敎大辭典)(3)』을 인용하여 윤선태가 소개한 것이다. 윤선태, 앞의
　　논문, p.252.

3분의 1이 신라승들이 찬술한 불경 주석서들이라는 점이다.[62] 이러한 신라찬술의 책 가운데 심상과 관련된 것으로 윤선태는 일본 오타니대학(大谷大學)에 소장되어 있는 『판비량론』을 꼽고 있다.[63] 이 책은 신라의 원효가 671년에 찬술한 책을 심상이 필사한 것으로 서풍, 서체, 지질紙質 등을 검토한 결과 8세기 전반 신라에서 서사한 것을 일본에 전한 것으로 추정하고 있다. 특히 이 책에는 신라의 문자와 기호인 각필角筆이 확인되어 이것이 신라에서 필사된 것임이 더욱 분명해졌다.[64] 이로써 심상의 '해동화엄' 전적류들이 일본에 전래된 경위와 함께 신라 화엄학승들과의 폭넓은 교류를 확인할 수 있게 되었다.

특히 나라조(奈良朝)의 사경 관련 문서에는 신라의 심상 말고도 흥복사 승려인 백제계 자훈(慈訓, 691~777)을 빼놓을 수 없다. 자훈은 심상으로부터 화엄학을 배웠으며, 심상이 금종사에서 강설할 때 부강사副講師로 심상 곁에서 함께 화엄학 부흥에 힘썼던 승려다. 『남도고승전南都高僧傳』에는 자훈이 심상과 함께 입당구법入唐求法하였으며 법장에게 배웠다는 기록이 있다. 일부에서는 자훈이 신라의 경전류를 많이 소장한 것으로 미루어 신라에 유학하였거나 일정 기간 체류했을 것으로 보는 견해도 있다.[65]

---

62 박동원, 「8세기 전후 일본에 있어서 신라학문승과 신역경전－특히 대반야경, 금광명최승왕경의 전래 경전을 중심으로－」, 『광주교육대학교 논문집』 24, 1983, pp.159~169.

63 윤선태, 앞의 논문, p.254.

64 고바야시 요리노리(小林芳規), 「오타니대학장 신출 각필문헌에 대하여(大谷大學藏 新出角筆文獻について)」 『書香』 19, 大谷大學圖書館報, 2002, pp.4~6.

자훈은 나라시대 굴지의 장서가로 알려졌는데, 그의 화엄 경전류는
천평 15~16년(743~744) 무렵에 황후궁하사경소皇后宮下寫經所[66]에
서 일체경을 사경할 때 저본底本으로 이용되기도 하였다. 특히 심상
사후 그가 소장하던 책은 조동대사사造東大寺司 관리의 사경소로 옮겨
져 4궤櫃에 보관되었는데, 이 자료들은 사경에 이용되거나 학승들의
학문연구를 위해 대출되었다. 이때 열람의 편의를 위해 정리한 것이
「심상사목록審祥師目錄」이다. 이후 연력延曆 8년(789)에 조동대사사造
東大寺司가 폐지된 뒤에는 동대사 견색원 쌍창雙倉으로 옮겨졌고 이후
950년에는 정창원에 입고되었다.[67]

일본의 화엄종은 화엄학에서 출발하여 나라 동대사를 총본산으로
화엄세계의 꽃을 피웠다. 이는 사경과 『화엄경』 강설이라는 구체적인
방법으로 구현되었는데 여기에는 화엄대국 신라의 영향이 컸다. 지금

---

65 이시다 모사쿠(石田茂作), 『사경에서 본 나라조 불교 연구(寫經より見たる奈良朝佛敎
の研究)』, 東洋文庫, 1930, p.54.

66 '황후궁하사경소皇后宮下寫經所'는 천평 1년(729) 왕비가 불교흥륭을 위해 황후궁
직皇后宮職으로 사경소 운영을 시작한 곳으로, 황후의 『오월일일경五月一日経』
약 7,000권의 사경(736~756) 외에 점차 일체경 사경도 실시했다. 이 사경소는
조동대사사造東大寺司 안에 조직되어 있었으며 총괄은 동대사 사경소가 맡았다.

67 그러나 심상과 자훈이 소장하고 있던 영변찬『화엄경론』은 완질이 아니었다.
심상사본은 7질 65권이었고, 자훈사본은 5질 48권이었다. 이로 인해 나라시대의
사경은 『화엄경론』 권1에서 50권까지의 전반부만 사경되었음을 알 수 있다.
이마저도 9세기 무렵 『화엄경』이 쇠퇴하면서 산실되어 버려 현재 영변찬『화엄경
론』은 고산사高山寺에 소장된 권10, 성어장聖語藏에서 1950년에 발견된 권3,
14, 16, 17, 18권 등 6권만(전체 100권)이 남아 있다. 한편 한국에는 서울대
규장각에 1책 100권이 현존하고 있다.

까지 살펴본 신라승 심상은 성무왕(재위 724~749)의 불교흥륭 시기에 활약한 고승으로, 「심상사목록審祥師目錄」에서 보듯이 수많은 경전을 일본에 전하여 사경의 저본을 제공했으며, 『화엄경』의 최초 강설자이자 화엄종의 시조로 일본 화엄학 발전의 기초를 다진 인물이다.

동대사를 이야기할 때 심상을 거론해야 하는 까닭은 1,300여 년이 지난 오늘날까지도 화엄의 대본산으로 동대사가 자리하고 있기 때문이다. 역사학자이자 제213대 동대사 주지였던 히라오카 조카이(平岡定海, 1923~2011)는 일본 불교사에서 동대사가 각 시대별로 정치적, 종교적, 미술사학적, 사원경제 측면에서 중요한 역할을 담당해 왔다고 했는데, 이 이야기는 그만큼 동대사의 위치가 중요함을 시사하는 것이다. 나라의 대사찰 동대사에서 화엄학을 펼친 신라승 심상은 동대사가 존재하는 한 기억해야 할 고승이다.

3. 삼론종의 시조, 고구려승 혜관慧灌

1) 일본 삼론종 전래

일본 삼론종의 시조로 알려진 고구려승 혜관(慧灌, 에칸)[68]은 입당하여 길장(吉藏, 549~623)의 제자가 되어 삼론학을 익힌 뒤 스이코왕 33년(625)에 일본으로 건너가 원흥사에 주석하며 삼론학을 펼쳤다. 현재 삼론종 관련 문헌으로 가장 오래된 것은 향산종법사香山宗法師[69]가

---

68 일본 삼론종의 시조로 알려진 고구려승 혜관慧灌의 표기는 『일본서기』의 '慧灌'을 비롯하여 『동대사요록』의 '惠灌', 『삼론조사전三論祖師傳』의 '慧觀' 등이 있으나 이 책에서는 '慧灌'을 따른다.

찬술한『대승삼론사자전大乘三論師資傳』이다. 향산종법사(?~883)는
『대승삼론사자전』에서 일본의 삼론종을 원흥사전(元興寺傳), 법륭사
전法隆寺傳, 대안사전大安寺傳의 3전傳으로 나눠 각각의 법맥을 기록해
놓았다. 일본의 삼론종을 알리는 가장 오래된 책인『대승삼론사자전』
은 오랫동안 세상에 나타나지 않다가 이토 다카토시(伊藤隆壽)에 의해
서 그 존재가 세상에 알려졌는데, 이토 다카토시는 나고야의 신복사眞
福寺 소장본에서 이 책을 발견하여 1979년에 학계에 보고하였다. 한편
이 책이 알려지기 전까지 일본의 삼론종은 주로『동대사요록』(1106),
교넨의『팔종강요』(1268),『삼국불법전통연기』(1311) 등의 자료를
참고해서 그 법맥을 이해하고 있었다.『대승삼론사자전』의 찬술 연도
는 알 수 없지만 향산종법사(?~883)의 생존 기간에 저술한 것으로
추정한다면『동대사요록』(1106)이나『팔종강요』(1268)보다도 훨씬
앞선 시기로 볼 수 있다.『대승삼론사자전』을 참고하여 일본 삼론종의
법맥을 살펴보면 다음과 같다.

① 원흥사전元興寺傳
혜권慧灌 - 복량福亮 - 신태神泰 - 선융宣融 - 현요玄耀 - 현예玄叡 -
도창導唱

---

69 이토 다카토시(伊藤隆壽)는 향산종법사香山宗法師를 원흥사에 주석했던 원종圓宗
으로 보고 있으며 가스카산(春日山)의 향산사香山寺에 거주했기에 향산종香山宗이
란 이름이 붙은 것으로 추정하고 있다. 향산종법사를 향산종원종이라고도 부른
다. 이토 다카토시(伊藤隆壽),「향산종찬香山宗撰, 대승삼론사자전에 대하여(大乘
三論師資傳について)」,『印度學佛教學研究』Vol. 27(1978~1979), pp.796~799.

② 법륭사전法隆寺傳

지장知藏 - 지광知光 - 예광광광禮恇光恇 - 영예靈叡 - 품혜品惠 - 일

등一登 - 점안漸安 - 현각玄覺 - 약보藥寶

③ 대안사전大安寺傳

도자道慈 - 경준慶俊 - 선의善議 - 근조勤操 - 안징安澄 - 실민實敏

위에서 보듯이 고구려승 혜관은 ① 원홍사전元興寺傳의 초전자로
일본 삼론종의 시조다. 『대승삼론사자전』의 삼론종 계보는 이후 교넨
의 『삼국불법전통연기』에 영향을 주고 있다.

또한 『삼국불법전통연기』에서는 혜관(慧灌, 625) - 복량(福亮, 645)
- 지장(知藏, 674) - 도자(道慈, 744)로 법맥을 이어가고 있지만 『대승
삼론사자전』에서는 이들의 법맥을 사원별로 취급하고 있다는 점이
크게 다르다고 할 수 있다. 『대승삼론사자전』에서 혜관의 제자로
복량에 이어 신태神泰라는 인물이 등장하지만 교넨의 『삼국불법전통
연기』에서는 그 이름이 보이지 않는다. 이처럼 9세기에 찬술된 향산종
법사의 『대승삼론사자전』이 이후 찬술된 삼론종 관련 문헌에 크고
작은 영향을 주고 있음이 밝혀졌다.[70]

삼론은 대승불교 초기(2~3세기) 인도에서 집필되었던 것으로, 5세

---

70 향산종법사의 『대승삼론사자전大乘三論師資傳』의 영향을 크게 받은 사료로는
『삼론조사전집三論祖師全集』, 『동대사요록東大寺要錄』, 『삼국불법전통연기三國
佛法傳通緣起』 등을 들 수 있으며 『일본후기日本後紀』, 『성영집性靈集』에도 그
영향이 적지 않다. 스에키 후미히코(末木文美士), 『삼국불법전통연기三國佛法傳通
緣起』, 日本三論宗章研究, 東京大學東洋文化研究所, 東洋文化研究所紀要 第99
冊, 1986, pp.71~78.

기 초 구마라즙이 중국 장안에서 번역한 이래 그 제자들에 의해 연구되기 시작하여 6세기 초 고구려 출신 승랑대사(僧朗大師, 5세기말~6세기 초)에 의해 체계화된 것으로 길장에 이르러 집대성하였다고 보는 것이 통설이다. 삼론종은 『중론中論』, 『십이문론十二門論』, 『백론百論』의 세 논서를 소의 경전으로 하며, 삼론종이 대승반야의 공空 사상을 중요시한다고 해서 공종空宗이라고도 한다. 중국의 삼론학은 구마라즙의 제자인 승예僧叡, 담영曇影, 담제曇濟 등에 의해 번성하게 되었으나 6세기에 들어와서 하북지방은 비담毘曇 연구가 성행하게 되고 강남에서는 성실학 연구에 치우쳐 전통적인 대승삼론은 거의 두절 상태에 이르게 된다. 이때 고구려 출신 승랑대사가 30여 년 동안 중국의 남북은 물론 서쪽의 돈황에까지 삼론학을 새롭게 펼쳤는데 이를 신삼론[71]이라 부르고 과거의 삼론학을 고삼론으로 부르게 되었다. 512년 양무제가 10명의 고승들을 뽑아 승랑대사에게 배움을 청하러 보낸 것만 봐도 승랑대사의 권위를 알 수 있다. 일본 삼론학의 발달 역시 그 뿌리를 캐어 올라가면 신삼론의 고구려 승랑대사에 다다르고 이어

---

71 승랑대사의 새로운 학설이란 '불타 설법은 이른바 중도中道로 일관된다는 것'이 핵심으로 승랑대사는 '중도위이체체론中道爲二諦體論'을 확립하였다. 그는 '진속이체(眞俗二諦, 곧 진제와 속제를 일컬음)'를 합하여 '제3체第三諦'를 세워 3체 각각에 중도를 변증하는 '삼종중도론三種中道論' 전개와 이 3종을 3측면에서 변증하는 '삼종방언三種方言'도 주장했다. 중생을 위해 여래 설법은 2체二諦에 의해 이뤄지고 이로써 열반에 이르게 한다는 중론의 취지에 따라 '2체시교론二諦是敎論'을 펴고 있는 것이다. 이러한 승랑대사의 학설은 연기緣起, 무아無我, 중도中道라는 근본불교와 대승불교의 핵심 본질을 집중, 심화, 정비, 성숙시킨 것이라고 볼 수 있다. 김인덕, 「백제의 삼론 고승」, 『한국불교학』 22, 한국불교학회, 1997, pp.56~57.

길장을 은사로 한 고구려승 혜관에 의해 전래된 것이니 만큼, 혜관을 살피기에 앞서 고구려승 승랑대사의 신삼론을 살펴보는 것은 중요한 일이라고 본다.

이 절에서는 이러한 사실을 포함하여 중국의 삼론학을 완성시킨 고구려승 승랑대사, 일본 삼론종의 시조 고구려승 혜관의 문헌 검토, 혜관 이전에 삼론종을 전한 백제승 혜총惠聰과 관륵觀勒 등을 중심으로 고대 한국승들이 일본 삼론학계에 끼친 영향을 살펴보겠다.

2) 중국의 삼론학을 완성시킨 고구려승 승랑대사

중국의 삼론학을 이야기할 때 빼놓을 수 없는 고승이 바로 길장(吉藏, 549~623)[72]의 스승인 고구려 출신의 승랑대사僧朗大師[73]다. 수나라

---

72 길장은 수나라 때 삼론종의 조사로 가상대사嘉祥大師라고도 불리며 저서는 50여 부, 180여 권이 있다. 이 가운데 삼론 관련 저서는 『삼론현의三論玄義』 1권과 『이체의二諦義』 3권, 『중관논소中觀論疏』 10권, 『백론소百論疏』 3권, 『십이문논소十二門論疏』 3권, 『대승현론大乘玄論』 5권 등이 있으며, 삼론학을 집대성한 인물이다.

73 승랑대사僧朗大師에 관한 국내외 논문, 연구서는 다음과 같은 것이 도움이 되었다.
  김인덕, 「승랑대사사상 학설의 관계자료」, 『韓國佛敎學』, 韓國佛敎學會 8, 1983.
  김영태, 「三論正脈 靑衣學統의 史的 展開」, 『韓國佛敎學』, 韓國佛敎學會 24, 1998.
  박선영, 「高句麗 出身의 僧朗을 相承한 中國三論宗 第2期의 家風 2: 僧詮과 그 제자, 東國大學校佛敎文化硏究院, 佛敎學報. 37(2000. 12) pp.109~124.
  김성철, 『승랑-그 생애와 사상의 분석적 연구-』, 지식산업사, 2011.
  최연식, 「三論學 綱要書의 유통을 통해 본 백제 불교학의 일본 불교에의 영향」, 공주대학교백제문화연구소, 2013, pp.41~63.
  유키 레이몬(結城令聞), 「삼론원류고三論源流考」, 『印度學仏敎學硏究』 第1卷 第2

시대 석학이요, 중국불교 저술의 일인자로 꼽히는 길장이지만 그의
법맥을 이은 스승이 고구려 승랑대사라는 사실에 대해서는 잘 알려져
있지 않다. 길장은 고구려 승랑대사를 대승불교의 아버지라는 용수龍
樹에 견줄 만큼 승랑의 학문세계를 흠모하였으며, 그의 저서 곳곳에
빈번하게 승랑대사의 가르침을 인용해 놓고 있다.

"승랑대사께서는 상대방에 따라서 병을 물리치셨다. 이분법적인
사견의 뿌리를 뽑아내어 유와 무의 두 가지 집착을 버리게 하고자
유와 무를 설하여 불이不二의 이법에 통할 수 있지만 유와 무는
궁극적인 것이 아니다. 유와 무에 머물러서는 안 된다."[74]

"섭산의 고구려 승랑대사는 원래 요동성 사람이다. 멀리 북토에서
구마라즙의 이론을 익히고 남토로 들어와 종산의 초당사에 머물면
서 은둔하고 있는 선비 주옹을 만났다. 주옹은 이로 말미암아 스님을
따르며 배웠다. 또 양무제는 삼보를 공경스럽게 믿었는데 대사께서
오셨다는 이야기를 듣고 10명의 대덕들과 승정 지적智寂을 보내
배우게 했다. 양무제는 스님의 사상을 체득하고서 원래의『성실론』
을 버리고 대승에 의거하여『장소章疏』를 지었다."[75]

號, 1953, pp.396~397.

오쿠노 미츠요시(奧野光賢),「승전의 승랑수학에 대하여(僧詮の僧朗受學につい
て)」,『印度學佛教學研究』40卷, 1992, pp.52~58.

[74] 김성철,『승랑-그 생애와 사상의 분석적 연구-』, 지식산업사, 2011, p.461.

[75] 이 밖에도 김성철의 앞 책에는 길장의 저서『법화통략』등에 등장하는 승랑대사에
관한 글을 많이 소개하고 있다. "법화경을 지니고 있는 자는 위대한 복혜인이다.

중국의 삼론종을 완성했다고 알려진 길장은 스승인 승랑대사에
대해 자신의 저서 곳곳에 위와 같이 존경의 마음을 가득 담아내고
있다. 승랑대사는 일찍이 중국에 들어가 승조僧肇[76]로 일컬어지는 구마
라즙에게 삼론학을 익혔다. 그러나 당시의 삼론학은『성실론』의 소승
적 유사상有思想에 영향을 받고 있어 본래 삼론학의 진의를 드러내지
못하고 있었다. 이에 승랑대사는 그러한 사상조류를 탈피하여 새로운
삼론을 정립하게 되었는데, 과거의 삼론학을 고삼론이라 부르고 승랑
대사의 순수 삼론학을 신삼론이라고 불렀다. 신삼론은 중국 하서지방
에까지 널리 알려져 승랑대사는 하서대랑河西大朗, 독보하서獨步河西
라는 칭호를 받기까지 하였다.[77] 승랑대사의 제자인 길장의 저서 가운
데 삼론학의 핵심으로 알려진『삼론현의』역시 고구려 승랑대사에서

말문을 열어서 설법을 할 때 그 말에서 소통의 기운이 나와 그것을 듣는 사람들로
하여금 자연히 도심이 일어나게 한다. 승랑대사가 바로 그런 분이었다. 내가
친히 들은 설명은 이상과 같다."라든가, "승랑대사의 학문은 하나를 지키고
근본을 준수하여 개작의 허물이 없었다. 경문에 의거하여 뜻을 펼쳤고 억측하거
나 단정하는 마음을 막았다. 미리 말하는 법도 없었고 생각을 짜내어 이치를
만들지도 않았다. 상대를 보아야 비로소 응했고 적을 만난 다음에야 움직이니
종횡으로 얽히고 분주히 오가는 이론들이 홀연히 묘연해진다. 문체는 참으로
빛나지만 그 자취를 잡을 수 없고 그 깊이를 잴 수가 없지만 사물 그대로이지
요원한 것이 아니다. 무릇 서로 주고받으며 이치에 따라서 자세히 탐구하는데
어찌 다른 스님들을 질투하고 속이거나 욕보이는 일이 있겠는가?"와 같이 길장이
스승 승랑대사를 흠모한 구절이 눈에 많이 띈다. 김성철, 앞의 책, p.477.

76 승조(僧肇, 384~414)는 중국 후진後秦의 학승學僧으로 구마라즙鳩摩羅什의 제자다.
구마라즙 문하에 4철哲이 유명한데, 승조僧肇·승예僧叡·도생道生·승융僧融으로
그 가운데 한 사람이다. 장안長安에서 스승의 불경 번역을 도왔다.

77 고익진,『한국고대불교사상사』, 동국대학교출판부, 2006, p.100.

비롯된 것[78]이며, 승랑대사의 기록은 중국 양나라 혜교가 지은 『고승전』 제18권 19의 「석법도전釋法度傳」에 전하는데, 여기에 보이는 승랑의 기록을 보면 다음과 같다.

석법도(釋法度, 437~500)는 황룡인이다. 제齊나라 영원 2년(500)에 산중에서 입적하였는데 나이 64세였다. 법도의 제자로 승랑이 있었는데 선사를 계승하면서 산사의 기강을 세웠다. 승랑은 본래 (고구려) 요동사람으로 널리 배우고 생각하는 힘이 두루 해박하여 모든 경전과 율장을 강설할 수 있었으며, 『화엄경』과 「삼론」은 그가 가장 대가大家의 위치에 있었다. 그리하여 금상폐하今上陛下께서 깊은 그릇이라 보고 존중하여 모든 불교 논리를 공부하는 스님에게 명령하여 그 산에서 수업하게 하였다.[79]

---

78 중국 불교계에 큰 반향을 일으킨 승랑대사를 한국의 학회에 처음으로 알린 사람은 육당 최남선(1890-1957)이다. 그는 1930년 7월 하와이에서 열린 범태평양불교대회에서 발표한 「조선불교」라는 글에서 고구려 승랑대사를 소개했다. "지나支那의 삼론종은 보통 구마라즙을 그 시초로 하여 도생, 담제, 승랑, 승전, 법랑을 거쳐 수나라의 길장을 집대성자로 여기지만 초기에는 삼론학을 연구하는 사람들도 성실론 같은 다른 경론을 겸하여 그 주장이 선명치 못하였다. 그러나 승랑의 때에 이르러서야 그 정의를 밝혀 비로소 삼론만을 펼치는 순수한 삼론종의 면목을 발휘하니 그러므로 승랑은 사실에 있어서 삼론종의 첫 스승이요, 겸하여 동방불교 건설의 선구자라 할 위인이었다. 중국불교의 일대 전기를 마련한 승랑은 고구려승으로 돈황에 가서 교리 연구를 하는 과정에서 혼란, 잡다한 당시 불교계의 올바른 길을 열고 참신한 학풍을 일으켜 깊고 원대한 동방 불교의 산파가 된 것이다." 김영태, 「高句麗僧朗에 대한 재고찰」, 『한국불교학』, 한국불교학회 20권, 1995, p.23.
79 『고승전』 제8권 19 「석법도전釋法度傳」, 동국역경원, 1998, pp.292~294.

승랑대사는 고구려 제20대 장수왕(414~491) 60년 무렵에 중국으로 건너가 남쪽 회계산會稽山에 머물며 설법하다가 제나라 초(480년 무렵) 종산의 초당사草堂寺로 옮긴다. 이후 제나라 영명 7년(489)에 섭산攝山의 누하사樓霞寺가 건립되어 스승인 법도가 이곳에 주석하게 되자 승랑도 이곳으로 가게 된다. 이때는 건무년간(建武年間, 494~497)으로 스승이 입적(500년)하자 승랑은 이 절을 계승하여 삼론학의 뜻을 폈는데, 승랑이 머물던 섭산의 누하사는 삼론학이 꽃피던 곳으로 양무제가 10명의 대덕을 보내 승랑대사의 가르침을 받게 한 것도 이 무렵이다.

삼론종의 계보에 대해서는 일찍감치 교넨의 『팔종강요』에 칠대상승七代相承으로 소개된 인물이 있는데, 곧 구마라즙·승숭僧嵩·법도法度·승랑僧朗·승전僧詮·법랑法朗·길장吉藏의 7사師다. 이 7명의 학승 가운데 신삼론을 구축한 승랑대사와 삼론을 집대성한 길장이 유명하다.[80] 그러나 사카이노 코요(境野黃洋, 1871~1933)는 여기서 한 발 더 나아가 구마라즙·승숭僧嵩·승연僧然·법도法度·승랑僧朗·승전僧詮·법랑法朗·길장吉藏을 들어 8대상승설八代相承說을 주장하기도 했다. 하지만 이 가운데 승랑대사의 제자인 승전僧詮에 대해서는 길장의 저서에 이름이 보이지 않는다고 하여 이를 재고해야 한다는 주장도 있다.[81] 그런데 여기서 한 가지 흥미로운 것은 나라시대의 대표적인 삼론학 강요서綱要書로 꼽히는 혜균慧均의 『대승사론현의기大乘四論

---

80 김성철, 앞의 책, p.425.

81 오쿠노 미쓰요시(奧野光賢), 「승전의 승랑수학에 대하여(僧詮の僧朗受學について)」, 『印度學佛敎學硏究』 40卷 1號, 1992, p.56.

玄義記』를 둘러싼 저자 문제다. 그간 일본학계에서는『대승사론현의기』의 저자가 당唐의 혜균이라는 주장이 지배적이었다. 그러나 나라시대 그 어느 문헌에도 혜균이 당인唐人이라는 기록이 없는 것으로 밝혀졌고, 혜균을 당인唐人으로 만든 것은 메이지 때의 일이며 이제 혜균의 문제는 그가 백제 출신인가 아니면 신라 출신인가를 밝히는 문제만 남았다고 이토 다카토시(伊藤隆壽)는 밝혔다.[82] 이에 대해 최연식은 혜균을 백제 출신으로 보고 있다.[83]

삼론종의 대가로 알려진 고구려 출신 승랑대사와 삼론학 강요서로 손꼽히는『대승사론현의기』를 쓴 백제 출신 혜균에 이어 일본 삼론종을 처음 전한 고구려승 혜관에 이르는 계보를 파악하는 일은 일본 삼론종을 이해하는 데 중요한 일이라고 본다.[84]

---

82 이토 다카토시(伊藤隆壽),「大乘四論玄義記に關する諸問題」,『불교학리뷰』5, 금강대학교불교문화연구소, 2009, pp.9~2.

83 최연식은 일본 삼론학의 발달을 고구려에 초점을 두고 있는 것을 비판하면서, 백제 삼론학을 논외로 해서는 제대로 파악하기 어렵다는 견해를 보이고 있다. 그 논거로 나라시대에 유통된 주요 삼론학 강요서로 백제 출신 혜균의『대승사론현의기大乘四論玄義記』와 원효의『삼론현의(三論玄義, 宗要)』를 들고 있다. 이 두 문헌은 일본에서 740년대부터 760년대까지 빈번하게 필사되고 널리 유통되고 있었는데 견주어 일본 불교계에서 삼론학의 기본 강요서로 널리 읽혔던 길장의『삼론현의三論玄義』와『대승현의大乘玄論』등은 이 시기 이후인 8세기 말 이후에 유통의 흔적이 보인다고 했다. 따라서 종래 일본 학계에서 고구려 혜관을 중심으로 한 중국 유학파에 의해 일본의 삼론종이 정립된 것이라는 주장은 백제 삼론학의 지대한 영향을 간과하고 있다는 견해다. 최연식의「三論學 綱要書의 유통을 통해 본 백제 불교학의 日本 불교에의 영향」,『백제문화』, 공주대학교 백제문화연구소, 2013, pp.41~61.

84 이 밖에 중국에 진출한 고구려승으로는 의연義淵을 들 수 있는데, 그는 대승상왕고

3) 일본 삼론종의 시조 고구려승 혜관의 문헌

고구려승 혜관은 일본 삼론종의 시조답게 수록된 문헌이 많다. 먼저
『일본서기』 스이코왕 33년(625)에 혜관의 도일을 알리는 기사인 '정월
고구려왕 승 혜관을 일본에 파견하다(正月、高句麗の王、僧慧灌を日本
に遣わす)'라는 기록을 시작으로 『속일본후기續日本後記』, 『일본문덕
천황실록日本文德天皇實錄』, 승전류인 『원형석서』, 『남도고승전』, 『본
조고승전』 그리고 전기류인 『불법전래차제佛法傳來次第』, 『7대사연표
七大寺年表』 등에 그 이름을 남기고 있다.[85]

덕大丞相王高德의 청으로 북제北齊의 법상(法上, 495~580)과 교류했다. 법상은
혜광 문하 십철慧光門下十哲의 우두머리로서 십지十地, 지지地持, 능가楞伽, 열반涅
槃 등의 경론을 강의하고, 북제 문선제北齊 文宣帝의 존숭을 받아 소현대통昭玄大統
이 되어(551) 승니僧尼를 다스렸던 사람이다. 또한 당승 영예(靈睿, 565~647)와
교류를 가진 인법사印法師 혜지(慧持, 575~642)의 스승이 된 실법사實法師, 섭론종
의 개종조인 담천曇遷과 두터운 교분을 쌓은 고구려 사문 지광智晃이 있으며,
한편 고승 파약波若은 중국 천태산에 들어가 천태종의 창설자 지의(智顗, 538~
597)에게서 교관을 전해 받고 신이(神異, 신비한 이적을 행함)로써 이름을 떨쳤다.
『속고승전』 권8, 법상전, 『해동고승전』 권1, 의연 등 참조.

85 이 밖에 고구려승 혜관이 수록되어 있는 사료는 다음과 같다. 『續日本紀』,
『日本三代實錄』, 『日本紀略』, 『類聚國史』, 『三論師資傳』, 『僧綱補任(興福寺
本)』, 『僧綱補任抄出』, 『扶桑略記』, 『日本高僧傳要文抄』, 『東大寺具書』, 『內典
塵露章』, 『三論祖師全集』, 『東大寺續要錄』, 『三會定日記』, 『東大寺圓照行狀』,
『東國高僧傳』, 『淨土法門源流章』, 『寧樂逸文』, 『平安逸文』, 『鎌倉逸文』, 『大日
本古典文書』, 『大日本史料』, 『淨土依憑經律論章疏目錄』, 『三論宗章疏』, 『東域
傳燈目錄』, 『諸宗章疏錄』, 『大正新修大藏經』, 『日本大藏經』, 『群書類從』, 『續
群書類從』, 『續續群書類從』. 이 자료는 『大日本佛教全書』 第101冊에 수록되어
있는 것을 스에키 후미히코(末木文美士)가 『삼국불법전통연기三國佛法傳通緣起』
日本三論宗章硏究에서 정리한 것을 인용한 것이다. 『東洋文化硏究所紀要』 99,

먼저『일본서기』에 보이는 혜관을 살펴보면, 혜관의 도일을 전후하여 한반도 승려들이 집중적으로 도일하고 있음을 알 수 있다. 혜관의 도일 시기에 고구려왕은 영양왕(재위, 590~618) 때이며, 일본은 스이코왕(593~628) 때다.

① 스이코 3년(595) 5월 고구려 혜자가 귀화하여 성덕태자의 스승이 되었다.

② 스이코 4년(596) 11월 (고구려) 혜자가 백제승 혜총과 함께 이 해 건립된 법흥사에 주석하였다.

③ 스이코 10년(602) 10월 고구려승 운총雲摠과 승륭僧隆이 귀화하였다.

④ 스이코 18년(610) 4월 고구려승 담징은 5경을 알고 채색 및 지묵紙墨과 맷돌을 만들었다. 담징과 함께 법정을 보내왔다.

⑤ 스이코 23년(615) 11월 (고구려) 혜자가 귀국하였다.

⑥ 스이코 29년(621) 2월 (고구려) 성덕태자가 죽었다는 이야기를 듣고 혜자가 크게 슬퍼하다가 성덕태자 기일忌日에 죽었다.

⑦ 스이코 32년(624) 4월 (백제) 관륵을 승정으로, 고구려 덕적을 승도僧都[86]로 삼았다.

⑧ 스이코 33년(625) 정월 고구려왕이 승려 혜관을 보냈다. 그를 승정僧正에 임명하였다.

東京大學東洋文化硏究所, 1986, pp.71~151.

[86] 864년 일본 조정에서는 승려의 지위를 정했는데, 가장 높은 지위가 승정僧正, 그 다음이 승도僧都, 율사律師 순이다.

⑨ 덴지(天智) 원년(662) 4월 고구려승 도현道顯이 점을 쳐서 고구려의 멸망을 예견하였다.[87]

성덕태자의 스승으로 알려진 고구려승 혜자는 혜관보다 무려 30년이나 먼저 일본에 건너갔으며, 고구려 승려들이 일본에 집중적으로 진출한 시기는 스이코기(推古期)의 숭불정책에 힘입은 것이다. 이 시기에는 불교가 '만국이 우러르는 법'으로 여겨질 정도로 불교를 숭앙하였음을 알 수 있다.

여름 4월 성덕태자가 헌법 17조를 만들었다. 그 가운데 2조에 보면 '굳게 삼보를 공경하라. 삼보는 불법승이다. 곧 4생四生이 머무르는 곳이고 만국이 우러르는 법이다. 어느 시대 그 누구든 이 법을 귀히 여기지 않는 일이 없다. 사람은 심히 나쁜 자는 드물다. 잘 가르치면 반드시 따라온다. 삼보에 귀의하지 않고 무엇으로 그릇됨을 고칠 수 있겠는가?'[88]

이렇듯 스이코왕은 고대 한국의 불교를 적극 수용하였으며 승려 또한 적극 받아들여 요직에 앉혔다. 한편 혜관이 일본에 건너갈 무렵 중국에서는 수나라(581~618)가 망하고 당나라(618~907)가 태동하던 시기였다. 네 차례에 걸쳐 고구려 침입을 감행한 수나라는, 대외적으

---

87 ①~⑨는 『일본서기』 권제22 스이코(推古) 3년~권27 천지天智 원년 기사임. 『新編日本古典文學全集 2, 3』, 小學館, 1999.
88 『일본서기』 ②권, p.542.

로는 고구려 원정에 실패하고 대내적으로는 세수와 부역의 증가로 인한 민심의 동요 등 여러 요인으로 중국을 통일한 지 40여 년이 채 못 되어 멸망하고 만다. 그 뒤를 이어 당이 건립되던 해에 고구려에서는 수와 전쟁을 치른 영양왕이 죽고 수와의 전쟁을 승리로 이끈 영류왕(618~642)이 즉위하게 되는데, 당의 등장으로 고구려와 당이 주축이 되는 동북아시아 국제관계에 새 기운이 감돌았지만, 이는 오래가지 못했다. 여당麗唐의 화해 기운은 백제와 신라라는 한반도 내의 삼국 관계를 복잡하게 만들었는데, 고구려는 대중국 관계가 호전되자 신라·백제에 압력을 가하였고, 이에 견디지 못한 양국이 당에 외교적 교섭을 벌이게 되고 당은 이를 빙자하여 고구려에 외교적 압력을 가하게 된 것이다. 고구려에서는 당 태종의 압력에 대비하여 631년부터 16년간 국경 지역에 천리장성을 쌓았고 고구려 내부에서도 갈등이 표면화되었다.

이러한 시기(625)에 혜관의 도일은 이뤄졌고, 혜관 도일 이후 5년만인 630년에 고구려는 일본에 정식 외교 사신을 파견하게 된다. 이러한 스이코기(推古期)의 대고구려 정책은 불교를 통해 정치적으로 왕권을 도모하고 외교적으로는 백제 일변도의 외교에서 벗어나 고구려, 신라와의 다각적인 외교정책을 구사하려는 시도에서였다고 볼 수 있다.[89] 고구려승 혜자[90]가 성덕태자의 스승이 된 것도 그가 단순히 성덕태자와

---

89 연민수, 「7세기 동아시아 정세와 왜국의 대한정책」, 『신라문화』 24, 동국대학교신라문화연구소, 2004, pp.43~48.

90 혜자는 20년간 일본에서 성덕태자의 스승으로서 불법을 폈을 뿐 아니라 고구려의 외교 일선에서 활약하다 스이코 23년(615) 때 귀국했으며, 귀국 후 6년째 되는

의 사제관계를 넘어 고구려의 외교적 입장을 대변하는 자리에 있었던 것은 아니었나 하는 견해[91]도 나올 법한 일이라고 본다. 물론 혜관을 비롯한 이 시대 고구려승들이 불법 전수 외에 정치, 외교적인 활동을 했다는 기록은 없지만 본국인 고구려의 정치학적인 상황으로 미뤄 볼 때 이러한 추측이 전혀 근거 없는 것이라고는 말할 수 없을 것이다.

한편 혜관이 일본에 건너가 삼론학을 펼치기 이전에 삼론학을 강설한 고대 한국 출신 승려들이 있었는데 백제의 담혜曇惠와 도심道深이 그들이다. 이에 대해서는 『일본서기』 554년 2월조에 "백제로부터 승 담혜 등 9인을 승 도심 등 7인과 교대하게 했다."는 기록이 보이며, 『본조고승전』에는 "백제승 담혜와 도심은 당에 가서 대소승을 모두 공부한 승려로 긴메이(欽明) 15년 2월에 도심과 함께 왔으므로 정사精舍를 마련하여 맞이하고 거주케 했다. 이것이 일본 사문沙門의 처음이다. 이들 두 스승(曇惠와 道深)은 공종(空宗 곧 三論宗)에 속했으므로 승전 첫머리에 기록한다."는 기록이 있어 고구려 혜관 이전에 이미 일본에 삼론종이 들어와 있음을 알 수 있다. 혜관 이전에 먼저 건너가

해에 제자인 성덕태자의 죽음을 전해 듣고 이듬해 입적한다. 혜자에 관한 기록으로는 『본조고승전』이 자세한데 "승려 혜자는 고구려 사람이다. 스이코 3년(595) 5월에 조공하러 왔다. 성덕태자가 그를 스승으로 삼았다. 백제의 혜총과 함께 불교를 널리 알려 삼보의 동량棟梁으로 삼았다. 스이코 4년(596) 겨울 10월에 법흥사法興寺가 완성되자 조칙을 내려 혜자와 혜총이 함께 주석했다. 스이코 23년(615)에 본국으로 귀환했다. 또한 승려 승륭과 운총도 고구려 사람이다." 『본조고승전本朝高僧傳』 권제67, p.360.

91 정선여, 「7세기초 고구려 불교계 변화와 혜자」, 『人文科學論文集』 제35집, 2003, pp.93~106.

삼론종을 폈던 승려의 기록으로는,

①스이코 3년(595) 5월에 고구려승 혜자가 와서 성덕태자의 스승이
되었다. 이 해에 백제승 혜총이 왔다. 이 두 사람은 불교를 크게
펼쳤고 삼보의 동량이 되었다. (중략) 스이코 4년(596) 11월에
법흥사 조성이 끝나 혜자, 혜총의 두 고승은 법흥사에 머물기 시작
했다.[92]

②스이코 33년(626) 고구려국 혜관이 일본에 왔다. 이는 삼론학자
로 수당의 가상대사에게 삼론을 배워 일본에 왔다. 이것이 삼론의
시조다. 아직 (일본)에는 삼론이 강설되지 않을 때였다. 이 전
해에 관륵법사가 백제국에서 왔는데 삼론종의 법장法匠[93]이다.[94]

이처럼 삼론종의 시조로 알려진 고구려승 혜관 이전에도 삼국의
승려들은 이미 도일하여 삼론종을 펴고 있었던 것이다. 이들의 활동[95]
은 혜관이 삼론학을 펴는 데 중요한 토양을 마련해 주었으며, 혜관은
이들 고대 한국승들의 삼론학을 바탕으로 일본 삼론종을 발전시킬
수 있었다. 전술한 바와 같이 혜관 이전에 혜자, 혜총, 관륵과 같이

---

[92] 『일본서기』 ② 권, p.532.

[93] 법문에 능하여 제자를 교화하는 것에 능숙한 스승. 불법에 통달한 장인이라는
뜻이다.

[94] 『삼국불법전통연기』 권중, p.110.

[95] 혜관 이전에 건너가 삼론종을 편 승려는 다음과 같이 정리할 수 있다.

삼론학에 밝았던 승려들이 있었음에도 혜관을 삼론종의 시조로 꼽은 것은 무슨 까닭인가? 성덕태자의 스승인 혜자와 혜총은 이미 삼보의 동량棟梁이라는 소리를 듣고 있었고 관륵 역시 일본 최초의 승정직을 맡았음에도 혜관이 초전자初傳者로 알려진 것은 그가 입당 유학승으로 길장의 제자였던 점이 크게 작용한 것은 아닐까 한다.[96] 이를 입증하듯 혜관 이후 2전傳 지장知藏 역시 입당 유학 후 귀국하여 법륭사에서 삼론학을 펼치고 백봉 원년(白鳳元年, 673)에 승정에 올랐으며, 3전傳인 도자道慈 역시 16년간이나 당 유학을 마친 것으로 보아 당 유학파 출신이라는 것이 유리하게 작용한 것으로 보인다. 한 가지 더 지적할

도일 시기	승려	출신	대표적인 활약 사항	수록 문헌
554년	담혜 도심	백제승	일본 최초의 사문	『일본서기』, 『원형석서』, 『본조고승전』
595년	혜자	고구려승	성덕태자 스승, 원흥 사元興寺 건립에 관여	『일본서기』, 『원형석서』, 『본조고승전』
595년	혜총	백제승	원흥사 건립에 관여	『일본서기』, 『삼국불법전통연기』, 『원형석서』, 『본조고승전』
602년	관륵	백제승	제1대 승정	『일본서기』, 『성덕태자전력聖德太子傳歷』, 『부상략기扶桑略記』, 『삼국불법전통연기』, 『원형석서』, 『본조고승전』
625년	혜관	고구려승	제2대 승정	『일본서기』, 『원형석서』, 『본조고승전』

[96] 히라이 순에이(平井俊榮), 「남도삼론종사 연구 서설(南都三論宗史の研究序說)」, 『駒澤大學仏教學部研究紀要』通号 44, pp.29~30.

수 있는 것은 원흥사의 혜관, 법륭사의 지장, 대안사의 도자에서 볼
수 있듯이, 이들 세 사원이 나라조(奈良朝) 삼론학파 형성의 중심사찰
이라는 점에서 이들이 일본 삼론의 중요 인물로 자리매김할 수 있었던
것은 아닌가 하는 생각이다.

4)『원형석서』와『본조고승전』에 보이는 고구려승 혜관

① 혜관은 고구려 사람이다. 수나라에 들어가 가상대사 길장에게
삼론의 요지를 배웠고 스이코 33년(625) 을유년 봄 정월에 본국(고
구려)에서 천거하여 우리 일본에 왔다. 칙명으로 원흥사에 머물렀
다. 그해 여름, 천하가 크게 가물었다. 천황께서 혜관에게 조칙을
내려 비를 빌게 하였다. 혜관이 푸른 옷을 입고 삼론을 강설하니
곧바로 큰비가 내렸다. 천황께서는 매우 기뻐하시면서 그를 발탁하
여 승정으로 삼으셨다. 그 뒤 나이슈(內州, 지금의 오사카)에서 정상
사井上寺를 창건하여 삼론종을 널리 폈다.[97]

② 석혜관은 고구려 사람이다. 수나라에 들어가 가상대사 길장을
따라 삼론종의 종지를 받았다. 스이코 33년 정월 초하루 본국(고구
려)에서 일본으로 보내와 칙명으로 원흥사에 머물러 있게 하였는데
공종(空宗, 곧 삼론종)을 부지런히 강설했다. 이 해 여름에 가물어서
천황이 혜관을 불러 비를 빌게 하였다. 혜관이 푸른 옷을 입고
삼론을 강설하니 비가 크게 내려 천황이 크게 기뻐하고 발탁하여

---

[97]『원형석서』권제1, p.142.

승정에 임명하였다. 백봉 10년 봄 2월에 화주 선린사(和州 禪林寺)가 완성되어 혜관을 청해다가 낙성을 경축하는 도사導師로 삼았다. 혜관은 또 하내 지기군河內 志紀郡에 정상사井上寺를 창건하여 삼론종을 널리 폈다. 나이 90에 입멸하였는데 본조(일본) 삼론종의 시조가 되었다. ⓐ내가 상주 녹도常州 鹿嶋의 근본사根本寺에 가서 이틀 밤을 묵으며 전각 안을 두루 살폈는데 혜관 승정의 비碑가 있었다. 모서리가 부식되었지만 글자 획은 또렷하였다. 주지가 말하길 '이 절은 혜관 때 개산하였습니다'라고 하기에 옛 기록이 없느냐고 물으니 없다고 하였다. 생각건대 옛날 신호경운(神護景雲, 767년) 원년에 녹도鹿嶋를 나와 나라 삼립(奈良 三笠)에서 살아 서로 사귀기를 좋아하였기 때문에 탁발을 이리로 옮겨 동민(東民, 백성)을 타일러 교화시킨 것이 아닌가 한다. …"[98]

①은 가마쿠라시대 일본 최초의 불교통사인 『원형석서』에 나오는 혜관에 관한 기록이다. 『원형석서』는 임제종 승려 고칸시렌(虎關師錬, 1278~1346)이 지은 전 30권으로 구성된 책으로, 권1~19까지는 승속 전기부로 400여 명의 승려들이 수록되어 있으며, 권20~26은 자치표로 불교사佛教史이고, 권27~30은 지부志部로 유사類史를 기록한 책이다. 고구려승 혜관은 남인도의 보리달마에 이어 『원형석서』 차례에서 두 번째 인물로 수록되어 있는데, 일설에는 남인도의 보리달마가 실제로 일본에 건너왔다는 기록이 없는 허구라는 지적을 감안하면 혜관은 실존 인물로서 사실상 『원형석서』에서 다룬 첫 번째 인물이다.[99]

---

98 『본조고승전本朝高僧傳』 권제1, p.64.

『원형석서』의 혜관에 대한 기록의 요점은, 혜관이 고구려승이며 삼론 강설로 기우를 빌어 조정으로부터 승정 지위를 받았다는 내용이다.

②는 에도시대(1603~1868)에 승려 만겐시반(卍元師蛮)이 쓴『본조 고승전本朝高僧傳』(1702)으로 고구려승 혜관의 이야기가 비교적 자세 히 실려 있다. 이 책은 총목總目, 권수卷首, 본문으로 구성되었으며, 1,664명의 승려에 관한 이야기가 75권에 수록되어 있는 일본 최대의 승전이다. 『본조고승전』이 나온 시기는 가마쿠라시대(1192~1333)의 승전[100]인『원형석서』(1322)와는 시간적으로 380년이라는 차이가 있 지만 『원형석서』에 나오는 혜관의 이야기를 상당 부분 변형 없이 수용하고 있음을 알 수 있다. 다만 『원형석서』에 없는 부분이 있는데 ②-ⓐ부분이다. 이 부분은『본조고승전』의 저자인 만겐시반(1626~ 1710)이 혜관이 주석했다고 전해지는 근본사根本寺에 찾아갔다는 이야 기로, 그가 근본사를 찾아갔을 당시에는 그곳에 혜관의 비석이 있었다 고 했다. 그러나 만겐시반이 혜관의 비석을 발견할 당시에는 비석의 마모가 있었으며 주지가 '혜관이 절을 지었다'는 사실만 전할 뿐 참고할 만한 자료를 얻지 못하고 있는 것으로 보아 이 절이 오랫동안 관리가

99 『원형석서元亨釋書』에는 권1 전지傳智편에 고구려승 혜관 외에 혜자·승륭·담징, 권9의 감진感進편에 백제승 의각·도영·도장, 권16의 역유力遊편에 백제승 담혜· 혜변·혜총·관륵·혜미 등 고대 한국 출신 승려 이야기가 수록되어 있다.

100 『원형석서元亨釋書』는 승전이라기보다는 불교통사에 해당하는 책이지만 400여 명의 승려에 관한 기록을 싣고 있어 승전으로 보아도 무방하다고 본다. 더구나 가마쿠라시대 이후 전국시대戰國時代에 돌입한 일본에서는 1702년 만겐시반의 『본조고승전』이 나오기까지 승전을 만들 여력이 없었으므로『원형석서』는 가마쿠라시대의 불교와 승려의 활동 등을 알 수 있는 귀중한 자료이다.

되지 않았음을 알 수 있다.

이처럼『본조고승전』의 저자 만겐시반이『원형석서』이후 380년의 세월이 흐른 시점에 혜관의 발자취를 찾아 떠났다는 사실은 매우 신선한 이야기가 아닐 수 없다. 만겐시반은 승전 편찬을 위해 30여 년 간 전국을 돌며 자료를 수집하여 임제종과 조동종의 선승 약 1천 명을 모아『연보전등록延宝伝燈錄』41권을 썼으며, 이어서『본조고승전』75권을 펴내는 등 발로 뛰어 승전을 집필한 것으로 유명하다. 만겐시반이 당시에 찾아간, 혜관이 창건했다고 알려진 근본사(根本寺, 곤뽄지)는 현재 이바라기현 가시마시(茨城縣 鹿嶋市)에 여전히 존재한다. 더욱이 그 외에 혜관이 창건한 절로 알려진 나라의 반야사(般若寺, 한냐지)[101]를 비롯한 군마群馬의 수택사(水澤寺, 미즈사와데라),[102] 효고(兵庫)의 금강성사(金剛城寺, 곤고조지)[103] 등 여러 곳이 현존하고

---

101 『반야사역대기般若寺歷代記』에는 다음과 같이 고구려 혜관법사에 관한 기록이 있다. "일본 삼론종의 초조初祖, 고구려승 혜관법사가 이 땅이 상서로운 것을 보고 반야대라고 칭하고 정사精舍를 창건하였다. 성무왕(聖武天皇)이 수도인 평성경平城京을 지키기 위해 붉은 종이에 금박으로 쓴 대반야경 600권을 땅속에 묻고 탑을 비롯하여 가람을 정비하여 칙원사勅願寺로 삼고 이 절을 반야사라고 불렀다." 소재지는 奈良市般若寺町 221.

102 『수택사사전水澤寺寺傳』에는 "관동 33 사찰 중 제16번째 절로 천태종 수택관세음水澤觀世音은 1,300여 년 전 스이코천황(推古天皇), 지통천황持統天皇이 발원하여 고구려 고승 혜권승정이 개기開基 하였으며 오덕산 수택사라는 이름은 스이코천황(推古天皇)의 친필 사액賜額에서 유래한다." 소재지는 群馬縣澁川市伊香保町 水澤 214.

103 금강성사金剛城寺는『효고현 역사 산책(兵庫縣の歷史散步)』에 이르기를 "스이코천황(推古天皇) 5년(597) 성덕태자의 명을 받아 지은 일본 삼론종의 개조開祖인

있다.[104]

한편 이 밖에 고구려승 혜관에 관한 내용을 담고 있는 문헌으로는
『승강보임초출僧鋼補任抄出』, 『부상략기扶桑略記』, 『불법전래차제佛
法傳來次第』, 『동대사구서東大寺具書』 등이 있으며, 이 책에서 다루고
있는 고구려승 혜관에 관한 부분을 일부 살펴보면 다음과 같다.

㉠ 스이코 33년 고구려승 혜관은 임신일에 승정으로 임명을 받았다.
원홍사에서 삼론을 폈다. 혜관은 천하에 가뭄이 들었을 때 푸른
옷을 입고 삼론을 강설하였는데 마침 단비가 내려 상으로 승정
자리에 올랐다. 원래 원홍사에 머물렀으며 삼론을 유포하였다.
또한 하내국 지기군河內國志紀郡에 정상사井上寺를 건립하였다.[105]

㉡ 스이코 33년 을유년에 천하에 가뭄이 들었다. 이때 고구려승
혜관이 푸른 옷을 입고 삼론을 강독하여 단비를 내리게 하였다.
보상으로 승정에 올랐고 원홍사에 주석하면서 삼론의 법문을 유포
하였으며 정상사井上寺를 세웠다.[106]

고구려승 혜관이 지었다. 고구려승 혜관이 절을 세우려고 현지를 둘러보던
중 자강천인滋岡川人이 하늘에서 십일면관음을 새겨 안치하라는 소리를 듣고
절을 지어 처음에는 자강사滋岡寺라 했다가 훗날 금강성사金剛城寺로 바꾸었다."
소재지는 兵庫縣神崎郡福崎町田口 236.

104 이 책 2부에서 현존하는 고구려승 혜관 및 혜편의 창건 절에 관한 취재 기사를
신는다.

105 『승강보임초출僧鋼補任抄出』, 스이코천황 33년 을유조.

106 『부상략기扶桑略記』, 신정증보국사대계 12, p.47.

ⓒ 스이코 33년 을유년에 천하에 가뭄이 들었다. 고구려승 혜관이 조정의 칙을 받고 푸른 옷을 입고 삼론을 강독하여 단비를 내리게 하였다. 이로써 승정 지위에 올랐으며 원흥사에 주석하였다. 삼론 법문을 유포하였으며 정상사井上寺를 세웠다.[107]

ⓓ 고토쿠천황(孝德天皇) 천하에 가뭄이 들어 칙명으로 원흥사에 주석하던 고구려승 혜관법사(가상대사 제자)에게 기우를 청한즉 푸른 옷을 입고 삼론을 강설하였는데 끝나기가 무섭게 비를 뿌렸다. 이로써 보상으로 승정 지위에 앉아 삼론을 유포하였다.[108]

이와는 달리 교넨의 『팔종강요』에는 "삼론을 강설한 고구려승 혜관 승정은 도일하여 삼론종을 널리 폈다(遂以三論授高麗慧灌僧正. 僧正來日 本. 廣傳此宗)"는 간략한 기록만 남기고 있다. 『내전진로장內典塵露章』 과 『일본서기』, 『삼론사자전三論師資傳』의 경우도 고구려승 혜관에 대한 기록은 간략하다. 지금까지 『원형석서』, 『본조고승전』, 『부상략 기』, 『불법전래차제佛法傳來次第』 등을 통해 혜관에 관한 문헌을 검토 해보았다. 혜관에 관한 기록은 고구려의 멸망으로 한국에 남아 있는 것이 없지만 다행히도 일본에는 43권에 이르는 문헌에 남아 있어 그의 일본 내에서의 활약을 이해하는 데 큰 도움이 되고 있다. 그러나 혜관에 관한 연구는 변변한 연구서 하나 없을 정도로 빈약하다. 그럼에 도 삼론종에 있어서 고구려승 혜관이 변함없는 '삼론종의 초전자'로서

---

107 『불법전래차제佛法傳來次第』, 스이코천황 33년 을유조.

108 『동대사구서東大寺具書』, 효덕천황조.

의 입지를 굳히고 있음은 43권의 사료가 입증하고 있다. 살펴본 것처럼, 혜관은 삼론학의 석학으로 뿐만이 아니라 왕실의 두터운 신임을 받아 원홍사에 주석하면서 큰 가뭄 때는 기우제를 주관하였으며, 승정직을 맡아 일본 불교 중흥에 큰 대들보 역할을 한 고승으로 일본 사서들은 앞다투어 기록하고 있다.

제2장 민중과 국가 불교의 접목

1. 민중불교를 이끈 백제계 행기行基

1) 나라불교와 백제계 행기

나라시대에 뛰어난 고승들이 많았지만 행기(行基, 교기, 668~749)만큼 파란만장하고 드라마틱한 삶을 산 승려도 많지 않을 것이다. 이타행(利他行: 남에게 공덕과 이익을 베풀어주며 중생을 구제하기 위해 노력하는 것)의 중요성을 일찌감치 인지한 행기는 정부로부터의 두 번에 걸친 대탄압에도 굴하지 않고 30대부터 사회구제사업에 뛰어들어 저수지를 만들고 다리를 놓으며 빈민구제 활동에 앞장섰다. 지금도 그의 업적은 일본 역사에서 높이 평가받고 있다.[109]

---

109 "일본불교 여명기에 활약한 걸승 행기는 이르는 곳마다 민중이 구름처럼 몰려들었고, 그가 하는 일마다 신비한 기적이 일어났으며, 그의 활기찬 대사업은 수많은 고통 받는 자들을 구제하였다." 시무라 구미히로(志村有弘), 「고대일본불교의 영웅 행기(古代日本佛教の英雄 '行基')」, 『大法輪』, p.90. 또한, 데라오카

행기는 승려로서 생전에 49곳의 사원을 짓고 제방 15곳, 항구 2곳, 다리 6곳, 빈곤자를 위한 숙박시설 9개 등을 설립한 것으로 전해지는데, 행기 사후 1,200여 년이 지난 현재(1997년) 행기 전승을 품고 있는 절은 전국에 무려 4,100곳으로 늘어나 있는 상황이다.[110] 『행기관련사원(行基ゆかりの寺院)』에 따르면 위로는 홋카이도 해복사海福寺부터 남으로는 오이타의 보계사寶戒寺, 미야자키의 전장사全長寺에 이르는 지역에 걸쳐 행기와 관련이 있는 사원은 무려 4,100곳이나 된다. 이는 초기 49곳의 사원에 견주면 엄청난 증가다. 각 지역별로 살펴보면 효고현 122곳, 오사카부 99곳, 가나가와현 92곳, 교토부 75곳, 미에현이 70곳이다.[111] 행기 사후에 생겨난 사원의 특징으로는, 행기가 만들었다는 관음상이나 십일면관음상 등을 모시는 사원, 또는 약사여래불과 관련이 있어 치료와 관계가 있는 사원 등을 꼽을 수 있다.

이어서 온천과 관련된 곳의 경우에는 행기가 직접 온천을 판 곳이거나 사쿠나미온천(作並溫泉)처럼 행기가 묵었던 온천 등이 전해지고 있는데, 이러한 곳만도 무려 18곳에 이른다.[112] 그런가 하면 행기가

요(寺岡洋)는 행기에 대해 "첫째 민중의 압도적인 지지를 받았으며, 둘째 사회적 약자를 구제하기 위한 양로원과 고아원을 만들었고, 셋째 죽음에 이르는 나이까지 왕성한 활동을 했으며, 넷째 정부의 탄압에도 결코 굴하지 않았고, 다섯째 정부는 결국 행기 집단을 인정하여 활동을 보장했다."고 인물평을 하고 있다. 데라오카 요(寺岡洋), 『행기와 도래인문화(行基と渡來人文化)』, 2003, p.164.

110 이노우에 가오루(井上薫) 編, 『행기 관련 사원(行基ゆかりの寺院)』, 圖書刊行會, 1997, p.7.

111 이노우에 가오루(井上薫) 編, 앞의 책, pp.7~15.

112 사쿠나미온천(作並溫泉)은 721년(養老5)에 행기가 동북 지방 순례 시에 발견한

입적한 절 경내에는 행기가 직접 판 우물 용천수가 있으며, 행기 관련 추모의 석비가 세워진 곳도 있다. 또한 나라(奈良) 안락사安樂寺, 긴테츠(近鐵) 나라역(奈良驛) 등에는 행기 동상도 세워져 있다. 이처럼 행기 사후에 많은 사찰과 온천, 기념비 등이 행기의 전승 유래를 갖고 있는 것은 그의 일생과 무관하지 않다고 본다. 생전에 민중의 곁에서 민중의 어렵고 고달픈 삶을 몸소 겪으면서 행기는 자신의 모든 것을 그들에게 아낌없이 베풀고 떠났다. 그러기에 그가 입적한 뒤 1,200여 년이 지난 지금도 곳곳에서 그의 자비 실천행을 잊지 않고 계승하고 있는 것이다. 문헌 속의 행기는 참으로 다양한 이름으로 불렸는데, 그것은 그만큼 그가 파란만장한 삶을 살았다는 것을 증명해 주는 것으로 볼 수 있다. 『속일본기』에 나오는 행기에 관한 호칭을 살펴보면,

　양로 원년(養老元年, 717) 4월조: 소승행기小僧行基
　천평天平 3년(731) 8월조: 행기법사行基法師
　천평天平 15년(743) 8월조: 행기법사行基法師
　천평天平 17년(745) 정월조: 대승정大僧正
　천평승보 원년(天平勝寶元年, 749) 2월조: 행기보살行基菩薩, 소승
　행기

온천으로 알려져 있으며(宮城縣 仙台市 靑葉區 作並 소재), 그 밖에도 히가시야마온천(東山溫泉, 福島縣 會津若松市 소재), 요시나온천(吉奈溫泉, 靜岡縣 伊豆市 吉奈 소재) 등 18개소가 있다. 『일본지명대백과日本地名大百科』, 소학관, 1996.

이처럼 행기는 소승행기小僧行基, 행기법사行基法師, 대승정大僧正, 행기보살行基菩薩 등 다양한 이름으로 기술되어 있다.[113] 일본 최초의 대승정 행기는 한때 조정으로부터 탄압[114]을 받았지만 결국은 두터운 신임으로 나라불교의 한 획을 긋는 대승정의 자리를 확고히 지켰다. 먼저 행기의 출신에 대해 살펴보기로 한다.

2) 행기의 출생과 성장

일본 최초로 대승정의 칭호를 받은 행기는 백제왕의 후손[115]으로 열다섯 살에 출가하여 약사사藥師寺에서 신라승 혜기慧基와 백제계 의연義淵에게서 불도를 닦았으며, 24살에 덕광법사德光法師에게 구족계를 받고 천평 17년(745)에 대승정이 되었다. 그 뒤 민중 속에서 불교의 보살행을 실천하다 81살의 나이로 관원사(菅原寺, 스가와라지)에서 입적한다. 행기에 관한 전승은 9세기의 불교설화집인 『일본영이기』에 출신가문

---

113 9세기 설화집 『일본영이기』에는 행기에 관한 이야기가 모두 7화(상권 5, 중권 2, 7, 8, 12, 29, 30)가 등장하는데, 상권 5화와 중권 2화, 8화, 12화, 29화, 30화에서는 행기대덕으로 나오고, 중권 7화에서는 행기, 사미승, 보살 등으로 부르고 있다.

114 『속일본기』 양로원년(養老元年, 717) 4월 23일조에는 행기와 그 제자들이 관의 허가 없이 멋대로 승려가 되어 음식을 빌어먹고 붕당을 형성하여 길흉화복을 점치며 백성을 현혹시키고 있음을 지적하는 기록이 보인다. 행기 집단을 탄압하는 근거로 볼 수 있는 자료다.

115 『원형석서』 14 단흥檀興 7에는 행기를 백제 국왕의 후손이라고 밝히고 있다. "釋行基世姓高志氏. 泉大鳥郡人. 百濟國王之胤也." 그럼에도 이노우에 가오루(井上薰)는 『행기사전行基事典』에서 생뚱맞게 행기의 부모를 백제에서 온 '중국계 도래씨족中國系 渡來氏族'으로 적고 있다. 井上薰, 『行基事典』, 東京 圖書刊行會, 1997, p.12.

과 고향, 어린 시절부터 총명함을 보이고 보살행을 실천한 인물로
성무왕으로부터 공경을 받은 이야기가 전해진다.

> 그때 행기라는 사미승이 있었다. 속성은 고시(越史)[116]로 에치고지
> 방(越後國, 현, 니가타현) 비키군(頸城郡) 사람이었다. 어머니는 이
> 즈미지방(和泉國, 현, 오사카) 오도리군(大鳥郡) 사람으로 하치다구
> 스시(蜂田藥師)였다. 행기는 속세를 떠나 욕망을 멀리하고 불도의
> 가르침을 널리 알리며 미혹되어 헤매는 자들을 교화시켰다. 사람됨
> 이 총명하고 태어나면서부터 세상 이치에 대해 잘 알았다. 행기의
> 높은 깨달음은 보살의 경지에 달하였으나 그것은 안에 감추고
> 겉으로는 수행자의 모습을 하고 있었다. 성무천황이 특히 그의
> 위엄 있는 덕에 감화되어 그를 존중하고 공경하였다. 당시 사람들도
> 그를 공경하여 보살이라 칭송하였다.[117]

『일본영이기』 중권 7화의 이야기는 행기의 출신에 대해 간략히
소개했다. 오히려 이 설화에서는 그 제목 「지혜 있는 자가 사람으로
변신하여 나타난 성인을 욕하고 시기하여 현세에 염라왕궁에 가서
지옥의 고통을 받은 이야기(智者誹妬變化聖人而現至閻羅闕受地獄苦緣)」
에서 알 수 있듯이, 승려를 비방하거나 시샘하고 비난하는 경우에

---

116 행기의 속성俗性은 고시(越史)로 고(越)는 씨이고 시(史)는 성이다. 왕인의 후손으
   로 고시(高志)라는 한자를 쓰기도 한다.『일본영이기』 중권 7화, 주석 14, 新編日
   本古典文學全集 10, 小學館, 2001, p.139.
117 『일본영이기』 중권 7화, p.144.

그 죄가 얼마나 큰지를 알리고자 함에 더 큰 무게중심을 두고 있다.
이에 견주어 13세기의 『금석물어집今昔物語集』에는 탄생에 관련된
흥미로운 이야기가 수록되어 있다. 『금석물어집』기록에는 행기가
어머니 뱃속에서 막 나왔을 때 태반 막에 싸여 있어 이를 이상하게
여긴 나머지 나뭇가지에 걸어 두었는데, 스스로 태반 막을 벗어버리고
나와서 말을 하기에 부모가 이를 거둬 키웠다는 출생담이 있다.

> 행기 보살이라는 성인이 계셨다. 이즈미지방(현, 오사카) 오도리군
> 사람으로 태반 막에 싸여 태어났으므로 아버지가 이를 보고 이상하
> 게 여겨 나뭇가지에 걸어 두고 수 일이 지나서 보니 태반 막에서
> 나와 말을 하는 것이었다. 그래서 부모는 아이를 거두어 키웠다.[118]

> 행기의 이 이야기는 『원형석서』에도 그대로 수록되어 있는데, 『금석
> 물어집』과 다른 점은 행기의 출신이 백제 국왕의 후손이다라고 기록되
> 어 있는 점이다.

> 행기는 속세의 성씨가 고시씨이고 센슈(지금의 오사카)의 오도리군
> 사람으로 백제 국왕의 후손이다. 천지 7년(688)에 태어났다. 태에서
> 나올 때 태반 막에 싸여 있었다. 어머니가 꺼림칙하게 여겨 내버리려
> 고 나뭇가지 위에다 걸어 놓았다. 밤이 지나고 가서 보니 태 껍질에
> 서 나와 말을 하였다. 부모는 아주 기뻐하여 거두어 길렀다.[119]

---

118 『금석물어집』 ①권 제12권 2화, p.37.
119 『원형석서』 권제40, p.299.

보통사람이 태반 막에 싸여 태어난다면 곧바로 죽어버릴 테지만 행기는 며칠이나 지났는데도 용케 살아났다. 이러한 이적담異蹟談은 이른바 성인들의 탄생설화[120]에서 흔히 볼 수 있는 내용으로 행기 역시 평범한 인물이 아님을 암시하고 있다. 행기의 출신과 관련하여 부계인 고시씨(高志氏)를 살펴보면, 고시씨는 왕인王仁을 조상으로 하는 씨족으로 가와치지방(河內國)에 정착하고 살았던 백제계 씨족이다.[121] 이들은 『고사기古事記』에도 그 이름이 보일 만큼 유서 깊은 혈통으로, 고시씨 씨족 가운데 고시노이케노기미(高志池君)는 스이닌 왕(垂仁天皇)의 황자인 이카다라시히코노 미코토(五十日足彦命)의 조상으로 이 조상은 관개시설과 수리시설에 관여했던 것으로 알려져 있다. 행기가 훗날 관개시설 축조와 토목공사에 종사하게 되는 것은 집안의 이런 내력과 관련이 있는 것으로 보이며, 한편 모계인 하치다노 오비토(蜂田首) 씨족은 주로 의약 계통에 종사했던 씨족으로 행기가

---

120 성덕태자 출생담의 경우에도, 성덕태자가 예수처럼 마구간에서 태어났다든지 하는 점에 대해 구메 구니다케(久米邦武), 사에키 요시로(佐伯好朗), 데시마 이쿠로(手島郁郎) 등도 중국의 경교(景教, 네스토리우스파)가 태자 출생담에 억지로 끌어다 맞춘 것이 아닌가 추정하고 있다. 데시마 이쿠로(手島郁郎), 『우즈마사의 신-하치만 신앙과 그리스도경교(太秦の神-八幡信仰とキリスト景教)』, キリスト聖書塾, 1971.

121 『신찬성씨록新撰姓氏錄』의 「화천국제번和泉國諸蕃」에는, '古志連 文宿禰同祖 王仁之後裔也' 또한 「대승정사리병기大僧正舍利瓶記」에, '和尙法諱法行 一號 行基 藥師寺沙門也 俗性高志氏 關考諱才智宇智法君之長子也 本出於百濟王子 王爾之後焉 등과 같이(밑줄 부분) 행기가 왕인의 후예이며 백제 왕자의 후손이라 고 기록되어 있다. 사에키 아리키요(佐伯有淸), 『일본고대씨족사전日本古代氏族 事典』, 雄山閣出版, 1994, pp.218~219.

49곳의 사원과 사회 구제소를 지어 백성들을 구휼한 것은 어머니 집안의 영향으로 보는 견해가 있다.[122]

3) 출가와 사회구제사업

행기는 15살에 약사사(藥師寺, 야쿠시지)에서 출가한 이래 처음에는 신라승 혜기[123]에게 유식唯識을 익혔으며, 아스카의 고찰인 용개사(龍蓋寺, 류가이지)[124]를 창건한 백제계 의연(義淵, ?~728)과 도소(道昭, 629~700), 덕광德光 등에게서 불도를 닦았다. 특히 스승 가운데 행기가 사회사업과 관련된 영향을 받은 것으로 알려진 인물은 백제계 도소道昭다. 『속일본기』 도소전道昭傳을 보자.

> (도소는) 원흥사 동남쪽에 선원을 짓고 지냈으며 전국에서 행업을 위한 무리가 이곳에 모여 도소를 따라 선善을 배웠다. 도소는 전국을 돌며 우물을 파거나 건너야 할 곳에 다리를 놓고 배를 만드는

---

122 요시다 야스오(吉田靖雄), 『행기와 율령국가(行基と律令國家)』, 吉川弘文館, 1987, p.5.

123 신라승 혜기慧基에 관한 기록은 『원형석서』 14 단흥檀興 7, '관원사菅原寺 행기' 외에는 확인할 수 없다.

124 나라현 고시군 아스카무라(奈良縣 高市郡 明日香村)에 있는 진언종풍산파眞言宗豊山派 고찰로 현재는 강사(岡寺, 오카데라)라고 부른다. 의연승정義淵僧正은 용개사龍蓋寺 외에 용문사(龍門寺, 류몬지), 용궁사(龍宮寺, 류큐지), 용왕사(龍王寺, 류오지), 용선사(龍禪寺, 류젠지) 등을 창건한 것으로 전해지고 있으며, 용개사龍蓋寺에 대해서는 『금석물어집』 11권 38화에 의연승정의 창건설화가 전한다. 의연승정의 제자로는 행기를 비롯하여 현방, 행기, 융존, 양변, 도자, 도경 등 나라시대 이름을 날린 쟁쟁한 승려들이 있다.

등 사회사업을 벌였는데 특히 야마시로지방의 우지교(宇治橋)를
그가 만들었다.[125]

653년에 입당하여 현장玄奘에게서 학문을 익힌 행기의 스승 도소道
昭는 철두철미한 계율 수행자였으며 선종禪宗을 펼친 인물이다. 그러
나 동시에 전국에 우물을 파거나 다리를 놓는 등 사회사업을 통한
실천 불교를 몸소 행한 인물로서, 제자 행기는 스승의 바로 이러한
점을 일찍부터 본받았을 것으로 보인다. 백제계 출신의 도소가 학문승
으로 당나라에 수학했을 때의 상황은 『원형석서』에 잘 나타나 있다.

백치白雉 4년(653) 계축년 5월에 칙명을 받들어 견당사인 소산장단
小山長丹을 따라 바다를 건넜다. 이때 뜻을 같이 한 승려가 도엄
등 13명이었다. 장안에 이르러 삼장법사 현장을 만났을 때는 바로
당 고종 영휘 4년(653)이다. 삼장법사가 문도들에게 이르길, '이
불제자는 많은 사람들을 제도할 것이다. 너희들은 외지에서 온
승려라 해서 가벼이 대해서는 안 된다. 특별히 신경 써서 모시도록
해라.' (중략) (도소는) 만 리나 되는 파도를 헤치고 삼장법사로부터
깊은 가르침을 받았다. 도소가 귀국하자 광대한 법보시의 법문이
열렸고 사방에서 다투어 찾아와서는 서로 밀치며 제자가 되기를
청했다. (중략) 선방을 지어 후세의 가르침을 이어 갔고 기이한
행적이 뚜렷하다. (중략) 도소는 바로 세존에 버금가는 인물이다.[126]

---

125 『속일본기』 ① 권 권제1, p.24.
126 『원형석서』 권제1, pp.143~144.

『원형석서』를 쓴 고칸시렌은 행기의 스승 도소道昭를 세존에 버금가
는 인물로 평했다. 당 유학 후 선사로서 아스카의 원흥사에서 선불교를
전수하면서 도소는 선을 단순한 불교의 관념이 아니라 십선사十禪師[127]
제정 전후의 불교 정세와 관련지어 실천적 교화의 수단으로 삼고
있음에 주목할 필요가 있다. 도소를 주목해야 하는 것은 바로 그가
행기의 스승으로 행기에게 많은 영향을 끼쳤기 때문이다. 뛰어난
인품으로 중국인들의 찬사를 한 몸에 받았던 도소(道昭, 629~700)는
현장(玄奘, 602~664)의 문하에서 수학하면서 당시 중국의 복전사상福
田思想[128]을 이해하고 있었을 것이다. 복전사상이란 중생을 이롭게
하는 이타행, 곧 보살행으로 사회적인 구제 활동을 말한다. 『제덕복전
경諸德福田經』에 따르면 복전에는 일곱 가지가 있는데, 법장(法藏,
643~712)은 여기에 한 가지를 더해 『범망경보살계본소梵網経菩薩戒本
疏』에서 팔복전[129]을 소개하고 있다. 팔복전을 살펴보면 ①은 길을
만들고 우물을 파는 것, ②는 수로를 만들고 다리를 놓는 것, ③은
험로險路를 잘 다듬어 다니기 편하게 하는 것, ④는 부모에게 효도하는
것, ⑤는 사문을 공양하는 것, ⑥은 환자를 잘 공양하는 것, ⑦은

---

127 내공內供, 내공봉內供奉, 십선사十禪師 등의 이름으로 불렸으며, 주로 궁중에서
  천황의 안위를 위해 기도를 맡았고 정월에는 어제회御斎會의 강사로 활약하였다.
  '내공종십선사內供奉十禪師'라는 이름은 『일본후기日本後紀』 홍인弘仁 3년(812)
  12월 2일조에 보인다.

128 모리야 시게루(守屋茂), 『불교사회사업의 연구(佛敎社會事業の研究)』, 法藏館,
  1971.

129 나카이신코(中井眞孝), 「보살행과사회사업(菩薩行と社會事業)」, 『民衆と社會』,
  1988, pp.40~42.

위험한 상황에 있는 자를 구하는 것, ⑧은 무차대회(無遮大會; 널리
일반대중을 대상으로 잔치를 베풀고 물품을 골고루 나누어주면서 행하는
불교의례)를 여는 것으로, 일종의 보살행의 모범 답안인 셈이다. 도소
가 귀국하여 10여 년 간 전국을 돌며 다리를 놓고 우물을 파는 등의
사회복지사업을 한 것도 보살행의 실천이며, 그의 제자인 행기는
자연스럽게 스승의 복전사상을 받아들여 실천하였을 것으로 생각된
다. 도소는 귀국 후에 원흥사에 주석하였는데, 그는 경전 연구에만
몰두하지 않고 복전사상과 함께 법상계의 자연지종自然智宗이라 불리
던 산림수행山林修行도 받아들였던 것으로 보인다. 나라불교는 크게
화엄, 법상, 삼론종의 학문적인 종파와 정토, 선, 율과 같은 실천불교로
나눌 수 있는데, 이들이 서로 대립하지 않고 융합[130]하고 있었음을
관사官寺인 원흥사에 주석하던 도소를 통해 알 수 있다. 그의 이러한
정신은 제자 행기에게로 그대로 이어졌다.

 그때 행기보살은 나니와(難波)에 있으면서 다리를 놓고 강을 파고
 나루터를 만들었다. 지광은 몸이 좀 회복된 뒤에 행기보살이 있는
 곳으로 갔다. 행기보살은 지광을 보자마자 신통력으로 지광의 생각
 을 알아채고는 애정 어린 말을 건넸다. '정말 오랫동안 뵙지 못했군
 요?' 지광은 자신의 죄를 밝히고 참회하며 말했다. '저 지광은 행기보
 살님을 비방하고 질투하는 마음을 일으켜 이런 말을 했습니다.'[131]

---

130 이광준, 『한일불교문화교류사』, 우리출판사, 2007, p.227.
131 『일본영이기』 중권 7화, p.146.

이는『일본영이기』중권 7화에 나오는 설화로 행기가 나니와(지금의
오사카)에서 다리를 건설하고 나루터를 만들었다는 이야기다. 물론
이 이야기는 행기처럼 훌륭한 대덕을 비방하고 질투하는 지광을 질타
하기 위한 구성으로 전개되고 있지만, 행기의 사회구제사업을 간략하
게나마 엿볼 수 있는 설화이다. 행기가 어려운 이웃을 위해 다리를
놓는 등의 사회구제사업을 한 것은 크게 세 가지로 요약해 볼 수
있다. 그 첫째가 농업과 관계가 있는 활동, 곧 관개, 저수지, 우물을
파는 일이고, 둘째는 교통, 숙박에 관계가 있는 활동, 곧 다리, 도로,
가난한 이들을 위한 급식, 숙박소, 나루터(선착장)를 만드는 일이며,
셋째는 구제원(병자를 치료 하는 곳)을 짓는 것이다. 행기가 관개시설을
확충하고 저수지를 만들어 안정적인 용수 공급에 신경을 쓴 것은
농업사회에서 매우 중차대한 사업이다. 왜냐하면 가뭄으로 농사의
흉작이 지속되면 결국 고통받는 사람들은 백성들이기 때문이다. 농사
의 성패는 백성의 생사에 관련된 일이기도 하다. 따라서 행기의 관개시
설 확충은 단순한 한 끼를 구제하는 차원이 아니라 보다 장기적이고
근원적인 조치라고 볼 수 있다. 더 나아가 행기의 이러한 활동은
불법과도 상통[132]하는 보살행임을 알 수 있다.

---

132 행기대덕은 나니와(難波) 바다를 파고 넓혀서 나루터를 만들고 그곳에서 불법을
   설파하여 사람들을 교화했다. 승려든 속인이든 귀천을 막론하고 모여들어 설법
   을 들었다.『일본영이기』중권 30화, 新編古典文學全集 10, p.209.

4) 행기와 신라 원효의 민중포교 활동의 연관성

나라불교계의 대승정으로 민중교화에 앞장섰던 행기에게 큰 영향을
준 고승으로 신라의 원효(617~686)를 꼽을 수 있다. 이러한 주장을
하는 사람은 다무라 엔초(田村圓澄)다.[133] 그는 행기가 원효로부터 지대
한 영향을 받은 근거로 원효의 방대한 저술과 당시 행기 집단이 탄압받
던 양로 원년(養老元年, 717) 시기의 승강僧綱 정책이 신라 학문승으로
부터 유입된 점을 들고 있다. 이 점을 들어 행기의 민중불교 운동은
계통적으로 볼 때 원효의 가르침이라는 것이다.

원효는 고구려, 백제, 신라 삼국이 한강 유역을 중심으로 한반도의
패권을 다투고 있던 진평왕 39년(617)에 태어난 고승으로 행기
(668~749)보다는 50여 년 앞선 인물이다. 원효 역시 일본의 행기와
마찬가지로 민중교화의 삶을 살다 갔다. 삼국통일 이후 신라의 불교계
는 중요한 변화를 겪게 되는데, 이 시기부터 신라의 불교는 국가의
통치체제 아래에 들어가 이른바 '국가불교'의 모습을 보이기 시작한다.
그러나 통일 이후에는 체제 유지를 위한 불교의 효용이 사라지면서,
불교는 그 본래적 의미를 상당 부분 회복하게 됨으로써 민중은 불교신
앙을 통하여 삶의 위안을 추구하고자 하는 경향이 짙어진다. 그 결과
통일 이후 신라불교는 사회 구성원 전체로 확산되면서, '민중불교'의
모습을 보이기 시작하게 되는 것이다. 민중불교의 선구자로는 혜숙,

---

133 "행기는 민중불교자로서 원효를 알고 있으며, 행기의 행동(민중 선동)에 책임을
    물어야 할 조정에서도 원효의 행적을 알고 있었다. 다시 말해 행기는 원효를
    모델 삼아 민중불교운동을 추진한 것이다." 다무라 엔초(田村圓澄), 『고대조선불
    교와 일본불교(古代朝鮮仏教と日本仏教)』, 吉川弘文館, 1970, p.193.

혜공, 대안, 원효 등을 꼽을 수 있다. 이 가운데서도 특히 원효는 마을이나 저잣거리 등을 두루 돌아다니면서 민중들의 삶 속에 깊이 들어가 그들과 울고 웃으며 민중의 교화에 힘쓰는데, 이러한 점에서 일본의 행기 집단과 비슷한 양상을 보이고 있다.

원효는 수많은 마을을 찾아가 빈부귀천, 남녀노소를 가리지 않고 부처님의 법을 설하며 그들과 함께 춤을 추고 노래를 부르며 음주가무도 서슴지 않는 등 완전히 민중과 밀착된 포교 방법을 쓰고 있다. 반면 행기의 경우, 민중으로 다가선 것은 원효와 같지만 출가 제자들이 걸식을 하고 재가 불자는 보시를 하도록 하면서 토목공사 사업을 일으켜 민중의 복지 향상에 정성을 쏟은 점은 분명 다른 점이라고 할 수 있다. 흥미로운 것은 원효의 경우 원효와 함께 민중교화에 나선 승려나 단체가 기록에 보이지 않는 데 견주어, 행기의 경우에는 스승으로 덕광, 도소, 의연 등이 있으며, 제자로는 3천 백여 명이 따랐다는 기록[134]이 남아 있다. 원효의 포교가 비정형적이고 비조직적이라면, 행기의 경우에는 정형적이고 집단적이라고 할 수 있다. 행기의 경우에는 교량이나 복지시설 등을 행기 사후에도 제자들이 뒤를 이어 계승하고 있다는 점에서 조직적이라고 볼 수 있는 것이다. 또한 원효가 민중 속에서 법시法施를 중심으로 포교를 한데 견주어 행기의 경우에는 부처님의 법을 설법과 동시에 수용하여 재시財施를 통한 사회사업을 하고 있다는 점에서 민중으로 다가서는 방법이 같지 않음을 알 수 있다. 그런 면에서 행기의 포교는 원효의 민중불교 및 중국의 삼계교三

---

[134] 요시다 야스오(吉田靖雄), 『일본고대의 보살과 민중(日本古代の菩薩と民衆)』, 吉川弘文館, 1988, p.61.

階敎[135]와 유사점도 발견된다.

다만 삼계교는 특정한 경전이나 특정한 불상만을 고집하는 것을 배제할뿐더러 경전의 진위나 경전의 우열 등을 초월한 이른바 범종파적인 입장에 서 있었음에 견주어, 행기의 경우는 유가유식瑜伽唯識을 토대로 한 법상종을 신봉했다는 점이 다르다. 행기의 경우는 특정 종파를 벗어나 범종교적인 입장을 취했다는 데서 삼계교와의 유사점을 찾을 수 있다. 뿐만 아니라 삼계교가 승려와 속인 집단을 구별하지 않고 승속의 일체화를 꾀한 점은 행기 집단의 그것과 거의 일치한다. 이것은 당시 남도 6종이 철저히 출가자들의 집단이었다는 점에서 확연히 행기 집단과의 차이점을 시사하는 것이다.

한편 원효와 행기의 관계에서는 삼계교와는 달리 민중 속을 파고든 점 외에는 방법론에서는 그다지 큰 유사점은 없는 것으로 보인다. 원효는 음주가무를 하는 등 파계승의 이미지가 강하지만 행기의 경우에는 청정지계淸淨持戒를 지켰다는 점에서도 원효와는 다르다. 중생 이익을 위한 보살행의 전개면에서 살펴본 신라의 원효와 일본의 행기는 일정 부분 같은 부분이 있지만 접근 방법에는 차이가 있음을 알 수 있다. 민중불교를 선포하고 자신이 직접 민중 속으로 뛰어들어 나라불교의 새로운 지평을 연 행기는 성계聖界와 속계俗界를 잇는

---

135 삼계교三階敎란 북제北齊의 신행(信行, 540~594)이 개종한 불교의 새로운 교파로, 여기서 삼계三階란 정법正法, 상법像法, 말법末法이라는 불교의 삼시관三時觀을 제일계, 제이계, 제삼계라는 독자적인 용어로 사용한 데서 유래한다. 이러한 삼계교의 일본 유입은 747년 「정창원문서」에 보이므로 적어도 이 이전에 들어온 것으로 추정한다. 요시다 야스오(吉田靖雄), 『행기와 율령국가(行基と律令國家)』, 吉川弘文館, 1986, p.43.

매개자의 역할[136]을 한 고승으로 일본에서 자리매김되고 있음을 알 수 있다.

2. 일본 최초의 승정, 백제승 관륵觀勒

1) 관륵의 문헌 검토

백제 성왕으로부터 일본에 불교가 전래된 지(538) 채 100년이 되지 않을 무렵(624) 일본 조정을 깜짝 놀라게 한 사건이 일어났다. 이름하여 '승려 도끼사건'이다. 한 승려가 자신의 조부를 도끼로 내려친 이 사건을 계기로 일본은 승강(僧鋼; 승려의 규율과 직위) 정책을 펴게 되는데, 그 중심에 있었던 인물이 백제승 관륵(觀勒, 간로쿠, 602년 도일)으로, 관륵은 일본 최초의 승정 지위에 오른 인물이다. 백제승 관륵에 대한 초기 기록으로는 『일본서기』가 있으며, 관륵의 기사는 모두 3회 등장한다.

① 겨울 10월 백제 승려 관륵이 왔다. 이에 역본과 천문·지리서 및 둔갑·방술서를 바쳤다. 이때 서생 3, 4명을 선발하여 관륵에게 배우도록 하였다. 양호사陽胡史의 선조인 옥진은 역법曆法을 익혔고, 대우촌주 고총은 천문·둔갑을 배웠으며, 야마시로(山背)의 일립은 방술을 배워, 모두 배움에 성취가 있었다.[137]

---

136 야에가시 나오히코(八重樫直比古), 「영이기 불교의 논리(靈異記佛敎の論理)」, 『文藝硏究』第81集, 日本文芸硏究會, 1976, p.55.

②32년(624) 여름 4월 병오 초하루 무신, 어떤 승려가 도끼를 가지고 조부를 쳤다. 이때 천황은 그 말을 듣고 대신을 불러 놓고 조서를 내려, "대저 출가한 자는 머리 숙여 삼보에 귀의하고 갖추어 계율을 지녀야 한다. 어찌 뉘우치고 꺼리는 바 없이 경솔하게 악역을 저지르겠는가. 이제 짐이 들으니 어떤 승려가 조부를 쳤다고 한다. 그러므로 모든 절의 승려들을 모두 모아서 심문하고 만약 사실이라면 중벌을 내리도록 하라"고 명하였다. 이에 모든 승려들을 모아 심문하고 악역을 행한 승려 및 여러 승려들을 모두 벌하려 하였다. 그때 백제의 승려 관륵이 표를 올려, "대저 불법은 서국(인도)로부터 한에 이르러 300년이 지나 백제국에 전해져 이르게 되었습니다. 그리고 겨우 100년이 되었을 때에 우리 임금은 일본 천황이 지혜가 깊고 사리에 밝다는 것을 듣고 불상과 경전을 바쳤는데 아직 100년이 못 되었습니다. 그러므로 이러한 때에 승려가 아직 법과 계율을 잘 익히지 못하여 문득 악역의 죄를 범하였습니다. 이 때문에 모든 승려들은 당황하고 두려워하며 어찌할 바를 모르고 있습니다. 바라건대 악역을 범한 자를 제외한 나머지 승려들은 다 용서하고 벌하지 말아 주십시오. 이것은 큰 공덕일 것입니다."라고 말하였다. 천황이 이에 그 말을 좇았다.[138]

③임술 승려 관륵을 승정僧正으로 삼고 안부 덕적을 승도僧都로 삼았다. 이 날에 아담련을 법두法頭[139]로 삼았다.[140]

---

[137] 『일본서기』 ②권 권제22, 스이코천황 10년 겨울 10월, p.538.
[138] 『일본서기』 ②권 권제22, 스이코천황 32년 여름 4월, p.584.

백제승 관륵이 처음 도일한 것은 ①의 602년으로, 이때는 역법과 천문지리, 점성술, 의술 관련 책을 가지고 갔으며, 두 번째 관륵의 기록이 나타나는 것은 ②의 624년으로 22년 만이다. 그리고 세 번째는 일왕에게 ②의 '승려 도끼사건'의 상표문을 올린 뒤 14일 만에 승정 자리에 올랐다는 기사가 실렸다. 이에 대해 김영태는 '승려 도끼사건'은 어디까지나 표피적인 일일 뿐, 그 이면에는 상소를 올린 관륵으로부터 본국의 승정제에 관한 건의와 자문을 받았을 것으로 보고 있다. 그렇지 않고서야 스이코천황 32년(624) 4월 3일에 승정과 승도를 임명하는 승정제도를 둔다고 발표한 뒤 겨우 14일 만에 관륵을 승정에 임명하기 는 어려울 것으로 본 것이다. 관륵이 스이코왕에게 자문을 해줄 수 있었다는 것은 본국인 백제의 승정제도가 이미 완비되어 있었음을 뜻하는 것으로 볼 수 있다. 백제의 승정제도를 이해한다는 것은 일본의 승정제도를 이해하는 데 도움이 될 것으로 여겨지나 기록이 남아 있지 않아 신라의 기록으로 유추해 보기로 한다.

신라에서는 진흥왕 11년(550)에 안장법사를 대서성大書省으로 삼았 고 이듬해에 고구려에서 건너온 혜량법사惠亮法師를 사주寺主, 곧 승통 으로 삼았다. 이어 보양법사寶良法師를 대도유大都維로 삼았으며, 그 밑에 주통州統 9명과 군통郡統 18명을 두었다.[141] 비록 이는 신라의

---

139 나라시대(飛鳥時代, 7세기)에 설치된 관직의 하나로, 절의 승려를 감독하는 직으로 추정된다.

140 『일본서기』②권 권제22, 스이코천황 32년 4월, p.586.

141 김영태는 이 가운데 대서성大書省은 교단의 통제기구는 아닌 듯하며 승통 이하만 통제적 기능을 가진 것으로 보고 있다. 「일본사료를 통해 본 백제불교」, 『佛敎學 報』 21집, 東國大學校 佛敎文化硏究院, 1984, pp.28~32.

승정제도이지만 진흥왕 12년에 고구려에서 혜량법사가 귀화해 오자 그를 승통에 앉힌 것으로 보아 신라의 승정제도 역시 고구려를 포함한 중국의 제도에서 크게 벗어나지 않았을 것으로 추정해 볼 수 있다. 중국의 경우는 북위의 태조 도무제道武帝가 사문 법과法果를 경사京師로 불러 도인통道人統[142]으로 삼아 승단을 관리하게 한 것을 시초로 삼고 있다. 그러나 남조의 경우는 승정이 중심이 되었는데, 백제의 불교는 남조의 영향을 받은 것으로 승정제도 역시 남조의 영향으로 보는 것이 일반적이다.[143]

이처럼 관륵이 일본 조정에서 승정제도를 건의할 수 있었던 것은 본국에 정비되어 있는 승정제도가 도움을 주었을 것으로 본다. 백제의 계율을 정비한 사람은 겸익謙益으로 그는 백제 율종의 시조이다. 겸익은 529년(성왕 4)에 인도에서 공부한 뒤 백제에 율종을 폈으며, 귀국시에는 인도 승려 달다삼장達多三藏과 함께 왔다. 성왕은 이들을 흥륜사에 주석하게 하였으며, 이들이 귀국할 때 가지고 온 범어로 쓴 율문을 백제의 고승 28명과 함께 율부律賦 72권으로 번역하였다. 당시 백제의 고승들은 겸익을 도와 윤문潤文과 증의證義를 하였으며, 그 뒤 담욱과 혜인이 율에 대한 소疏 36권을 지어 왕에게 바쳤다. 겸익의 율학으로 백제불교는 계율 중심의 불교로 성장해 있었고 관륵은 그러

---

142 중국 북조에서는 승통僧統을 다른 말로 도인통道人統 또는 사문통沙門統, 소현통昭玄統으로 불렀다.

143 '고구려와 신라가 북조계통의 영향이라면 백제는 남조계통의 영향을 받았을 확률이 크다. 일본의 경우 백제불교의 영향이 크다는 것을 감안한다면 백제승 관륵에 의한 승정제를 도입했을 것이 틀림없다.' 김영태, 앞의 논문, p.30.

한 모국의 율학에도 능통한 상태에서 '승려 도끼사건'을 계기로 일본에 승관제도의 토대를 마련한 것으로 보인다. 일본의 승관제도는 스이코 32년(624)에 승정僧正, 승도僧都, 법두法頭가 설치된 이래 홍인弘仁 10년(819)에는 승정, 승도, 율사의 3강綱으로 변모하게 된다. 승정에 는 다시 대승정, 승정, 권승정權僧正의 단계가 있으며, 백제계 행기대덕 이 일본 최초의 대승정에 올랐고, 백제승 관륵은 일본 최초의 승정 직위에 올랐던 것이다.[144]

『일본서기』의 '승려 도끼사건'은 9세기 불교설화집『일본영이기』에 도 그대로 반영되어 전해오고 있는데, 상권 5화 '삼보를 신봉하여 현세의 과보를 얻은 이야기(信敬三寶得現報緣)'가 그것이다. 『일본영이 기』에는 『일본서기』의 내용이 요약본 형태로 소개되어 있다.

32년(625) 여름 4월, 한 고승이 있었다. 그가 도끼로 아버지를 쳤다. 무라지 공은 이를 보고 즉시 천황에게 보고하기를 '승려나

---

144 관륵은 일본 최초의 절인 아스카(飛鳥)의 원흥사(이곳은 원흥사, 법흥사, 비조사로 이름이 바뀜)에 주석했는데, 이곳에서는 지난 1997년 연못에서 대량의 목간이 발견되어 화제가 된 적이 있다. 목간 총수는 8,000점에 이르며 북지구에서 대부분 출토되었으나 남지구에서도 100점 남짓 발견되었다. A목간 군에는 비조사(飛鳥寺, 아스카데라), 선원禪院, 동남방東南房, 경장経藏 등의 시설에 관한 명칭이 보였으며, 이와 대응하여 지조사智照師, 호유법사浩裕法師, 예마대법사倪 麻大法師, 관륵觀勒, 순태, 변덕, 각도, 대덕, 대승, 대사, 선사, 비구와 같은 승려 이름과 경칭이 다수 발견되었는데, 이 목간 속에서 '觀勒'이란 글자가 나와 학계의 비상한 관심을 모았다. 하나다니 히로시(花谷浩), 「아스카이케 공방의 발굴 조사 성과와 그 의의(飛鳥池工房の發掘調査成果とその意義)」,『日本考 古學』第8号, 1998, pp.121~122.

비구니들을 조사하여 그들 가운데 상석의 승니를 두어 악을 바로잡고 시비를 가리게 하는 것이 좋을 것입니다'라고 상소하였다. 이에 천황은 칙명을 내려 옳다고 했다. 무라지 공이 칙명에 따라 승니를 조사해보니 승려는 837명, 비구니는 579명이었다. 그래서 승려 관륵을 대승정으로 삼고 오오토모와 안부덕적을 승도로 삼았다.[145]

사서인 『일본서기』와 설화집인 『일본영이기』의 기록이 다소 다른 것은 각 사료가 지향하는 바가 다르기에 어쩌면 당연한 것이지만, 정사가 아닌 설화집인 『일본영이기』에서 당시 승니의 검교를 위하여 일체 조사한 결과 비구 837명과 비구니 579명이라는 숫자를 제시[146]하고 있는 점은 흥미로운 일이다. 『일본영이기』는 설화집이므로 『일본서기』의 이야기를 가공하여 대중에게 '삼보를 신봉하고 과보를 두렵게 여기게 하면 그만일 텐데' 불량 승려를 가리는 차원에서 비구와 비구니의 숫자를 파악했다는 것 자체가 '설화답지' 않은 느낌이다. 반면 『일본서기』의 경우에는 "승려가 아직 법과 계율을 잘 익히지 못하여 저지른 죄에 대해서는 관용을 허락하여 악역을 저지른 자 외에는 용서하기를 간구"하고 있는 기록이 '사서답지' 않다. 사서와 설화집이 바뀐 느낌이다. 그럼에도 '승려 도끼사건'은 당시에 큰 이슈였으며, 이 사건을

---

145 『일본영이기』 상권 5화, p.45.

146 『일본영이기』와 달리 『삼국불법전통연기』에는 승니의 숫자가 다르게 나오는데, "9월 병자날에 사찰과 승니를 조사했는데 그날 사찰은 46개소였고 비구는 816명, 비구니는 589명"이었다. 『삼국불법전통연기』 중권, 大日本佛教全書 101冊, p.116.

계기로 승강제도를 두게 되었으니 일본 불교계에서 이처럼 큰 사건도 없다고 본다. 일본 문헌에 보이는 관륵의 기록은 위의 『일본서기』와 『일본영이기』 외에도 여러 사료에서 산견되는데, 크게 두 가지 유형으로 나눌 수 있다. 하나는 백제승 관륵의 도일 사실에 초점을 둔 것으로 그가 도일 시에 여러 사서와 문화 관련 책을 가지고 간 점과, 다른 하나는 '승려 도끼사건'을 통해 관륵을 승정으로 앉히고 승정제도를 정비했다는 기록이다. 전자에 관련된 기록을 살펴보면 다음과 같다.

① 602년 10월 백제승 관륵이 왔다. 곧 역본 및 천문, 지리, 둔갑, 방술의 책을 공납했다. 그때 서생 3, 4명을 뽑아 관륵 밑에서 학습하게 하였다. 대양호사의 조상 왕진은 역법을 배우고, 대우촌주 고총은 천문, 둔갑을 배우고, 산배신 일립은 방술을 배워, 모두 배운 뒤에 전문가가 되었다. 태자는 이것을 들어 좌우에게 '내가 형산에서 수행을 했다. ㉠ 이 승려는 내 제자가 되어 내 옆에 있으면서 항상 별자리와 산술算術에 대해 말하고 있었다. 내가 변변치 못한 술수이기에 기피했음에도 역시 따라왔다. 이른바 이것을 어떻게 해야 하는가? 마땅히 학생을 뽑아 배우게 해야 한다'고 말했다.[147]

② 백제승 관륵이 왔다. 역본, 천문, 지리, 둔갑, 방술의 책을 가지고 왔다.[148]

---

147 『성덕태자전력聖德太子傳歷』 상권, 스이코천황 10년, p.21.

148 『부상략기』 제3 스이코천황 10년, p.41.

③ 스이코천황 제32년(624) 갑신년 4월 처음 승려 정책의 명령이
내려졌다. 승정 관륵 4월에 임명, 백제국 사람이다. 스이코천황
제10년(602) 백제에서 역술, 천문, 둔갑 책이 왔다. 이 사람이
전래한 것이다. ㉦성덕태자가 '내가 형산에 있을 때 이 승려는
제자였다.'[149]

①-㉠과 ③-㉦에서 특이한 것은 관륵이 성덕태자의 전생 때부터
곁에서 함께했다는 것을 부각시키고 있는 점이다. 이것은 다른 사료에
서는 보이지 않는 것으로 특히『성덕태자전력聖德太子傳歷』의 경우에
는 태자를 성인화하려는 의도에서 기술된 것으로 보인다. 한편 ②
『부상략기』의 경우에는 관륵에 대해 매우 간략한 사항만을 기술하고
있다. 이어 '승려 도끼사건'을 통해 관륵을 승정으로 앉히고 승정제도를
정비했다는 기록을 살펴보면 다음과 같다.

① 겨울 10월 백제 승려 관륵이 왔다. 이에 역본과 천문·지리서
및 둔갑·방술서를 바쳤다. 이때 서생 3, 4명을 뽑아 관륵에게 배우도
록 하였다. 양호사의 선조인 옥진은 역법을 익혔고, 대우촌주 고총
은 천문·둔갑을 배웠으며, 산배신 일립은 방술을 배워, 모두 배움에
성취가 있었다.[150]

② ㉠스이코천황 치세인 624년 갑신 4월 무오날 조서에서 '지금부

---

149 『승강보임초출僧鋼補任抄出』상권, 스이코천황 32년, p.49.
150 『일본서기』②권 권제22, 스이코천황 10년 겨울 10월, p.538.

터 이후 승정, 승도를 임명하고 바로 승니僧尼를 감독해야 한다'고
했다. (천황의 명에 따라) 곧 9월 병자날에 사찰과 승니를 조사했는
데 그날 사찰은 46개소였고 비구는 816명, 비구니는 589명이었다.
(스이코 천황은) 백제 승려인 관륵으로 하여금 처음으로 승정
업무를 보게 하고 다음 을유년에 고구려왕이 보낸 혜관을 승정에
보임했다.[151]

ⓛ고구려승 혜자, 백제승 혜총, 관륵은 삼론종의 수장이며, 이들이
삼론종을 일으켰다. 또한 이들은 성실종에도 두루 통하였으며,
성덕태자는 혜자, 혜총, 관륵을 스승으로 불법을 배우고 익혔다.
이로써 삼론과 성실종이 뜻을 이루게 되었다.[152]

③석관륵은 백제 사람이고 602년(스이코 10년) 10월에 건너왔다.
(중략) 624년(스이코 32년) 4월 사문이 조부를 죽였다. 조정에서
처음으로 승정을 임명하고 승니를 감독하게 했다. 관륵이 승정에
올랐다.[153]

④석관륵은 백제국 사람이다. 삼론을 연구하고 아울러 외학에도
통했다. 602년 10월 선발되어 일본으로 왔다. 칙명에 의해 원흥사에
주석하면서 우수한 사람을 골라 관륵 밑에서 배우도록 했다. 성덕태

---

151 『삼국불법전통연기』 권중 성실종, p.121.
152 『삼국불법전통연기』 권중 성실종, p.120.
153 『원형석서』 권제16, p.321.

자가 이르길 '내가 형산에 있었을 때 관륵은 제자로 있었으며, 그는 천문, 지리의 학문을 좋아했다. 나는 그가 학예를 섭렵하고 진승眞乘을 소홀히 한 것을 꾸짖은 적이 있다. 인연이 끝나지 않아 또 자취를 쫓고 성력(星曆: 별자리, 곧 하늘의 운행)에 관한 말을 한다'고 말했다. 624년 한 비구가 조부를 살해했다. 천황이 군신을 모아 '본래 사문은 삼보에 귀의하고 계율을 따른다. 어찌 염치의 마음이 없이 이 악역을 행하는가? 짐은 매우 부끄럽다. 승니 중에 죄를 범한 사람은 모두 붙잡아 형벌에 처하라'고 명했다. 곧 여러 절에 칙명하여 악행을 저지른 비구를 수색하였다. 한때 많은 승니가 혐의를 받았다. 그때 관륵이 표를 올려 '불법이 동한에 이르렀을 때 300년이 경과하여 이것이 백제로 전해진 뒤 이미 100년이 지났습니다. 백제 선왕이 일본 천황의 명민함을 듣고 불상과 경론을 공납하였으나 채 100년이 안 됩니다. 이러한 이유에서 승니는 계율을 아직 습득치 못했습니다. 대역을 행한 까닭은 오로지 이러한 것에 연유합니다. 지금 천황의 제재를 들어 승니들은 겁을 내고 있으나 엎드려 원하오니 대역죄를 제외한 나머지 사람들은 모두 용서하고 처벌하지 말았으면 합니다. 이것이야말로 헌장을 올바르게 하고 인정을 펴는 것입니다.'라고 했다. 왕이 칙명하여 도인이 법을 범하면 무엇으로 세속을 가르치는가? 지금으로부터 이후 마땅히 승정과 승도를 임명하고 승니를 감독해야 한다. 이것이 우리나라 (일본)에서 승강을 세운 시작이다. 찬하여 말한다. 옛날 5호16국의 진나라 시대에 승니의 무리가 많아졌을 때 과실이 생기기 시작하였다. 그때 승정을 임명하여 승니의 폐해를 벗어났다. 우리 스이코천황이 관륵과 덕적을 등용하여 계율을 지키게 하였다. 지역이 다르고 시대가 다르지만 천황이 연주하는 악기소리가 서로 화합하고 있다. 생각건대 조정에 호법好法의 왕후가 있다면 곧 재야 승방에도 바른 승이 있다. 불법의 감응이 어느 나라에서 그렇지 아니하겠는가?[154]

관륵의 최초 기록은 ①의 『일본서기』이며, 이후 기록들은 모두 이것을 토대로 하고 있음을 알 수 있다. 아울러 관륵에 대한 가장 완성된 기록은 ④의 『본조고승전』이라고 본다. 『본조고승전』의 저자 만겐시반이 30여 년 간 일본 전역을 돌아다니며 발품으로 팔아 쓴 승전답게 관륵의 기술 역시 도일에서부터 최초의 승정이 된 경위와 특히 ④부분의 삼론과 외학에 밝았으며 우수한 인재를 관륵 밑으로 보내 배우게 했다는 사실은 만겐시반만이 갖고 있는 직관력이라고 할 수 있다. ②-㉠에는 다른 사료에 보이지 않는 당시의 사찰 숫자로 46곳을 기록하고 있으며, 승려 수는 비구 816명, 비구니는 589명으로 앞서 『일본영이기』와는 다른 수치이다. 아울러 ②-㉡은 혜총과 관륵을 삼론종의 거장으로 추켜세우면서 성덕태자가 이들을 스승으로 삼아 불법을 닦았다는 사실과 이들이 성실종에도 두루 통한 승려임을 밝히고 있는 것이다.

2) 관륵의 천문학에 대한 지식

백제승 관륵이 일본에 도일하여 불법 흥륭에 앞장섰으며, 기강이 해이해진 승려들을 관리하기 위한 승강제도를 조정에 건의하여 최초의

---

154 『본조고승전』 권제1, pp.61~62.

승정 자리에 올랐다는 이야기는 전술한 바와 같다. 그러나 관륵이 불승으로만 명성이 높았던 것은 아니다. 그것은 그가 도일 시에 가져간 서적류만 봐도 알 수 있다.

> 겨울 10월 백제 승려 관륵이 왔다. 이에 ①역본과 ②천문·지리서 및 둔갑·방술서를 바쳤다. 이때 서생 3, 4명을 선발하여 관륵에게 배우도록 하였다. 양호사의 선조인 옥진은 역법을 익혔고, 대우촌주 고총大友村主高聰은 천문·둔갑을 배웠으며, 산배신일립山背臣日立은 방술을 배워, 모두 배움에 성취가 있었다.[155]

위의 기록에서처럼 관륵이 역서를 가지고 도일한 것은 602년이지만, 이보다 앞서 『일본서기』에는 553년과 554년에 걸쳐 '역박사曆博士 교대'라는 기록이 있는 것으로 보아 제도적으로 '역박사 교대'가 운영되고 있었음을 알 수 있다.

> ①6월 내신內臣을 백제에 사신으로 보냈다. 그리고 좋은 말 2필, 배 2척, 활 50장張, 화살 50구具를 주었다. 칙을 내려 "청한 군대는 왕이 바라는 바에 따르겠다."고 하고, 또 다른 칙을 내려 "의박사醫博士·역박사易博士·㉠역박사曆博士 등은 순번에 따라 교대시켜야 한다. 지금 위에 열거한 사람들은 바로 교대할 때가 되었으니 돌아오는 사신에 딸려 보내 교대시키도록 하라. 또 복서卜書 ㉡역본曆本과 여러 가지 약물도 보내라"고 하였다.[156]

---

155 『일본서기』②권 권제22, 스이코천황 10년 겨울 10월, p.538.

②2월 백제가 하부의 간솔장군 삼귀와 상부의 내솔물부오 등을 보내 구원병을 청했다. 그리고 덕솔동성자막고를 바쳐 전에 번番을 섰던 내솔동성자언을 교대하고, 오경박사 왕류귀로 고덕마정안을 대신하고, 승 담혜 등 9인을 승 도심 등 7인과 교대하였다. 따로 명령을 받들어 역박사 시덕왕도량 ⓒ역박사 고덕왕보손, 의박사 내솔왕유타, 채약사 시덕반량풍·고덕정유타, 악인 시덕삼근·계덕 기마차·계덕진노·대덕진타를 바쳤는데, 모두 요청에 따라 교대하 였다.[157]

①-㉠, ㉡에서 보듯이 이 무렵 한일 사이에는 ㉠역박사曆博士가 교대되고 있었고 ㉡역본曆本 역시 일본에 보내고 있었음을 알 수 있다. ②-ⓒ의 경우는 교대자로 역박사의 이름인 왕보손王保孫이 등장한다. 역법에 관해서 일본에 교대자를 보낼 정도로 당시 백제에는 실력 있는 역법자가 있었다. 『주서周書』「백제전」에 "… 용송원가력이 건인월위세수(用宋元嘉曆 以建寅月爲歲首)"라 하여 당시 백제는 이미 송의 원가력元嘉曆을 채택하여 쓰고 있음을 알 수 있다. 이러한 사실은 무녕왕릉 출토의 매지권(買地券; 죽은 사람이 묻힐 땅을 매매한 증서)의 월삭(月朔; 그달의 초하룻날)과 일간지(日干支; 매일의 육십갑자)가 원 가력과 부합되고 있다는 것에서도 입증되고 있다. 뿐만 아니라 『주서』 「백제전」에 백제의 외관 10부 중에 일관부日官部가 있고 『일본서기』에 는 백제의 역박사가 보이고 있어, 백제에서는 역曆계의 업무를 관장하

156 『일본서기』 ②권 권제19, 긴메이천황 14년 6월, p.420.
157 『일본서기』 ②권 권제19, 긴메이천황 14년 2월, p.428.

는 관서가 갖추어져 있었을 것으로 추정하고 있다.

원가력이란 중국력으로 태음태양력의 역법을 말한다. 이는 남북조 시대 송의 천문학자인 하승천何承天이 편찬한 역법으로 중국에서는 남조의 송·제·량 시기인 원가元嘉 22년(445)부터 천감天監 8년(509)까지 65년간 사용한 역법[158]으로 알려졌으며, 백제가 이를 받아들였고 이후 일본에 전해졌다. 이 원가력은 지통持統 6년(692), 새로운 역법인 의봉력儀鳳曆이 들어와 일시적으로 병용되다가 5년 뒤인 문무 원년(文武元年, 697)에 정식으로 의봉력이 쓰이게 되었다. 흥미로운 것은 2011년 9월 21일 후쿠오카시 니시구 모토오카고분군(福岡市 西區 元岡古墳群 G6号墳, 7세기 중반)[159]에서 원가역법에 의한 역일간지추산曆日干支推算 결과와 일치하는 "대세경인정월육일경인大歲庚寅正月六日庚

---

158 이마이 이타루(今井溱), 「역법曆法」, 『社會科學大事典 19』, 鹿島硏究所出版會, 1974.

159 오토오카G6호분개요(元岡G6号墳槪要)

　*고분 언덕 규모(墳丘規模): 직경 약 18m.

　*석실은 양수식단실兩袖式單室의 횡혈식석실橫穴式石室, 현실玄室은 폭 1.6~2.1m, 전장 2.0m, 천정 높이 1.8m. 선도羨道는 길이 3.0m, 폭 1.3m, 높이 1.4m.

　*출토 유물: 현실玄室 내 명문이 새겨진 상감대도象嵌大刀 1점, 수정제절자옥水晶製切子玉, 유리소옥(ガラス小玉), 토옥土玉, 금동제귀걸이(金銅製耳環), 금동제장식금구편(金銅製飾り金具破片), 스에키용기류(須惠器容器類) 등. 폐새부상면閉塞部上面에서 청동대형 방울 1점, 묘도墓道 바닥면 위(墓道床面直上)에서 철모鐵矛 1점.

　「福岡 元岡古墳群 G6号古墳出土 庚寅銘太刀速報展示 解說資料」, 岡市埋藏文化財センター, 2013.

寅"(570년 1월 27일)이라고 새겨진 상감대도象嵌大刀가 발견된 사건이다. 후쿠오카시교육위원회가 발표한 이 상감대도의 등장으로 일본에서의 원가력 사용이 확인되었으며, 실물로는 일본 최고最古의 것으로 판명되었다.[160] 후쿠오카시교육위원회 문화재부 매장문화재 제2과의 발표에 따르면, 명문銘文의 길이는 75cm이고 명문은 모두 19자가 상감수법으로 새겨져 있으며, "경인庚寅"이라는 글자를 통해 이 칼이 만들어진 것이 서기 570년으로 판명된 것이다. 일본의 경우 일력日曆 관계에 대해 『대일본사』 음양지陰陽志에서,

> 『일본서기』의 상세제기上世帝紀에는 일식日食의 기록이 없는데 스이코천황 36년에 처음으로 일식을 쓰기 시작하였다. 법륭사금당약사불法隆寺金堂藥師佛과 비조사석가상광배飛鳥寺釋迦像光背 등은 모두 간지를 쓰고 있어 이것은 역력曆을 사용했다는 증거라고 본다. 원가력에 의거하여 스이코 12년부터 지통 5년까지 월삭간지月朔干支를 조합하면 모두 원가력을 사용했음을 알 수가 있다.

라고 하여, 스이코 12년(604) 이후 원가력을 사용하였음을 시사하고 있다. 따라서 일본의 원가력 사용에는 당시 백제인의 조력이 크게 작용했을 것임은 자명한 일이라고 본다. 특히 스이코기의 원가력 시행과 관련하여 주목되는 것은 백제승 관륵의 역할이다. 『일본서기』의 553년과 554년 기록에서 백제의 역박사들이 교대로 일본에 건너가

---

160 "「경인」 간지에 새겨진 대도 후쿠오카에서 출토 일본서기 뒷받침.(「庚寅」干支入り大刀 福岡で出土 日本書紀裏付け)" 마이니치신문(每日新聞), 2011년 9월 21일.

역법의 토대를 놓았다면 관륵의 도일은 이를 구체적으로 실행할 수 있는 입지를 만든 셈이다. 그런데 여기 『일본삼대실록』에 보이는 역법에 관한 흥미로운 기사가 하나 있다.

6월 16일 기미 장경선명역경長慶宣明曆經을 처음으로 반포하여 시행하였다. 이에 앞서 음양두陰陽頭 종5위하 겸 행력박사行曆博士 대춘일조신・진야마려가, ①"삼가 살피건대 스이코천황 10년(602) 10월에 백제국 승려 관륵이 처음으로 역술을 바쳤으나 시행하지 못하였습니다. ②지통천황 4년(690) 12월에 칙명을 내려 처음으로 원가력을 사용하였으며, 다음에는 의봉력을 사용하였습니다. 칭덕 천황 천평보자 7년(763) 8월에 의봉력을 중지하고 개원대연력開元大衍曆을 사용하였는데, ③그 뒤 보구 11년(780)에 견당사 녹사錄事 종5위하 행내약정 우률신익羽栗臣翼이 이 보응5기력경寶應五紀曆經을 바치면서 '대당은 이제 대연력을 그만 두고 오직 이 경을 쓰고 있습니다'라고 말하였습니다. 천응 원년(781)에 칙령이 있어 이 경에 의거하여 역일曆日을 만들게 하였는데, 이를 익히거나 배우는 사람이 없었으므로 이 업을 전할 수 없어 오히려 대연력경大衍曆經을 사용한 지 이미 100년이 되었습니다. 진야마려眞野麻呂가 지난 제형齊衡 3년(856)에 저 5기력五紀曆을 쓸 것을 청하니, 조정에서 '국가가 대연력경에 근거하여 역일曆日을 만든 것이 오래되었고, 성인이 떠난 지 이미 오래되었으나 의리로 보아 둘 다 있는 것이 좋겠습니다. 마땅히 잠시 동안이라도 서로 겸용하여 한쪽 것만 사용하지 않도록 합시다'라고 의논하였습니다. ④정관 원년(859)

에 발해국 대사 오효신烏孝愼이 새로이 장경선명력경長慶宣明曆經
을 바치며 '이는 대당에서 새로이 쓰는 역경입니다'라고 말하였습니
다. 진야마려가 시험 삼아 살펴보았는데, 이치가 분명하였습니다.
이에 저 새로운 역曆을 대연大衍·오기五紀 등 두 역경과 비교하고,
또 천문을 살피며 시후時候를 참작하니, 두 역경이 점차 치밀하지
못하게 되며 삭일朔日과 절기에 차이가 있었습니다. 또 대당 개성
4년(839)과 대중 12년(858) 등의 역경을 교감하니 저 신력新曆이
다시 서로 다르지 않게 되었습니다. 역서에서 말하기를 '음양의
운동은 움직임에 따라 차이가 있으며, 그 차이는 어찌할 수 없는
것이므로 역曆과 어그러지게 되는 것'이라고 하였습니다. 바야흐로
이제 대당은 개원(713~741) 이래로 세 번이나 역술을 고쳤습니다.
본조(일본)에서는 천평(729~748) 이후로 오히려 한 가지 경만을
사용하면서도 조용히 사물의 이치만을 말하고 있으니, 진실로 그리
할 수는 없는 것입니다. 청하건대 옛 역법을 그만 두고 새로운
역법을 사용하여 천운을 공경하십시오"라고 하였다. 왕이 조를
내려 이를 따랐다.[161]

위 기록은 일본 역법의 변천사를 이해하는 중요한 요소다. 일본의
역법사를 살펴보면 원가력(元嘉曆, 604~690) ─ 의봉력(儀鳳曆, 690~
764) ─ 대연력(大衍曆, 764~861) ─ 선명력(宣明曆, 862~1685) ─ 정향
력(貞享曆, 1685~1755) ─ 보력력(宝曆曆, 1755~1798) ─ 관정력(寬政
曆, 1798~1844) ─ 천보력(天保曆, 1844~1872) ─ 그레고리오력(Gre-

---

161 『일본삼대실록』 권5, 세이와천황 정관 3년 6월 16일, p.77.

gorian calendar, calendarium Gregorianum, 1872~현재)으로 정리할 수 있는데, 위 『일본삼대실록日本三代實錄』(901) 기사는 천안 2년(858) 8월부터 인화 3년(887) 8월까지 30년의 기록으로, 선명력宣明曆을 쓰던 시기까지만 기록되어 있다. 한 가지 주의할 점은 위 『일본삼대실록』의 ①에서 관륵의 역법이 전해졌으나 시행되지 못했다는 사실에 대한 바른 이해 문제다. 모토오카고분군 G6호분(元岡古墳群 G6号墳)에서 출토된 원가력법에 의한 역일간지추산曆日干支推算 결과와 일치하는 "대세경인정월육일경인大歲庚寅正月六日庚寅(570년 1월 27일)"이라고 새겨진 상감대도의 발견으로 이미 570년에는 원가력이 사용되고 있음을 알 수 있으며, 이는 전술한 바와 같이 『일본서기』 553년조에 백제의 역법사들이 일본에 교대로 드나들며 역법을 전수한 점과 602년 관륵의 도일 2년 뒤에 공식적인 원가력이 시행되었음을 참고한다면 이 기록이 사실과 다르게 되어 있음을 알 수 있다. 그럼에도, ①"삼가 살피건대 豊御食炊屋姫(스이코왕) 10년(602) 10월에 백제국 승려 관륵이 처음으로 역술을 바쳤으나 세상에 시행하지 못하였습니다.(百濟國僧觀勒始貢曆術 而未行於世)"라고 한 것은 이 원가력의 시행 기간이 604년부터 690년까지 사용되어 그다지 길게 사용되지 않았다는 뜻으로 풀어야 할 것이라고 본다. 왜냐하면 『일본삼대실록』의 기록을 그대로 믿는다면 690년부터 사용한 의봉력儀鳳曆의 시작 전까지 '역법曆法이 없는 일본'이 되기 때문이다. 그것은 또한 『일본서기』의 역법사와 역서를 전수해준 관륵의 존재까지 모두 무시되어야 하는 것인데, 실제로 일본의 역법은 관륵으로부터라는 것이 역사적 기록이고 보면 『일본삼대실록』의 기록은 앞서 말한 바와 같이 '오랫동안 길게 원가력이 확산되지 못한 것'으로 이해되어야 할 것이다.

이어서 ②에서 "高天原廣野姫(지통왕) 4년(690) 12월에 칙명을 내려 처음으로 원가력을 사용하였으며, 다음에는 의봉력을 사용하였습니다."라는 부분은 자칫하면 원가력이 690년에 실시된 것으로 오해하기 쉽다. 그러나 실제로는 의봉력이 690년부터 사용된 것이므로 원가력은 604년부터 690년까지 시행되었던 것으로 보아야 하며, 의봉력의 경우도 곧바로 시작된 것이 아니라 5년간 원가력과 함께 병행하다가 695년에 가서야 단독으로 의봉력을 사용하게 된 것이다.

③의 "그 후 보구寶龜 11년(780)에 견당사 녹사 종5위하 행내약정 우율신익이 보응5기력경을 바치면서 '대당은 이제 대연력을 그만두고 오직 이 경을 쓰고 있습니다'라고 말하였습니다. 천응 원년(781)에 칙령이 있어 이 경에 의거하여 역일을 만들게 하였는데, 이를 익히거나 배우는 사람이 없었으므로 이 업을 전할 수 없어 오히려 대연력경을 사용한 지 이미 100년이 되었습니다."라는 것은, 『일본삼대실록』 찬자가 중국의 대연력(大衍曆, 764~861)이 이미 끝난 지 오래되었다는 사실을 들면서 일본도 선명력(宣明曆, 862~1685)을 써야 한다는 상소의 내용이다. 그는 또 대연력이 시행된 지 17년밖에 안 된 시점인 781년에 칙령으로 선명력을 쓰고자 노력해보았으나 아무도 거들떠보지 않는 관계로 100년을 넘게 사용하고 있다는 하소연을 하고 있는 것이다. 결국 일본에서는 862년에 이르러 선명력을 사용하게 된다. 물론 거저 시행된 것은 아니다. 선명력을 사용하게 된 결정적인 계기는 ④정관 원년(859)에 발해국 대사 오효신이 새로 장경선명력경長慶宣明曆經을 바치며 "이는 대당大唐에서 새로이 쓰는 역경曆經입니다."라는

기록에서 보듯이 발해국 대사의 결정적인 조언에 의한 것임을 알수 있다. 고구려를 이은 발해는 당시 일본과 문화, 외교면에서 활발한교류를 하던 시절로 859년 발해국 대사 오효신烏孝愼이 중국에서 새로사용하고 있는 역법인 선명력을 추천하자 2년 만에 선명력을 채택하게된다. 이후 선명력은 1685년까지 무려 823년간 사용하는 역법으로자리 잡게 된다.

이렇게 역법을 자주 바꾸고 역법에 관심을 갖는 것은 비단 일본의일만은 아니다. 고대인들에게 천문 현상의 관찰은 매우 중요한 것으로,특히 역법을 통해 천문을 살피고 시후時候를 알아내는 일은 국가의명운에 관련된 것으로 매우 중요시했다. 『삼국사기』나 『삼국유사』에기록된 천체 현상 역시 모두 이러한 생각에서 중요시되었던 것이다.[162]신라에서 관측된 기원전 54년 4월의 일식과 기원전 49년 3월의 혜성에대한 『삼국사기』의 기록은 우리나라에서 가장 오래된 천체관측 기록으로, 이 역시 천체 현상에 의해서 국가나 지배자의 운명이 결정된다는믿음에서 비롯된 것이다.

지금까지 『일본서기』, 『삼국불법전통연기』, 『원형석서』, 『본조고승전』, 『일본삼대실록』 등에 소개되어 있는 관록의 사료를 검토해

---

162 일식에 관한 기록은 『삼국사기』에서 처음으로 나타난다. 『삼국사기』와 『삼국유사』에서 그것들을 종합해 보면 다음과 같다. 신라: B.C. 54년에서 911년의965년간에 29회, 고구려: 114년에서 559년의 445년간에 11회, 백제: B.C. 14년에서 592년의 606년간에 26회. 국사편찬위원회, 1973~1979. 한국사데이터베이스참조.

보았다. 이 과정에서 백제승 관륵이 일본 최초의 승정제도를 도입하여 일본 불교의 계율과 질서를 정비하는 일에 앞장섰다는 사실과, 아울러 국가의 운명을 좌우하는 역법曆法과 천문에 관련된 서책과 과학 기술을 전수하여 일본의 역법사曆法史를 개척한 인물이었음을 이해할 수 있었다.

3. 동대사 초대 주지, 백제계 양변良弁

1) 동대사의 태동과 양변

가부키의 단골 주제인 양변삼나무(良弁杉, 로벤스기)로 알려진 백제계 양변(良弁, 로벤, 689~773)은 나라 최대의 절 동대사를 창건하고 천평시대天平時代에 성무왕(聖武天皇, 재위 724~749)과 함께 대불大仏을 완성시킨 인물이다. 양변은 정창원 고문서에 자주 이름이 등장하는 고승으로 '동대사를 뛰어넘어 나라를 대표하는 승려'[163]라는 칭송을 받고 있지만 정작 한국에는 거의 알려져 있지 않다. 『금석물어집』에는 '성무왕이 동대사를 세운 이야기(聖武天皇始造東大寺語)'가 있는데, 양변은 이 이야기 속에 등장한다.

　이제는 옛이야기가 되었지만 성무천황이 동대사를 세우셨는데 동銅으로 앉은키 □□장丈[164]인 노사나불 상을 만드셨다. (중략)

---

163 마키 노부유키(牧伸行), 「양변과 속일본기(良弁と續日本記)」, 『佛敎大學綜合研究所紀要』別冊 『宗敎と政治』, 1998, p.32.

164 장수丈數 명기를 위한 의도적인 결어缺語지만 『부상략기초扶桑略記抄』에는 5장

대불을 안치하였기에 대불에 칠할 재료로 황금이 필요했다. 일본에는 원래 금이 산출되지 않아 중국에서 금을 사오게 했다. 견당사편에 갖가지 보물을 많이 보냈다. 이듬해 봄, 견당사가 귀국하여 많은 □□□□□□[165]를 사용하여 서둘러 칠하셨는데 그 색은 담황색이었다. 불과 □□□□□[166] 부족했다. 게다가 많은 당탑에는 금을 칠해야 할 기물器物이 헤아릴 수 없을 만큼 있었다. 천황은 심히 한탄하시고 당시의 고승들을 불러들여 "어찌하면 좋겠는가?"라고 물으셨다. "야마토 요시노 지방에 높은 산이 있는데 이름을 금봉金峰이라 하옵니다. 그 이름에서 생각해 보건대 필시 그 산에는 금이 있을 것입니다. 그리고 그 산에는 산을 지키는 신령이 계실 터이니 그 신에게 부탁드려 보는 것이 좋을 듯하옵니다."라고 답했다. 천황은 '참으로 지당한 말이로다'라고 생각하시고 ㉠동대사의 조영造營 행사관인 양변 승정을 불러들이셨다. 그리고 양변에게 명하시길 "지금 법계의 중생을 위해 절을 세웠지만 많은 황금이 필요하다. 그런데 일본에서는 원래 황금이 나질 않는데 전해들은 바에 따르면 금봉金峰에는 황금이 있다 한다. 모쪼록 그것을 나누어 받았으면 한다."라고 말씀하셨다. ㉡양변이 천황의 명을 받아 이레 밤낮으로 기도하자 그날 밤 꿈에 한 승려가 나타나 "이 산의 황금은 미륵보살께서 내게 맡기신 것이라 미륵보살이 세상에 나타나실

3척 5촌(약 16미터 21센티미터)으로 되어 있다. 이시준, 김태광 한역, 『금석이야기집』 「일본부」 권11·권12, 세창출판사, 2016, p.165.

165 결어缺語, 금을 매입하여 지참했다는 말이 들어갈 것으로 추정한다.

166 결어缺語, 대불의 몸 일부를 칠할 정도밖에 없었다는 말이 들어갈 것으로 추정한다.

때 비로소 세상에 내놓을 것이니라. 그 이전에는 나눠주기 어렵도
다. 나는 단지 수호할 뿐이다. 하지만 오우미지방 시가군의 다우에
란 곳에 외딴 작은 산이 있다. 그 산 동쪽을 춘기라고 하며 그곳엔
여러 모양으로 솟아 있는 암석이 있다. 그중에 옛날 낚시를 하던
노인이 항상 앉아 있었던 바위가 있느니라. 그 바위 위에 여의륜관음
을 만들어 안치하고 그 위에 당을 지어 황금을 청해 보면 좋을
것이니라. 그리하면 청하는 황금이 자연히 뜻한 대로 나타날 것이로
다."라고 말씀하셨다. ⓒ양변은 꿈에서 깨 이러한 자초지종을 천황
에게 아뢰었고 천황의 명을 받아 오우미지방의 세타로 가서 다시
남으로 향해 춘기란 곳을 찾았다. 승려가 일러준 대로 그 산에
들어가 보니 실로 기암들이 늘어져 험준하게 솟아 있었다. 그 가운데
이 □[167] 꿈꾼 대로 낚시하는 노인이 앉아 있던 바위가 있었다.
양변은 바위를 발견하고 돌아가 입궐하여 이 사실을 아뢰었고
왕은 이렇게 명하셨다. "신속히 꿈속의 탁선託宣대로 여의륜관음상
을 만들어 안치하고 황금을 청하여라." 이런 까닭으로 양변 승정은
그 장소에 자리를 잡고 당을 지어 불상을 만들었다. 그리고 그
공양 날부터 황금을 내려주시길 빌었다. 그 후 얼마 안 되어 무츠지
방과 시모츠케지방에서 황금빛 모래를 헌상했다. 대장장이들을
불러들여 제련시켜보니 진정 깜짝 놀랄 만한 빛 고운 짙은 황색의
금이 되었다. 조정은 이를 기뻐하여 다시 무츠지방에 황금빛 모래를
취하러 사람을 보냈더니 많은 양을 헌상해 와 그 황금을 가지고
대불을 칠했다. (중략) 이것이 일본에서 황금이 산출된 시초다.

---

[167] 원문 결어缺語.

그 후 왕은 정성껏 동대사에 공양하셨다.[168]

이 설화는 1,200여 년의 장구한 역사를 지닌 동대사 창건에 관한 자세한 내용과 함께 양변良弁의 활약상을 엿볼 수 있는 이야기다. 특히 ㉠에서 양변이 동대사 조영의 총책임자(行事官)였다는 사실과 ㉡과 ㉢에서는 대불에 칠할 황금 조달에 양변이 큰 역할을 하고 있음을 알 수 있으며, 성무왕과 양변과의 관계를 이해할 수 있는 중요 부분이기도 하다.

동대사는 창건 이래 총국분사로서 호국불교 이념을 실천한 고찰로, 『동대사요록』에 따르면 동대사의 전신은 금종사다. 당시 성무왕과 왕비는 신심이 깊은 사람들이었는데 유일한 아들인 모토이왕자(基皇子)가 생후 11개월 만에 죽자 몹시 상심하여 금종사 건립에 뜻을 모으게 된다. 왕실에 줄곧 여자 아이만 태어나다가 모처럼 얻은 아들 모토이왕자는 왕실의 보물덩어리였음은 짐작하고도 남을 일이다. 이를 입증하듯 『속일본기』는 왕자 출생부터 11개월 만에 병사하기까지의 전 과정을 상세히 기록하고 있다.

① 윤9월 기해삭 정유(29일)에 황자가 탄생했다. 계유(5일)에 천황이 중궁에 납시어 황자탄생에 의한 천하의 대사면을 내리었다. 또한 백관들에게 하사품을 내리었다. 또한 황자와 같은 날에 태어난 아이에게도 포 1단, 비단 2둔, 쌀 2속을 하사했다. 경자(3일)에 승강과 승니 99인에게 표를 올려 황자의 탄생을 축하하도록 했다.

168 『금석물어집』① 권 권11-13화, pp.85~88.

하사품을 지위대로 내리었다.[169]

②갑신(21일)에 황태자가 병에 걸려 날이 지나도 치료되지 않았다. 삼보의 힘에 의지했으나 차도가 없으니 다른 방법을 강구하되, 관세음보살상 177구를 만들고 경을 177권 만들어 날마다 독송과 예불을 드리도록 했다. 이로써 무사히 회복되길 왕이 빌었다. 또 천하의 대사면으로 고통 받는 자를 구하고 8개 악행을 제외한 자들과 관원에게 재물보시를 하여 스스로 도둑이나 강도, 절도가 되는 것을 막도록 하라고 명했다.[170]

③병술(23일)에 왕이 동궁에 납시어 황태자병을 낫게 하기 위해 납폐물을 사자에게 들려 산릉에 제사지내게 하다.[171]

④9월 병오(13일)에 황태자가 숨을 거두다.[172]

⑤임자(19일)에 (황태자를) 나호산에 묻다. 나이 두 살이다. 천황은 심히 슬퍼하고 안타까워했다. 이로 인해 3일 동안 아침 조회를 폐하였다. 어린 나이에 병으로 숨진 태자를 위해 상례를 다하되 경京에 주재하는 관리 이하와 기내畿內 백성은 소복을 3일간 입을 것과 기타 지방의 관리는 각 해당 실정에 맞게 3일간 애도기간을

169 『속일본기』 ② 권 권제10, p.182.
170 『속일본기』 ② 권 권제10, p.19.
171 『속일본기』 ② 권 권제10, p.200.
172 『속일본기』 ② 권 권제10, p.200.

갖도록 하였다.[173]

위 기록과 같이 727년 11월 20일 모토이왕자(基皇子)는 황실의 사랑을 듬뿍 받고 태어나 궁중에서는 왕자 탄생을 기뻐하며 대사면을 실시했고, 백관들에게 하사품을 내렸으며, 승강과 승려들도 왕자 탄생을 축하했다. 그러나 얼마 안 가서 왕자가 병이 났고 관세음보살상까지 만들어 기도를 해보았으나 왕자의 병은 차도를 보이지 않았고, 종묘사직에 제사도 올렸으나 끝내 황태자는 두 살(만으로 11개월)의 나이로 숨을 거두고 만다.

성무왕과 왕비는 채 한 살이 안 돼 요절한 왕자를 위해 보리사菩提寺를 와카야마산(若草山) 중턱에 지었으며, 처음에는 산속에 있는 조그만 암자 정도였다.[174] 『속일본기』에는 지행승智行僧 9명[175]을 뽑아 이 절에 주석시켰다고 기록되어 있는데, 호리이케 슌포(堀池春峰)는 그 가운데 한 사람을 양변으로 추정하고 있다.[176] 지행승 가운데서도 양변의 수행은 유별났다. 양변은 히가시산(東山, 奈良縣生駒市)에 은거하며 스스로 조각한 집금강신상執金剛神像을 안치하고 날마다 뼈를 깎는 수행을 하고 있었으며 금종행자金鐘行者라는 이름으로 불릴 만큼 법력

---

173 『속일본기』②권 권제10, p.200.

174 을미(3일) 종4위하 지노오호기미를 조산방造山房 장관으로 임명하다. 『속일본기』②권 권제10, p.202.

175 경신(28일) 지행승 9명을 뽑아 산방에 거주시켰다. 『속일본기』②권 권제10, p.202.

176 호리이케 슌포(堀池春峰), 앞의 책, p.15.

이 컸다. 이러한 양변의 수행은 성무왕의 눈에 띄어 이후 그의 전폭적인 지지를 받으며 나라 불교계에 두각을 나타내게 되고 동대사 건립의 지대한 공을 인정받아 초대 별당(別当, 주지)에 앉을 수 있었던 것이다.

성무왕은 천평 12년(740) 2월 지식사(知識寺, 치시키지)의 노사나불을 예배하고 대불조영의 발원을 꾀했다. 여기서의 지식知識은 선지식을 말하며, 당시 사찰의 대부분이 귀족 또는 호족의 씨족 사찰인 것과는 달리 지식사는 이름 없는 민중들이 자신의 자산과 노력으로 세운 민중사찰이었다. 지식사의 노사나불에게 예불을 드린 성무왕은 새로운 대불 건립에 대한 염원을 갖게 된다. 당시 금당의 본존불을 보면 대안사大安寺와 흥복사興福寺는 석가불이고, 원흥사는 미륵불, 약사사는 약사불을 안치하는 것이 상례였는데, 동대사에서 새롭게 노사나불을 조영하려는 것은 광명변조(光明遍照; 아미타불의 자비가 넓고 커서 염불하는 온 중생에게 두루 비춤)의 뜻이 깊다. 이러한 배경에는 735년에 치쿠시(築紫, 지금의 후쿠오카)의 다자이부(太宰府)로부터 번지기 시작한 천연두의 창궐에 대한 우려감도 적잖이 작용했던 것으로 보인다. 실제로 조정에서는 737년에 각 지방마다 석가상釋迦像과 협시불을 만들고 『대반야경』 1부를 사경시켰는데, 이러한 작업은 역병을 막기 위한 조치였다. 성무왕은 지식사에서 노사나불을 보고 동대사에도 노사나불 조영을 계획했던 것이다.

마침 그 해에 동대사 전신인 금종사에서 양변에 의해 화엄경 교리 연구회가 조직되어 대안사의 신라승 심상을 강사로 초대하여 교리 규명 연구에 착수하고 있었다. 양변에 의한 금종사에서의 화엄경 연구 개설 동기는 성무왕의 노사나불 조영造營과 관계가 있는 것으로,

노사나불 주조는 계율 수계자인 승려뿐만 아니라 모든 중생을 구제하기 위한 목적에서였다.[177] 성무왕은 천평 13년(741) 국가진호國家鎭護를 위해 전국 60여 곳에 국분사國分寺[178] 건립을 명했으며, 동대사는 총국분사總國分寺로 화엄학의 총본산이기도 하다. 일본 화엄학의 연구는 신라승 심상을 금종사에 초청하여 강사로 삼은 이래 흥복사 초대 주지인 자훈慈訓[179], 경인鏡忍, 원증圓證을 강사로 하고 16명의 학승을 청중으로 천평 12년에 구화엄경을 교재로 3년에 걸쳐서 강의가 완결되었다.

성무왕의 대불조영 의도를 통해 대내외적으로 당시 신라와의 관계도 살펴볼 수 있는데, 그것은 초대 화엄강설자로 신라의 심상을 택한 데서 알 수 있다. 천평 12년에서 15년 사이에 화엄 이론가로 이름이

---

177 이소베 다카시(磯部隆), 『동대사대불과 일본사상사(東大寺大佛と日本思想史)』, 大學教育出版, 2010, p.56.

178 741년 성무왕이 국가안위를 위해 각 지방에 세우도록 한 절. 각 지방에는 비구절과 비구니절을 각각 하나씩 두되 비구절은 승려 20명을 두고 비구니절은 승려 10명을 두도록 했다. 이를 총 관장하는 절은 동대사東大寺와 법화사法華寺로, 이 두 곳에서 전국의 국분사國分寺를 총 관장하게 했다. 국분사는 금광명사천왕호국지사金光明四天王護國之寺와 국분니사國分尼寺인 법화멸죄지사法華滅罪之寺로 나뉘며 이키(壹岐)와 쓰시마(對馬)에는 도분사島分寺를 두었다. 『속일본기』 ②권 권제14, p.390.

179 자훈慈訓은 백제계로 심상과 함께 당나라에 건너가서 법장 문하에서 화엄의 깊은 종지를 전수받았다. 귀국해서는 양변과 함께 화엄종을 일으켰다. 칭덕왕은 자훈을 귀히 여겨 식읍을 하사하였다. 천평 4년(752)에 승도僧都에 올랐으며, 천평보자天平宝字 원년(757)에 흥복사의 주무主務가 되었는데, 이 직책은 자훈으로 비롯되었다. 보구宝龜 8년(777) 입적하였다. 『원형석서』 권1, p.145.

난 융존隆尊과 도선道璿이 있었음에도 신라승 심상審祥을 선택한 것은 그가 신라 화엄학의 정통자이기 때문으로 본다. 화엄학은 당의 법장에 의해 대성되었으나 그 법장을 스승으로 하는 신라의 의상에 의해 신라 화엄학의 기초가 구축되었고 또한 법장에 영향을 준 원효가 신라에 존재하는 등 당시 신라 화엄학은 일본 불교계의 하나의 교과서적인 존재였다. 이소베 다카시(磯部隆)는 신라승 심상을 강사로 하는 금종사에서의 화엄연구는 화엄학을 중심으로 한 신라 불교를 염두에 둔 것이며, 노사나불 조성도 이와 관련이 깊다고 보았다.[180] 성무왕의 노사나불 조성 계획은 귀족 중심의 불교가 아닌 민중 중심의 불법을 펴기 위한 조치로 이해할 수 있으며, 그 중심에 백제계 양변이 존재하고 있음은 주목할 사항이다.

2) 양변의 출생과 독수리 전승

양변에 대한 기록은 『속일본기』에 자세히 나와 있다. 『속일본기』의 양변 관련 기사는 모두 4곳에서 보이는데, 특이한 것은 아래 ①~④

---

[180] 이 점에 대해서 다무라 엔초(田村圓澄)는 '금종사에서 신라의 심상을 초대강사로 선택한 것은 천평 6년 이후 급박한 대신라와의 관계의 긴박성과 더불어 신라가 일본의 종주국으로 우위에 있었으므로 대불조성의 이론적 준비를 위해 신라 심상을 초빙강사로 삼은 것이다'는 주장을 폈다. 그러나 이소베 다카시(磯部隆)는 대불조성의 의도를 '종주국과 종속국의 관계로 볼 것이 아니라 부처의 세계에서 국가 간 대립하지 않고 평화적인 공존을 위한 것에 초점을 두어야 한다면서, 그것은 곧 화엄학의 초점이 자타의 분별심을 없애고 벽을 허물어 일체의 대립과 쟁의를 초월하는 데 있기 때문'이라고 했다. 이소베 다카시(磯部隆), 앞의 책, p.56.

가운데 ④에서 보듯이 졸기卒記는 있으나 졸기 속에 출생에 대한 기록이 없다는 점이다.

① 갑술(22일)에 (천황이 승강을 임명하는) 명을 내려 (인도의) 보제법사를 승정으로 삼고, 양변법사를 소승도로 삼았다. 도선법사와 융존법사는 율사로 삼았다.[181]

② 정축(24일) (성무천황이 간병선사를 포상하며 아울러 승강을 임명하는) 명을 내려 선왕 폐하의 생전 시에 힘쓴 간병선사 126명에게는 과역을 면하게 한다. 단, 양변, 자훈, 안관의 세 법사는 부모에게도 과역을 면하게 하되 승려직이 끝나는 날까지 이어지게 한다. 또한 감진화상, 소승도 양변, 화엄강사 자훈과 대당승 법진, 법화사 경준은 학업이 우수하고 계율을 청정히 지키면서 선대의 진호에 힘써 승려의 지도자로 삼는다. 특히 양변, 자훈 두 대덕은 선왕의 병환 시에 있는 힘을 다해 주야로 보살폈다. 이 덕을 갚고자 짐이 마음을 다해 감진과 양변에게는 소승도와 대승도를 명하고, 화엄강사에게는 소승도를 명하고, 법진과 경준에게는 율사를 명한다.[182]

③ 경술(23일)에 대승도 양변, 소승도 자훈, 율사 법진 등을 초청하여 말하길, 양변 등은 법계가 아직 정돈되지 못하고 혼돈스러울 때 범상을 뛰어넘어 깨달음의 경지에 이르렀다. 이들은 십행十行의

---

181 『속일본기』②권 권제18, p.112.
182 『속일본기』②권 권제19, p.162.

보살행을 실천한 자들로 삼현십지, 곧 보살의 십단계를 깨우친
까닭으로 중생을 개화하고 보살행의 41위부터 50위에 이르는 단계
까지 3승乘의 업을 이룩했다.[183]

④ 갑자(24일)에 승정 양변이 죽다. 사자使者를 시켜 조문하다.[184]

이상에서 살펴본『속일본기』의 양변 기록 가운데 중요 부분을 살펴
보면, ①751년 5월 양변이 소승도小僧都 자리에 올랐다. ②756년
5월 간병선사 126명 가운데 한 명으로 발탁되었다. 이들은 과세를
면제 받았다. 단 양변, 자훈, 안관 세 법사는 부모에게도 식읍을 주었다.
③760년 7월 양변은 대승도, 제자 자훈은 소승도에 임명되었다. ④773
년 윤11월에 입적했으며 (왕이) 사자를 보내 조문했다는 사실을 알
수 있다. 하지만 그 어디에도 양변의 출생에 관한 기록은 없다. 이에
대해 마키 노부유키(牧伸行)는『속일본기』의 양변 기록에서 자세한
출생 부분이 빠져 있는 바람에 훗날 양변의 출생 관련 설화가 등장하게
된 것으로 보고 있다.[185]

―――――――――――――

183 『속일본기』③ 권 권제23, p.356.
184 『속일본기』④ 권 권제32, p.414.
185 이소베 다카시(磯部隆)는『속일본기』문무 4년 (文武四年, 700) 3월조를 들어
　　도소道昭의 경우만 해도 졸기에 출신과 아버지 이름이 나오는데 양변의 경우는
　　출생 관련 부분이 전혀 없다고 지적했다. 이소베 다카시(磯部隆), 앞의 책,
　　pp.29~30. 도소의 출생 부분은 다음과 같이『속일본기續日本紀』졸기에 기록되
　　어 있다. "三月己未. 道照和尚物化. 天皇甚悼慌之. 遣使弔時之. 和尚河內圈丹
　　比郡人也. 俗姓船連. 父惠理少錦下. 和尚戒行不訣. 尤尙忍行. 寄弟子欲究其

하지만 『속일본기』와 달리 간략하게나마 양변의 출생에 관한 이야기
가 수록된 책이 있는데, 『동대사요록』 양변전良弁傳이 그것이다.

(양변) 승정은 사가미지방의 누리베 출신이다. 지통천황 때에 의연
승정의 제자이며 금취보살이 이 사람이다. 천평 5년에 금종사를
세웠으며 천평보자 3년 소승도가 되었고, 6년 19월 13일에 대승도에
임명되었다. 보구 4년에 승정, 동년 윤 11월 16일 입적하였으며,
동 19일 유골은 우다하번산에 장사지냈다. 기로상전耆老相傳에
따르면 근본승정(根本僧正, 양변)은 어렸을 때 관동지방에서 독수리
가 물고 가 행방이 묘연했다. 이에 부모가 크게 슬퍼하며 여러
지방을 유랑하며 아들을 찾았는데 독수리가 물어간 어린 아이는
야마시로지방의 다가변에 떨어져 그 고장 사람들이 키웠다. 훗날
성장하여 근본승정이 된 사람이 이 분이다.[186]

이 기록에서 양변이 사가미지방(相模國)의 누리베(漆部氏) 출신이라
는 점, 백제계 고승인 의연 승정義淵僧正의 제자이며, 금취보살金鷲菩薩
로 동대사 전신인 금종사를 창건했다는 사실을 알 수 있다.[187]
한편 『동대사요록』의 양변전良弁傳에는 근본승정(根本僧正, 양변)
이 어렸을 때 독수리에 채여서 행방이 묘연하여 부모가 찾아 나섰는데

性. 籍穿一梗器. 漏汚被禱. 和尙乃微笑目. 放蕩小子汚人之床. 寬無復言着."
186 『동대사요록』 권1 본원장本願章, pp. 29~30.
187 양변의 출신에 대해서는 ①사가미지방 누리베씨(相模國人漆部氏);『동대사요록』,
②사가미지방 백제씨(相模國百濟氏);『7대사연표七大寺年表』, ③오우미 백제씨
(近江百濟氏);『원형석서』 등의 기록이 있다.

야마시로지방(山城國, 현 교토) 다가변多賀邊에 떨어져 마을 사람들이 주워 길렀다는 이야기가 전하며, 『일본영이기』에도 이 이야기가 수록되어 있다.

『일본영이기』는 양변이 입적(773)하고 채 50년이 안 된 시기에 나온 책으로, 상권 제9화와 중권 제21화에 각각 양변을 소재로 하는 설화가 수록되어 있다.

아스카 가와라의 이타후키궁에서 천하를 다스리던 황극천황 시대 2년(643) 봄 3월 무렵, 다지마 지방 시즈미군의 어느 산골마을의 한 집에 갓 태어난 여자아이가 있었다. 아이가 앞마당을 기어 다닐 무렵 독수리가 아이를 채서 하늘로 날아가 동쪽을 향해 날아가 버렸다. 부모는 아이가 불쌍해서 몹시 슬퍼하며 울면서 쫓아갔지만 어디로 가버렸는지 알 수 없었다.[188]

나라 동쪽 산에 절이 하나 있다. 이름을 금취金鷲라고 하였다. 금취우바새가 이 산에 살고 있기에 그런 이름이 붙었으며 지금의 동대사다. 동대사가 아직 세워지기 전에 성무천황이 다스리던 시대에 금취金鷲는 수행자로 그 절에 살면서 불도를 닦고 있었다. 그 산사에는 흙으로 빚은 집금강신의 토상이 하나 있었다.[189]

상권 제9화의 경우 '독수리가 물어간 아이'를 주제로 하고 있으나

---

188 『일본영이기』 상권 제9화, p.53.
189 『일본영이기』 중권 제21화, p.184.

이야기의 주인공이 양변이라는 단서는 어디에도 보이질 않는다. 그렇다고 중권 제21화에도 양변의 이름은 보이질 않는다. 하지만 금취우바새金鷲優婆塞라는 것은 『동대사요록』에서도 보았듯이 양변을 일컫는 말이므로 이 설화에서도 양변을 뜻하는 것이다.

한편 위 설화 ①의 '독수리가 물어간 아이'와 같이 갓난아이가 독수리에 채여 부모 곁을 떠난다는 이야기는 이상탄생담異常誕生譚의 변형으로 일본의 경우 전국적인 분포를 보이고 있다. 세키 케이고(關敬吾)는 『일본 옛날이야기 대성(日本昔話大成)』에서 '독수리가 물어간 아이' 이야기는 다양하게 변용된 형태로 구마모토현(熊本縣)에서 아오모리현(青林縣)에 이르는 전국적인 분포를 보인다고 했다.[190] 이처럼 독수리가 물어간 아이의 모티브를 갖는 양변 관련 기록은 『일본영이기』 외에 『부상략기』와 『금석물어집』, 『보물집寶物集』, 『사석집沙石集』, 『원형석서』, 『본조고승전』 등에도 등장하는데, 『보물집』의 경우에는 『일본영이기』와 달리 설화 속에 "양변 승정은 동대사 제일의 별당(주지)이다. 이 양변은 사가미지방 사람이다.(良弁僧正といふは 東大寺の一番の別当也. この良弁は相模の國の人なり)"라고 확실히 이름을 밝히고 있는 것이 특이하다. 양변의 탄생설화는 '독수리가 물고 간 아이 이야기(鷲の捨て子譚)'로 굳어져 동대사 이월당二月堂 앞에는 지금도 양변삼나무(良弁杉)가 전승되고 있다.

이러한 '독수리가 물고 간 아이 이야기'에 대해 야나기다 구니오(柳田國男)는 "독수리가 인간에게 아이를 공급해주는 이야기는 외국에도

---

190 세키 케이고(關敬吾), 『日本昔話大成』, 角川書店, 全2卷, 1978.

있는데, 호르테마케젠의 옛날이야기 책에도 그 예가 있으나, 일본에서는 또 다른 별종의 독립 상태로 발전해 왔다. 예를 들면 남도南都 동대사의 양변 삼나무는 한 그루밖에 없는데, 독수리에게 물려간 갓난아이의 출생지는 야마시로(山城)의 다가多賀, 고슈(江州)의 시가(志賀), 소슈(相州, 사가미) 등 여러 곳이 있다.”고 하면서, 이러한 일은 설화 전파자의 '설화행위'에 기인한다고 보았다.[191] 민속학자 미나가타 구마구스(南方熊楠, 1867~1941)는 특히 독수리와 관련된 이야기 가운데 독수리의 둥지 안에 돌이 존재하는 설화를 안산과 육아에 효험이 있다고 믿은 데서 세계의 민화로 자리잡게 된 것으로 보았는데, 일본 내에서의 설화 전파자들 역시 '아이의 안전한 생명'을 희구하는 뜻에서 각 지역으로 퍼져 질긴 생명력으로 남아 있었던 것은 아닌가 하는 생각이다.

　주목해야 할 것은 전 세계에 퍼져 있는 '독수리가 물어간 아이 이야기'가 일본에서는 하필 양변이어야 했는가 하는 점이다. 이에 대한 답으로 적절할지는 모르겠지만 『속일본기』의 졸전卒傳에서 양변의 탄생 이야기가 전해지지 않은 것도 무시할 수는 없을 것이라는 생각이다. 졸전卒傳에 이름을 남기고 있는 승려로는 도소, 의연, 도자, 현방, 행기, 감진, 도경, 양변 단 8명뿐이다. 이는 나라시대 승려 숫자에 견주면 거의 제로에 가까운 숫자이며, 『속일본기』의 승강 보임을 맡았던 42명 승려 가운데서도 14%밖에 안 되는 비율이다.[192] 이러한 자료를

---

191 야나기다 구니오(柳田國男)의 인용은 이영아, 「良弁上人說話에 관한 一考察」에서 인용함. 『日語日文學硏究: 文學・日本學』, 韓國日語日文學會, 2000, pp.151~152.

보면 분명히 양변의 출생담도 들어 있을 법하지만 유독 양변만은
빠져 있다. 양변이 당대 고승인 것은 『속일본기』에서 졸전을 다룬
인물에 속하는 것만 보아도 알 수 있다. 따라서 충분히 이상탄생담異常
誕生譚의 인물로 전승될 수 있는 자격은 갖추고 있었다고 본다. 하세가
와 마사하루(長谷川政春)의 말[193]을 빌리면, 신화의 주인공은 두말할
것 없이 신神이며 전설의 주인공은 역사상 영웅이다라고 했는데, 이
말이야말로 전설의 주인공으로 양변이 영웅화된 것은 아닌가 하는
생각이다. 양변에게 있어 영웅이란 천여 년이 넘은 오늘날에도 그를
기리고 있는 것이 입증해주는 것일 것이다. 양변을 소재로 한 양변삼나
무(良弁杉)는 닌교조루리(人形淨瑠璃)와 가부키(歌舞伎)의 소재로 메
이지 20년(1887)에 초연된 이래 현재까지도 사랑받고 있는 것을 보면
백제계 출신 양변良弁은 일본 땅에서 확실히 영웅으로 회자되고 있다고
봐도 지나치지 않을 것이다.

3) 국가불교에서 싹트는 민중불교와 양변

양변의 민중불교를 이해하기 위해서는 아스카부터 나라에 이르는
불교의 특징과 특히 성무왕과의 관계를 살펴보아야 한다. 아스카시대
(飛鳥, 645~710)의 불교가 호족을 수용자로 하는 씨족불교 단계였다면
백봉시대(白鳳, 645~710)의 불교는 씨족불교를 토대로 불교에 의한

---

192 나카이 신코(中井眞孝), 「나라시대의 승강(奈良時代の僧綱)」, 『일본고대불교제도
　　사의 연구(日本古代佛教制度史の研究)』, 法藏館, 1991, p103.
193 하세가와 마사하루(長谷川政春), 「일본신화와 옛날이야기(日本神話と昔話)」, 『時
　　代別文學史事典』上代編, 有精堂, 1987, p.70.

국가 옹호를 추구하는 국가불교 단계였다고 볼 수 있다. 그렇다면 나라시대(奈良, 710~794) 불교는 씨족불교와 국가불교 시대의 중간이었을까? 표면적으로는 성무왕이 741년(천평 13) 국가진호를 위해 전국 60여 곳에 국분사國分寺를 설치하고 동대사를 총국분사總國分寺로 하는 불교정책을 펴고 있었으므로 국가불교였다고 볼 수도 있을 것이다. 국가불교의 성립은 율령국가의 성립과 불가분의 관계에 있으며, 기내畿內[194]를 중심으로 분포한 80개소에 불과하던 아스카시대의 사원에 견주어, 백봉시대에는 550개소가 넘는 사원의 전개가 율령정치권의 확대를 나타내주는 것이라는 사실은 부정할 수 없을 것이다. 하지만 성무왕 시대의 경우 율령국가의 개념은 조금 다른 관점이 감지된다. 그것은 성무왕의 가와치(河內) 지식사知識寺[195] 행차에서 그 실마리를 찾을 수 있다. 『속일본기』 천평승보 원년(749)에 지식사와 관련된 다음과 같은 기록이 있다.

정해(27일) 야하타오오가미(八幡大神)의 네기니오오미와 모리메는 자색빛 가마를 타고 동대사에 참배 차 갔다.[196] 이때 효겸천황(孝謙

---

[194] 기내畿內란 수도와 왕궁 주변을 아우르는 지역으로, 당시 성무왕이 집권하던 시대는 수도인 나라를 중심으로 한 교토, 오사카 일대를 말한다.

[195] 지식사知識寺의 '지식(knowledge)'은 현대의 지식을 의미하는 것과는 달리 나라, 헤이안시대에는 불교를 신앙하는 일로 재물이나 노동력을 기부하여 불상을 조성하거나 사찰 건립에 협력하는 불교신자를 일컬으며, 이러한 지식 신앙자들에 의해 건립된 절을 지식사(知識寺, 또는 智識寺)라 한다.

[196] 이 부분의 번역은 '야하타 신사의 신을 자색 가마에 태워 천황의 동대사 참배에 함께 간 것'으로 해석하기도 한다. 『속일본기』 ③권 권제17, p.96. 이렇게

天皇, 성무왕 딸)과 성무천황 그리고 왕비가 함께 행차하였다. 이 날은 문무백관들과 관계자들이 모두 모였다. 승려 5천 명을 초청하여 예불을 드리게 하고 독경을 시켰다. 당악唐樂, 발해악渤海樂, 오악(吳樂, 구레라고 발음하며 보통 고구려악을 뜻함), 고세치다마이 (五節田舞: 농경의 신에게 기원하는 춤과 음악) 등이었다. (중략) 과거(천평 12년, 740) 가와치 지방의 오오가타군 지식사知識寺에 가서 노사나불을 예배했을 때 성무천황은 노사나불 조성을 꿈꾸었다.[197]

이 기록은 749년 10월 9일 효겸천황[198]이 아버지 성무왕과 어머니와 함께 동대사를 찾아가는 내용이다. 이 날은 노사나불 본체의 주조 완성(10월 24일)을 불과 15일 앞둔 시점이다. 효겸천황은 야하타신사의 신들도 함께 가마에 태워 동대사로 갔다. 그것은 동대사의 노사나불 조영에 야하타대신(八幡大神)의 힘이 컸기 때문이다. 과거 성무왕이 지식사知識寺에서 노사나불의 발원을 했을 때부터 줄곧 야하타대신은 성무왕을 도왔다. 동대사의 노사나불과 지식사의 노사나불은 서로

보는 근거는 성무왕이 지식사知識寺에 갔을 때 거대한 노사나불을 보고 동대사에도 그러한 불상을 만들고자 했으나 어려움이 따라 포기하려고 했을 때 야하타신사의 신이 적극적으로 돕겠다는 서원을 세워 결국 동대사의 노사나불 완성을 보게 된 것이므로 성무왕으로서는 이 신사의 신들을 동대사에 함께 모시고 가고 싶었을 것이다.

197 『속일본기』 ③권 권제27, p.96.

198 효겸천황孝謙天皇은 성무왕의 딸로 제46대 효겸천황(孝謙天皇, 749~758), 제48대 칭덕천황(称德天皇, 764~770)이라는 이름으로 두 번에 걸쳐 천황직에 올랐다.

밀접한 관계에 있었던 것이다. 밀접한 관계는 ①의 거진년去辰年이라는 데서 찾을 수 있다. 거진년去辰年이란 740년을 가리키는 것으로 이 해에 성무왕은 가와치 지방 오오가타군(河內國 大縣郡)에 있는 지식사로 행차한 바 있다. 과거 성무왕의 지식사 행차가 중요시되는 것은 지식사가 갖고 있는 민중성 때문이다. 지식사는 국가 권력을 빌려 만든 절이 아니라 민중의 힘으로 만든 민중을 위한 절이다. 불사佛事가 되었든 사경寫經이 되었든 민중의 자발적인 참여가 얼마나 중요한지를 성무왕은 일찍이 지식사를 드나들며 체험했을 것이다. 그것을 입증하는 것이 간전영년사재법墾田永年私財法이다.

천평 15년(743) 성무왕은 칙명으로 이 법, 곧 간전영년사재법墾田永年私財法을 반포했는데, 이는 자기가 개간한 농토에 대해서는 영원히 사유화를 인정한다는 법령이다. 이 법을 만들기 전에 성무왕은 양로(養老, 723) 7년에 삼세일신법三世一身法을 제정한 바 있다. 그러나 이 법은 실패하고 말았다. 그 까닭은 개간한 땅을 손자 대인 3대까지만 사유화를 허락했기 때문이다. 농민들은 기껏 마련한 토지를 3대가 지나면 국유화한다는 것에 매력을 느끼지 못해 열심히 개간에 임하지 않았다. 이러한 쓰라린 경험을 체험한 성무왕은 민중(농민)들이 의욕적으로 임하지 않는다면 아무리 좋은 법을 만든다 해도 의미가 없다는 사실을 깨달았던 것이다. 성무왕은 지식사를 드나들며 동대사의 노사나불 주조를 결심하게 되는데, 그러한 결심을 굳히게 된 사건이 집권 7년차에서 9년까지 사이(735~737)에 확대된 전염병의 창궐이다.

의약이 발달하지 않던 당시에 천연두의 창궐은 성무왕으로 하여금 민중의 힘으로 만든 지식사의 노사나불을 떠올리게 했고, 자신도 동대사에 노사나불을 주조할 결심을 하게 된 것이다. 물론 전염병 창궐 시에 성무왕이 곧바로 지식사로 행차한 것은 아니다. 739년에 사경사寫經司에서 『대방광불화엄경』 80권을 사경시키면서도 전염병 이 잦아들지 않자 이듬해 740년 2월 지식사로 행차하여 노사나불 건립에 대한 구체적인 구상을 하게 된 것이다. 마침 국분사國分寺를 만들어 국가가 관리하는 불교사원 시스템을 구축한 성무왕이지만 정작 자신은 민중의 힘으로 만든 지식사를 드나들었다. 그것은 무엇을 말하는 것일까? 이는 동대사가 아직 완벽한 국가불교 시스템화 되어 있지 않다는 것을 말하는 것이며, 역으로 말한다면 여전히 민중에 의한 사원 시스템에 성무왕 자신이 관심을 갖고 있음을 시사하는 것이라고 본다. 이러한 성무왕의 불교관 뒤에는 양변이 자리하고 있음은 두말할 나위 없는 일이다. 동대사 노사나불 주조 시에 양변의 역할은 지대한 것이었는데, 양변과 성무왕의 관계를 상세히 알려주는 이야기가 『원형석서』에 있다.

석釋 양변은 구다라씨(百濟氏)다. 오우미 시가 출신이다. (중략) 자훈은 심상과 함께 현수법사[199]에게 친히 배웠던 인물이며 양변 또한 현수법사의 법손이다. 그러나 자훈과 심상은 크게 떨치지 못했고 양변에 이르러서야 창성할 수 있었다. 성무천황은 양변을 존경하고 숭앙하였다. 동대사의 거대한 노사나불은 양변의 기원에 의한 것이다. 천평 5년(734)에 금종사金鐘寺를 건립하고 보자寶字

199 현수법사賢首法師는 법장(法藏, 643~712)을 말하며, 화엄교학의 대성자로 현수대 사라고도 한다.

4년(760)에 승정이 되었다. (중략) 기린다. 법상종의 어떤 학인이 나에게 물었다. '양변스님의 일을 세상 사람들은 모두 기이하게 여기고 있습니다만 저희 종파에서는 그렇지 않습니다. 왜냐하면 세상에서 기이하게 여기는 까닭은 편계소집성偏計所執性 때문이고 의타기성依他起性을 전혀 알지 못하기 때문입니다. 그리고 양변스님이 설 수 있었던 근거는 원성실성圓性實性[200]이 아니겠습니까?' 내가 답했다. '그대의 의론에는 미진한 데가 있다. 내가 양변스님이 도달한 경지를 보니 입법계품入法界品[201]이다.'[202]

고칸시렌은 『원형석서』에서 성무왕이 양변을 존경하고 숭앙했다고 기술하고 있다. 동대사 대불전(大仏殿, 金堂)을 비롯한 대가람의 불사佛事와 나라 최고의 불상 프로젝트라고 할 수 있는 노사나불 주조를 원만히 해낸 양변에게 성무왕은 더한 찬사도 아깝지 않았을 것이다. 양변이 그 엄청난 불사를 무사히 마칠 수 있었던 배경에는 수많은 백제계 출신 승속僧俗들의 도움이 컸던 것은 두말할 나위 없다. 민중불교를 이끈 행기대덕(行基大德, 668~749)과 대불주조의 총감독을 맡은

---

200 유식법상종에는 삼성(三性, 제법이 존재하는 세 가지 성질)이라는 교의가 있는데 편계소집성, 의타기성, 원성실성이 있다. 편계소집성이란 모든 것을 실체라고 집착하는 성질을 말하며, 의타기성이란 모든 것을 인연법으로 연결 짓는 성질을 말한다. 원성실성은 완전하게 진실한 성질로 제법의 진여를 말한다.

201 입법계품入法界品이란 『화엄경』의 마지막 품으로, 선재동자가 남방으로 53선지식을 찾아다니며 도를 구하여 법계의 이치를 증득(바른 지혜로써 진리를 깨달아 얻은 것)한 것을 말한다.

202 『원형석서』 권제2, p.162.

구니나카노 기미마로(國中公麻呂), 749년 무츠 지방의 국사(陸奧國司)였던 백제왕 경복(敬福, 697~766)의 황금 헌납 등이 있었기에 가능한 일이었다. 그것은 또한 민중 속으로 파고들었던 행기 집단의 협력과 가와치(河內)에 지식사를 세운 민중들의 보이지 않는 힘의 용트림이 있었기에 가능한 일이었다. 물론 그 중심에는 성무왕이 존경하고 우러르는 백제승 양변이 자리하고 있었던 것을 놓치지 말아야 할 것이다.

제3장 영험력을 통한 불법 전수

1. 신이神異로 불법을 펼친 백제승 의각義覺

입에서 광채가 나고 벽으로 막혀 있어야 할 방안이 사방으로 탁 터져 보이게 하는 등의 신이神異한 행동을 한 백제승 의각(義覺, 기가쿠)의 기록은 일본의 여러 사료에서 확인할 수 있다. 이처럼 고대 한국에서 일본으로 건너간 승려의 경우 대부분 국내 기록에 남아 있지 않다. 하지만 백제승 의각의 경우에는 일본으로 건너가기 전에 주석駐錫했던 절이 충남에 남아 있고 일부 그 자료가 현존하여 주목을 끈다. 먼저 의각에 대한 이야기가 실려 있는 일본쪽 사료를 살펴보면 『일본영이기』, 『삼보회사三寶繪詞』, 『부상략기』, 『금석물어집』, 『원형석서』, 『본조고승전』 등이 있다. 백제승 의각의 첫 기록은 9세기의 『일본영이기』를 시작으로 1702년의 『본조고승전』에 실리기까지 무려 880년이란 세월 동안 그 전승이 이어지고 있다.

1) 의각과 관련된 문헌

의각에 관한 기록은 전술한 바와 같이 『일본영이기』를 비롯하여 비교적 많은 문헌에 수록되어 있지만, 수록된 문헌 수에 견줄 때 그 내용은 대동소이하다. 먼저 가장 이른 시기의 사료인 『일본영이기』에 등장하는 의각의 기록을 살펴보자.

승려 의각은 원래 백제 사람이다. ㉠그 나라가 멸망하였을 때 일본은 오카모토궁에서 천하를 다스리던 사이메이천황 시대였는데, 그때 일본에 건너와서 나니와의 백제사(百濟寺, 구다라지)[203]에서 살고 있었다. 의각법사는 키가 7척[204]이나 되고 널리 불교를 공부하였으며 항상 반야심경을 외웠다. 당시 같은 절에 혜의라는 승려가 있었는데 밤중에 혼자서 나가 걷고 있었다. 언뜻 의각법사의 방을 보니 밝은 빛이 환하게 비추고 있어 이상히 여긴 혜의가 창호문에 몰래 구멍을 내어 들여다보았더니 의각법사가 단정히 앉아 경을 읽고 있었다. 그런데 그 빛이 바로 그의 입에서 나오는

---

203 '백제사百濟寺'라는 이름은 일본말로 구다라지, 햐쿠사이지 등 여러 가지로 불린다. 이름이 다양하게 불리듯 백제사라는 이름의 절은 일본땅 여러 곳에 존재했다. 현재 확인이 되는 '백제사百濟寺'는 5개사로 ① 햐쿠사이지(百濟寺): 시가현(滋賀縣) 소재, 현존. ② 구다라지(百濟寺): 나라현(奈良縣) 소재, 현존. ③ 구다라오데라(百濟大寺): 현 다이안지(大安寺)로 이름 바뀜, 나라현(奈良縣) 소재. ④ 구다라지(百濟寺) 현 간논지(觀音寺)로 바뀌었으며 백제승 의각이 머물던 절로 추정. 오사카시 도오시가바 소재. ⑤ 구다라지(百濟寺): 오사카 히라가타시 소재, 현재는 절터만 남았으며 특별지적 사적지로 관리되고 있다. 졸저, 『일본 속의 고대 한국출신 고승들의 발자취를 찾아서』, 인문사, 2013, pp.11~25.

204 1척尺은 약 30센티미터로, 7척이면 210센티미터다.

것이었다. 혜의는 놀라고 무서워서 다음날 자신의 죄를 참회하고 이 일을 절 안의 승려들에게 알렸다. 그러자 의각법사가 제자에게 "나는 지난밤 반야심경을 백 번 정도 외웠다. 그런 뒤 눈을 떠 보니 사방의 벽 밖으로 바깥이 내다보여 밖의 정원 안이 훤히 보였다. 나는 이것 참 이상한 일이라는 생각이 들어 방에서 나와 절 경내를 돌아보고 다시 돌아와 보니 이번에는 벽과 문이 모두 닫혀 있었다. 그래서 방 밖에서 반야심경을 외웠더니 이전과 마찬가지로 벽과 문이 투명하게 내다 보였다."라고 말했다. 이것은 바로 반야심경의 기이한 영험 때문이다. ⓛ찬하여 말한다. "위대하구나 석존의 제자인 의각이여. 많은 법문을 들어 지식이 넓고 불법을 널리 전하였으며 칩거하여 불경을 외웠도다. 심안이 열려 물질 안을 자유롭게 왕래하였고 그의 드러난 모습은 심오하고 고요하도 다. 어찌 동요하는 바가 있으리오. 방의 벽도 열려 통하고 밝은 빛이 나타나 비추는구나."[205]

ⓖ을 통해 의각이 백제 멸망기에 건너왔으며 그때가 백제 구원군을 보내던 사이메이왕(齊明天皇, 655~661) 때라는 점, 그리고 의각이 나니와(難波, 현 오사카)의 백제사(百濟寺, 구다라지)에 주석했다는 사실을 통해 단편적이나마 의각의 도일 전후의 상황을 살필 수 있다. 의각의 조국인 백제는 의자왕 660년 7월 나당연합군에게 나라를 빼앗 기고 비참한 최후를 맞이해야 했다. 660년 8월 2일 승자勝者인 신라의 태종무열왕은 당병唐兵을 위로하는 연회를 베풀었는데, 당시 기록에

205 『일본영이기』 상권 14화, p.66.

는 "왕과 소정방 및 제장은 당상에 앉고 의자왕과 아들 륭은 당하에 앉아서 혹은 의자왕에게 술잔을 나르게 하니 백제 좌평 등 군신은 슬피 울지 않는 자 없었다."[206]는 것을 통해 패자의 서글픔이 고스란히 느껴진다. 도성이 함락되고 왕과 태자를 비롯한 왕실가의 사람들이 당나라로 끌려가면서부터 백제 유민들의 이동은 시작되었다고 보아야 한다.

이 시기에 백제 유민들의 망명지는 주로 일본이었다. 그것은 6세기 이후 백제와 일본은 꾸준한 문물교류가 있었고, 특히 불교의 전수와 함께 승려들의 교류가 활발했던 터였기에 백제 멸망 후 백제 유민과 승려들의 도일은 자연스런 결과라고 보아야 할 것이다. 의각 역시 이 시기에 백제 유민들과 도일했을 것으로 보인다. 『원형석서』에는 의각의 도일 모습에 대해 '일본이 그 나라(백제)에 군사를 보내 (패하고) 돌아오는 길에 병사들을 따라왔다'고 하는 기록이 있지만 일본이 백제에 군대를 파견한 것은 백제 부흥을 위한 천지왕 때인 662년이므로 백제 멸망 때(660) 도일했다는 『일본영이기』와는 다소 차이가 있다. 당시 백제 유민들의 가장 큰 이동은 663년 9월 주유성 함락 때로, 궁예성에서 일본군 장수들과 모의하여 배를 타고 도일한 것이 가장 큰 규모였다.[207] 이러한 백제 유민들의 도일 행렬 속에 백제승 의각도

---

206 김부식 지음, 신호열 역해, 『삼국사기』 권5, 신라본기 5, p.124.

207 백제 유민의 수에 대해서는, 3,100명 설; 장인성, 「고대 일본에 전파된 백제 도교」, 『한국고대사연구』 55, 한국고대사학회, 2009, p.316. 4,000명 설; 이근우, 「일본열도의 백제 유민에 대하여」, 『한국고대사연구』 23, 2001, 한국고대사학회, p.38. 백미선은 『일본서기』 천지왕 4년(400명), 5년(2,000명), 8년(700명)을 들어 3,100명으로 보았다. 백미선, 「백제멸망기 渡倭 승려들의 활동과 사상」,

함께 건너간 것으로 추정되며, 이것은 백제 멸망 이전 승려들의 도일
양상과는 다소 다른 모습이다. 일본의 초대 승정이 된 관륵의 경우만
해도,

> 석釋 관륵은 백제국 사람이다. 삼론을 연구하고 아울러 외학에도
> 통했다. 스이코천황 10년(602) 겨울, 10월에 선발되어 일본으로
> 왔다. 칙명에 의해 원흥사에 주석하면서 우수한 사람을 골라 관륵
> 밑에서 배우도록 했다.[208]

는 기록에서 알 수 있듯이, 조정의 융숭한 대우를 받으며 맘껏 불법을
펼쳤지만, 의각의 경우는 조정과 인연 없이 홀로 반야심경의 영험력을
보이는 것으로 기술되어 있다. 백제 멸망기에 의각처럼 홀로 도일한
승려로는 홍제선사弘濟禪師[209]와 사미각종沙彌覺從[210] 등을 들 수 있다.

『한일관계연구』 41집, 2012, p.7.

[208] 『본조고승전』, pp.61~62.

[209] 홍제선사弘濟禪師는 백제국 사람이다. 백제의 전란 시에 비후지방(備後國) 미타니
군(三谷郡)에 사는 대령의 선조가 백제를 구하기 위한 원정군으로 파견되어
출정했다. 이때 서원하여 말하길 "만약 평안하게 돌아온다면 여러 신과 부처를
위해 절을 세울 것이다."고 하였다. 마침내 재난을 면하고 무사히 귀국하게
되었다. 『일본영이기』 상권 7화, pp.48~50.

[210] 9월 기해 초하루 계묘 백제가 달솔·사미각종 등을 보내었는데, 와서(어떤 책에는
도망해 와서 어려움을 고했다고 하였다) "금년 7월에 신라가 힘을 믿고 세를 이루어
서 이웃나라를 친하게 여기지 않고, 당나라 사람을 끌어들여 백제를 멸망시켰다.
임금과 신하가 모두 포로가 되고 백성들도 거의 없어지게 되었다. (중략) 무기가
전의 싸움에서 다 없어졌으므로 막대기를 들고 싸워 신라군을 물리쳤다. 백제군

의각이 도일해서 머문 나니와의 백제사百濟寺[211]는 현재는 관음사(觀
音寺, 간논지)로 바뀌어 있다. ⓛ을 통해서는 의각이 "많은 법문을
들어 지식이 넓을 뿐 아니라 불법에 대한 해박한 지식의 소유자"였음을
알 수 있다. 이어 984년에 완성된 『삼보회사』에 수록된 의각의 이야기
를 살펴보자.

의각법사라는 승려는 원래 백제국 사람이다. 그 나라(백제)가 멸망
했을 때 오카모토궁의 사이메이천황 때 건너와 나니와의 백제사(구
다라지)에 살았다. 키가 7척이었다. 널리 불법을 펴고 익혔으며
반야심경을 외웠다. 같은 절에 혜의[212]라는 승려가 있었는데 밤중에
혼자서 나가 의각의 방을 보니 밝은 빛이 환하게 비추고 있었다.

이 그 무기를 빼앗았으므로 얼마 후 백제군사들이 다시 날쌔져, 당이 감히
들어오지 못하였다. 복신 등이 드디어 같은 나라 사람들을 모아 함께 왕성을
지켰다. 나라 사람들이 그들을 높여 '좌평복신佐平福信, 좌평자진佐平自進'이라고
한다. 오직 복신만이 신기하고 용감한 꾀를 내어 이미 망한 나라를 부흥시켰다."
고 아뢰었다. 『일본서기』 ③권 권제26, p.234.

211 오사카 텐노지 도오가시바(大阪市 天王寺 堂ヶ芝町)에 있었던 백제사는 오사카시
교육위원회의 기록에 따르면 이 지역에서 나오는 유구 등을 볼 때 백제사로
추정한다고 했다. 현재는 관음사라는 이름의 절이 들어서 있다. 이 절에 대한
자세한 이야기는 졸저, 『일본 속의 고대 한국출신 고승들의 발자취를 찾아서』,
인문사, 2013, pp.11~25 참조.

212 의각법사의 신이神異 현상을 본 승려 '혜의'라는 이름은 『일본영이기日本靈異記』·
『원형석서元亨釋書』·『본조고승전本朝高僧傳』에서는 '혜의慧義'로 표기되어 있
고, 『삼보회사三寶繪詞』·『부상략기扶桑略記』에서는 '혜의惠義'로 표기되어 있
다. 그러나 『금석물어집今昔物語集』에서는 이름 없이 '어느 승려'로만 표기되어
있다.

좀 더 다가가 창호문에 구멍을 내어 보니 의각법사가 앉아서 경을
독송하는데 입에서 빛이 나왔다. 혜의가 놀라서 다음날 아침 사람들
에게 고하길 이상한 일이라고 했다. 의각성인[213]이 스스로 제자에게
말하길, "나는 지난밤 심경(반야심경)을 백 번 정도 외웠다. 그런
뒤 눈을 떠 보니 사방의 벽 밖으로 바깥이 내다보여 밖의 정원
안이 훤히 보였다. 나는 이상한 일이라는 생각이 들어 방에서 나와
절 경내를 돌아보고 다시 돌아와 보니 이번에는 벽과 문이 모두
닫혀 있었다. 그래서 다시 심경(반야심경)을 외웠더니 이전과 마찬
가지로 벽과 문이 투명하게 내다 보였다. 이것은 반야심경의 불가사
의다." 『일본영이기』에서 읽었다.[214]

위 기록은 『삼보회사』의 저자가 의각의 이야기를 『일본영이기』에서
읽었다고 밝힌 만큼 『일본영이기』의 내용과 별반 특이한 내용은 찾아
보기 어렵다. 한편 13세기 설화집인 『금석물어집』에도 의각의 이야기
가 수록되어 있다.

지금은 옛이야기지만 백제국에서 건너온 승려가 있었다. 이름을
의각이라고 한다. 그 나라가 멸망했을 때 일본에 건너와 나니와의
백제사(구다라지)에 살았다. 이 사람은 키가 7척이나 되었다. 널리

---

213 원문에는 "의각義覺 히지리(ひじり)"로 되어 있는데 히지리(ひじり)란 제국諸國을
돌아다니는 불교승을 말한다. 한편 히지리는 '日知り', 또는 '聖'과 같은 한자를
써서 태양의 사제자, 주술사를 뜻하기도 했으며 학덕이 높은 승려를 일컫기도
한다.
214 『삼보회사三寶會詞』 중권 7, pp.159~160.

불교를 공부하여 깨달음이 있었다. 항상 반야심경을 주야로 외우길 게을리 하지 않았다. 낮이나 밤이나 외웠다. 그때 같은 절에 한 승려가 있었는데 밤중에 방을 나가 걸어가려다가 의각이 있는 곳을 보니 빛이 났다. 승려는 이상히 여겨 가까이 가서 안을 들여다 보니 의각이 단정히 앉아 경을 독송하는데 입에서 빛이 나왔다. 승려는 이것을 보고 놀라워했다. 다음날 절의 승려들에게 이 이야기를 했다. 절의 승려들은 이 이야길 듣고 존귀하게 여기지 않는 사람이 없었다. 그때 의각이 제자에게 말하길 "나는 하룻밤에 반야심경을 일만 번 읽는다. 그런데 엊저녁에 반야심경을 독송하는 동안 눈을 뜨고 보니 사방의 실내가 빛으로 가득하였다. 내가 이상한 생각이 들어 방에서 나와 돌아보니 안에서 빛나던 광채가 사라졌다. 다시 방으로 들어가서 보니 사방문은 모두 닫혀 있었다. 정말 이상한 일이었다." ⓒ정말 이것은 평범한 사람의 일이 아니다. 반야심경 독송을 게을리 하지 않은 덕이다. 이 이야기를 들은 사람들은 반야심경의 영험을 믿고 성인의 덕행을 존귀하게 여겼다고 전해지고 있다.[215]

『금석물어집』(12세기)의 경우 『일본영이기』(9세기)의 내용을 크게 벗어나지 않지만 ⓒ의 찬贊 부분을 통해 찬자가 중요시하는 관점은 읽어 낼 수 있다. 여기서 찬자는 의각이라는 인물을 부각시키기보다는 「반야심경」의 독송을 게을리 하지 않은 공덕을 강조하고 있다. 그렇다고 하더라도 그게 하필 백제승 의각이었냐라는 관점에서는

---

215 『금석물어집』 ①권 권14 제32화, pp.484~485.

『금석물어집』에서도 의각의 신이神異를 인정하고 있다는 것을 눈여겨 볼 필요가 있다. 의각에 관련된 이야기는 그 밖에도『부상략기』[216]와 『원형석서』[217]에도 각각 수록되어 있는데, 이 사료들은『일본영이기』 의 범주를 크게 벗어나지는 않는다. 다만『본조고승전』(18세기)의 경우에는『금석물어집』과 같이 찬 부분(아래 ㉠)이 있어 찬자의 의도를

---

[216] 석의각은 원래 백제국 사람이다. 그 나라(백제)가 멸망했을 때 일본에 건너와 나니와 백제사(구다라지)에 살았다. 키가 7척으로 널리 불법을 펴고 익혔으며 반야심경을 늘 외웠다. 같은 절에 혜의라는 승려가 있었는데 밤중에 혼자서 나가 의각의 방을 보니 밝은 빛이 환하게 비추고 있었다. 좀 더 다가가 창호문에 구멍을 내어 보니 의각법사가 앉아서 경을 독송하는데 입에서 빛이 나왔다. 혜의가 놀라서 다음날 아침 사람들에게 고하길 이상한 일이라고 했다. 의각성인 이 스스로 제자에게 말하길 "나는 지난밤 심경(반야심경)을 백 번 정도 외웠다. 그런 뒤 눈을 떠 보니 사방의 벽 밖으로 바깥이 내다보여 밖의 정원 안이 훤히 보였다. 이상한 일이라는 생각이 들어 방에서 나와 절 경내를 돌아보고 다시 돌아와 보니 이번에는 벽과 문이 모두 닫혀 있었다. 그래서 다시 심경(반야심경)을 외웠더니 이전과 마찬가지로 벽과 문이 투명하게 내다 보였다. 이것은 반야심경의 불가사의다."라고 했다.『부상략기』, 사이메이천황, p.57.

[217] 석의각은 백제국 사람이다. 우리나라(일본)가 그 나라(백제)를 정복하고 군대가 귀환하는 길에 군사와 함께 왔다. 키는 7척이고 널리 불승佛乘을 연구했다. 나니와 백제사(구다라지)에 거주했는데 하루 저녁에 마하반야심경을 독송했다. 같은 절의 혜의가 한밤중에 의각의 방을 보니 광채가 났다. 혜의가 의심하여 창가에서 안을 들여다보니 의각이 경을 독송하고 있었는데 빛이 입에서 나오고 있었다. 다음날 아침 혜의가 중도衆徒들에게 이 사실을 전했다. 중도들은 놀랐다. 의각이 중도들에게 말했다. "나는 눈을 감고 100회 정도 경을 독송한 뒤에 눈을 떠서 사방을 보니 사방의 벽이 공동空洞이 되어서 밖의 마당이 다 보였다. 일어나서 손으로 만져보니 방문은 다 닫혀 있었다. 자리에 돌아와서 경을 독송하니 뚫려 있는 것이 처음과 같았다. 이것이 반야의 불가사의한 힘이다." 이는 사이메이왕 때 일이다.『원형석서』권제9, p.238.

엿볼 수 있다. 원문은 다음과 같다.

석釋의각은 백제국 사람이다. 우리나라(일본)가 그 나라(백제)에
군대를 보내고 돌아오는 길에 병사들을 따라왔다. 키는 7척이고
널리 불승佛乘을 규명했다. 나니와 백제사(구다라지)에 거주했는데
하루 저녁에 반야심경을 독송했다. 같은 절의 혜의가 한밤중에
의각의 방을 보니 광채가 났다. 혜의가 의심하여 창가에서 안을
들여다보니 의각이 경을 독송하고 있었는데 빛이 입에서 나오고
있었다. 다음날 아침 혜의가 중도衆徒들에게 이 사실을 전했다.
중도들은 놀랐다. 의각이 중도들에게 '나는 눈을 감고 100회 정도
경을 독송한 뒤에 눈을 떠서 사방을 보니 사방의 벽이 공동空洞이
되어서 밖의 마당이 다 보였다. 일어나서 손으로 만져보니 방문은
다 닫혀 있었다. 자리에 돌아와서 경을 독송하니 뚫려 있는 것이
처음과 같았다. 이것이 반야의 불가사의한 힘이다.'라고 말했다.
이후 중도들은 모두 정진에 힘썼다. ㉠찬한다. "정혜定慧[218]로 균등
하게 번뇌를 끊어 없앤다면 물物과 일치하게 되니 무슨 장애가
있을까? 보살과 나한이 삼천세계를 자유롭게 왕래하는 것이 모두
같은 이치다. 의각이 투시한 것은 모두 신성한 성지聖地의 이름이
다."[219]

---

218 정혜定慧란 마음을 한곳에 머물게 하는 선정禪定과 현상 및 본체를 관조하는
지혜를 아울러 이르는 말.

219 『본조고승전』 권제46, p.151.

『본조고승전』의 찬贊에 보이는 의각의 기록 가운데 몸에서 광채를 발하는 것에 대해 김승호는 백제승 일라日羅의 예를 들어 방광放光 모티브[220]로 설명하고 있다.

처음 민다츠(敏達) 12년 백제승 일라日羅가 일본으로 왔는데 몸에서 빛이 나오고 그 신이함을 헤아릴 수 없었다. 성덕태자가 허름한 차림으로 몇 아이들과 객관에 들어가 그를 보니 일라가 태자를 가리키며 '이 분은 신인神人이다'라고 했다. 태자가 옷을 바꾸어 입고 나가자 일라가 태자에게 무릎을 꿇고 '세상을 구하실 관세음보살에게 예를 올립니다. 동방의 율산국에 불법을 전해주시오'라고 했다. 태자가 조용히 감사하다고 말했는데 태자 역시 미간에서 빛을 뿜어내며 좌우에 말했다. '내가 진나라 있을 때 그 사람은 내 제자로 해와 하늘에 예를 올려 빛을 발하게 되었다'고 했다.[221]

김승호는 백제에서 바로 건너간 일라日羅가 법력이 아무리 높더라도 이국땅에서 자신을 알리기는 쉽지 않았을 것으로 보고, 자신의 비범함을 드러내기 위해서 이용되는 방광 모티브야말로 일라日羅 또는 의각을 일본인들에게 신승神僧으로 각인시키기에 필요한 요소일 것으로 보았다. 특히 의각의 신승적인 면모에는 반야심경 독송이라는 전제가 주어지는데, 이러한 방광 모티브는 중국보다는 일본 전승에서 많이 발견된다고 지적했다.

---

220 김승호, 앞의 논문, p.379.
221 『원형석서』권제15 성덕태자, p.309.

한편 『일본영이기』, 『금석물어집』, 『본조고승전』에 나타난 찬贊을 통해 의각이라는 인물을 대강 살펴볼 수 있는데, 찬자들이 갖고 있는 의각에 대한 인식은 의각의 지식이 넓고 크며 심안이 열려 있어 물질과 정신세계를 관통하는 지혜를 지닌 인물로 묘사하고 있다. 그러면서 의각의 모습은 심오한 경지에 이른 상태로 마음의 동요가 없이 고요함을 유지하고 있다고 했다. 또한 수행자로서 게으름을 피우지 않는 성실한 자세로 반야심경 독송에 몰두하여 '영험력'을 발휘할 수 있게 된 것으로 보고 있다. 나아가 보살과 나한이 삼천세계를 자유자재로 오고 가듯이 의각 역시 아무런 걸림 없이 신성한 경지에 오른 인물로 평하고 있음을 알 수 있다.

2) 충남 향천사에 남아 있는 의각 관련 자료

의각에 대한 한국쪽 기록은 충남 예산군 예산읍 향천리 57번지에 자리한 천년고찰 향천사香泉寺에 전해 내려오고 있다. 「향천사사적기香泉寺事跡記」에 따르면 이 절을 창건한 사람은 백제승 의각이다. 여기서는 향천사를 중심으로 한 의각의 국내 행적을 살펴보기로 한다.[222]

---

222 향천사 관련 기록은 2012년 4월 향천사 무현스님으로부터 필자가 직접 받은 것이다. 이 기록에는 향천사 지음, 「향기로운 샘물이 있는 절집 향천사 이야기」라는 제목 하에 「향천사사적기록香泉寺事跡記錄, 1937년」을 포함하여, 향천사 소재 문화재 목록, 문학작품 속의 향천사 등이 수록되어 있다. 이 책에서는 「향천사사적기香泉寺事跡記」로 약칭함.

(1) 「향천사사적기」에 있는 의각대사 행적

다음은 충남 향천사에 전해 내려오는 「향천사사적기香泉寺事跡記」에
소개되고 있는 향천사 유래다.

백제 의자왕 12년(652) 의각대사께서 신라 무열왕의 침입으로 나라
가 위태로워지자 일본에 원군을 청하기 위해 몸소 바다를 건너갔다.
대사께서는 백제사에 머물렀는데 그 모습이 장대하여 키가 8척[223]이
나 되었고 눈에서는 형형한 빛이 끊이질 않았다. 이에 일본인은
선승이라 일컬으며 정중히 모셨다. 대사께서는 일본인들에게 불법
을 전하기 위해 매일 밤 반야심경을 읊었는데 그때마다 오색찬란한
빛이 일어 대사를 휘감아댔다. 사람들이 신기해하며 바라보니 그
빛은 바로 대사께서 반야심경을 읊고 있는 입에서 흘러나오는
것이었다. 그 찬란한 빛은 벽을 투과해 대사로 하여금 안에서도
밖을 모두 바라볼 수 있게 하는 신통력의 근원이기도 했다. 대사께서
는 그 해에 당나라로 들어가 구자산에 5년간 머물며 석불 3,025위와
아미타불, 관세음보살, 대세지보살, 삼존상과 십육나한상을 3년간
에 걸쳐 조성하였다. 백제 의자왕 16년(656)에 평부사를 따라 귀국
할 때 조성한 불상을 돌배(돌을 운반하던 배)에 싣고 바다를 건너
백제 땅 오산현 북포해안에 도착했다. 이 포구에서 몇 개월 머무니
이곳을 석부포라 이르게 되었다(현 예산군 창소리). 대사께서는
불상을 모시기 위해 배 안에서 아침저녁으로 종을 치며 예불을
올렸는데 이때 종소리가 들려온 그곳을 가리켜 종경리라 이르게

---

223 일본쪽 사료에는 7척으로 되어 있다. 1척은 30센티미터.

되었다(현 신암면 종경리). 예불을 올리던 중 금까마귀 한 쌍이 날아와 대사의 주위를 빙빙 돌았다. 이에 대사께서는 예시가 있음을 알고 자리에서 일어나 금까마귀가 이르는 대로 따라갔다. 금까마귀는 대사를 오산현의 남산으로 이끌었다. 금까마귀가 사라진 산을 지금도 금오산金烏山이라 부르며 이곳에 사찰을 짓고 불상을 모신 것이 현재의 향천사다. 신라 문무왕 16년(676) 대사께서 입적하시니 그때 나이 78세였다. 다비를 하니 백여 리에 걸쳐 오색찬란한 빛이 하늘을 덮고 영험한 사리가 70여 과 나왔다. 사람들이 향천사 서쪽 산기슭에 탑을 세우고 10여 칸의 부도전을 짓고 부도를 모셨다.

이 기록에는 의각이 일본의 백제사로 건너간 목적을, 신라 무열왕의 침입으로 백제가 위태로워지자 일본에 원군을 청하기 위해 몸소 바다를 건너간 것으로 되어 있다. 그러나 『일본영이기』를 비롯한 일본쪽 사료에서는 백제승 의각을 반야심경 영험에 초점을 맞추어 기록하고 있을 뿐 일본 내에서의 기타 행적에 대해서는 다루지 않고 있다. 다만 도일 시기에 대해서는 『일본영이기』 등에서 사이메이왕(제37대, 재위 655~661) 때로 밝히고 있다. 그러나 「향천사사적기」에는 의각대사가 일본에서 다시 당나라로 건너가서 구자산에서 5년간 머물며 석불 3,025위와 아미타불, 관세음보살, 대세지보살, 삼존상과 십육나한상을 3년간에 걸쳐 조성하였다고 전한다. 그 가운데 일부를 귀국 시에 가져와 금까마귀의 안내로 금오산金烏山 아래 불상을 모신 것이 현재의 향천사라는 것이다. 또한 의각은 신라 문무왕 16년(676) 78세로 입적했다는 기록도 향천사 기록이 유일하다. 향천사에 관한 좀 더 자세한 이야기는 향천사 사적事跡에서 살피기로 한다.

(2) 향천사 사적事跡

아래 기록은 「향천사사적기」에 있는 내용이다. 이에 대해서는 첨삭
없이 '전문'을 그대로 옮긴다.

신라 신문왕 8년(688)에 백제의 고승 도장道藏[224]이 신라의 침입을
막기 위해 일본으로 원군을 요청하러 갔다. 이때 일본 땅에 가뭄이
들어 원정천황元正天皇의 청으로 기우제를 행하니 비가 내렸다.
이에 모두 놀라고 탄복하기를 '도장화상은 석가의 화신이요, 법문의
영수'라 칭하였다. 도장화상이 고국 백제로 돌아왔을 때는 이미
신라 땅이 되어 있어서 도장은 향천사와 송림사 두 절에 수년간
머물렀다. 그때 신라 효소왕(2년)에게 호소하길 '오산현 금오산은
호서의 명산으로 백제 때 의각대사께서 3,053위 불상을 당나라에서
돌배에 싣고 와 절을 창건했으나 지금 모든 것이 쇠퇴하고 부족한
편이니 이 절을 돌보아야 합니다.'라고 하여 백금을 하사 받았다.
이 일은 의각대사가 천불전을 불사하고 난 뒤 47년 만의 일로,
도장화상은 극락전을 비롯하여 동편에 관음전, 서편에 비로전과
동선당, 서선당, 향적전, 향설루 등의 불사를 마치고 나이 80에
입적하였다. 다비를 하니 사리 100과가 나왔고 탑묘는 금오산 서쪽

---

224 실제 백제승 도장에 대해서는 일본쪽 기록이 풍부하다. 그 가운데 이른 기록으로
『일본서기』를 들 수 있으며, '천무天武 12년 가을 7월 이 달에서 시작하여
8월에 이르기까지 가뭄이 계속 이어졌다. 백제승 도장이 기우제를 지내 비를
얻었다.'라고 하였다.『일본서기』③권 권제29, 천무 12, p.428.

기슭에 세우니 이때부터 향천사가 왕성하게 일어나 신도들이 구름 떼 같이 모여들었다. 이후 240여 년이 지나 고려 정종 원년에 나라에서는 개국사로 지정하여 불사리를 모시게 하여 곡식 7만 석을 하사하였으며 모든 사찰에 경학을 권장하였다. 또한 왕자를 비롯한 귀족들이 출가하여 승려가 되는 것을 제도화하였다. 향천사와 송림사는 유사 이래 호서지방의 굴지의 도량이 되었다. 그러나 조선의 개국으로 향천사는 급속히 사세가 기울기 시작하였다. 조선 태종 2년 서운관은 다음과 같은 상소를 올렸다. "선교 각 종의 승려가 재산을 다투어 부귀를 탐하니 심한 자는 주색에 빠져 백성들이 손가락질을 하지 않는 자가 없는 지경에 이르렀사옵니다. 저들의 소행이 이와 같으니 수만의 사찰과 승려가 있을지라도 어찌 나라의 안녕과 백성의 편안함을 도모할 수 있겠습니까?" 이에 전국 사찰 가운데 이름이 난 232개만 남기고 모두 문을 닫게 하였다. 폐사한 사찰의 재산과 토지는 모두 군자금으로 돌리도록 하고 노비는 벼슬아치에게 나누어 주도록 하였다. 승려의 수 또한 크게 줄이도록 하고, 남은 승려들은 232개 사찰에 나누어 머물도록 하였다. 다행히 이 와중에서도 청양의 장곡사, 대흥현의 송림사, 오산현의 향천사는 보존되었다. 그러나 조선왕조의 불교탄압으로 백성들의 출가 금지, 도첩 환수, 승과 폐지 등이 잇달아 사찰의 사세가 극도로 악화되기 시작하였다.

향천사가 더욱 피폐의 길을 걷게 된 것은 임진왜란 때였다. 풍신수길의 침략으로 영남이 초토화 당하고 도성이 함락 당하자 서산대사를 비롯한 승려들이 승병을 일으키게 되자 향천사의 멸운대사도 승려

50명을 이끌고 영규대사 휘하로 들어가 왜구를 맞아 격렬한 전투를 했다. 왜군과의 한판 싸움으로 공을 세운 멸운대사가 다시 향천사로 돌아와 보니 가람은 겨우 천불전만 남은 상태였다. 이때가 1596년이 었다. 멸운대사는 피나는 노력으로 향천사를 중건하였으나 의각대 사와 도장화상 때에 견주면 4분의 1 수준이었다. 이후 다시 병자호란 이 일어나 조선땅은 초토화되었고 향천사 역시 그 보전이 어렵게 되었다. 그러나 병자호란의 참화를 딛고 헌종 3년 계리선사의 노력 으로 일부 중창불사가 일었으나 숙종 18년(1684) 도적의 소행으로 12층 석탑이 소실되는 등 완전 폐허가 되고 말았다. 이후 간간이 이어지는 불사가 있어 절의 명맥을 이어오게 되었다. 그 뒤 철종 11년에는 영파대사가, 고종 23년에는 유겸대사가 천불전 등을 새로 지어 절의 명맥을 유지하였다. 이후 일제강점기에 들어 또다시 사찰은 운영이 어렵게 되었으나 명치 44년(1911) 박청웅대사가 아미타불, 관세음보살 등 3,053불의 불사를 일으켜 오늘에 이르고 있다. 그러나 명치 44년(1911) 9월부터는 조선총독부령으로 사찰 운영이 강제당하는 수모를 겪어야 했다.

위 기록처럼 향천사의 굴곡진 역사는 향천사에만 해당되는 이야기는 아닐 것이다. 특히 조선의 경우에는 숭유억불의 시대인데다가 임진왜 란이라는 뜻하지 않은 전란으로 인해 전국의 사찰은 거의 형태를 알아 볼 수 없을 정도로 파괴되고 피폐해지지 않았던가! 그러한 극한 상황에서도 그나마 오늘의 모습을 유지하고 있는 한국 사찰의 모습은 그야말로 부처의 가피 아니고는 달리 설명할 수 없을 것이다.

(3) 향천사 문화재

향천사에 전해오는 문화재로는 향천사 천불전[225]이 있으며, 천불전에는 3,053기의 불상이 있었으나 현재는 1,516기의 불상만 남아 있다. 또한 백제시대 것으로 추정되는 향천사 9층 석탑[226]이 있으며, 향천사 부도[227]가 천불전에서 서쪽으로 70미터 떨어진 곳에 2기 자리하고 있는데, 1기는 의각대사의 사리를 넣은 부도[228]이며 다른 1기는 임진왜란 때의 멸운대사 사리탑으로 전해지고 있다.

(4) 문학작품 속의 향천사

향천사의 이름이 등장하는 문학작품은 방영웅의 소설 『분례기』[229]와 표윤명의 『묵장』을 들 수 있다. 『분례기』에 나오는 향천사는,

---

225 충남지정문화재 자료 제173호, 1984년 5월 17일 지정.

226 충남지정문화재 자료 제174호, 1984년 5월 17일 지정.

227 충남지정문화재 자료 제179호, 1984년 5월 17일 지정.

228 충남 향천사의 의각대사 부도탑은 바닥 돌 위로 아래, 가운데, 위의 세 부분으로 이루어진 기단을 쌓고 둥그스름한 탑신의 몸돌을 올린 후 지붕돌을 얹은 구조로 8각의 평면을 기본으로 하고 있다. 아래 받침돌은 여덟 면의 모서리와 가운데마다 구슬을 이어 놓은 듯한 기둥 모양을 새긴 뒤 그 안에 무늬를 두었으며 윗면에는 연꽃무늬를 둘러 새겼다. 가운데 받침돌은 여덟 모서리에 기둥을 본떠 새기고 각 면마다 불교의 법을 수호하는 신들의 모습을 조각했다. 윗받침돌에는 아래받침돌과 대칭되는 연꽃을 새겨 장식해 두었다. 위로 들려 있는 지붕돌은 밑면에 일반 가옥에서 보이던 서까래를 가지런히 표현했고 윗면의 여덟 모서리마다 조각을 돌출되게 새겨 아름답게 꾸며 놓았다. 꼭대기에는 둥근 돌 위로 지붕모양을 한 머리 장식이 놓여 있는데 역시 조각을 두어 꾸몄다.

229 방영웅 지음, 『분례기』, 창작과비평사, 1997.

"똥예는 한 번도 쉬지 않고 두 고개를 넘어가 관작골이란 동네에
당도한다. 향천사는 산에 가려져 아직 보이지 않으나 여기서 조금만
더 걸어가면 향천사가 보인다. 똥예가 걷고 있는 앞길을 호랑나비가
날고 있다. 그러나 그 나비가 어디론가 사라지자 향천사 쪽에서
장고 소리가 들려온다."

는 내용이다. 한편 표윤명의 『묵장』[230]에는,

"도고산을 옆에 두고 덕봉산을 가로지르자 뾰쪽산이 눈에 들어
왔다. 향천사가 고즈넉이 자리하고 있는 산이다. 높지는 않으나
산세가 수려한 산이다. 얕으나 가볍지 않고 크지 않으나 무게를
지니고 있는 산이었다. 예산은 인심 좋고 물 좋은 땅이었다. 사람들
은 순박했고 마음이 넉넉했다. 물음에 언제나 인정을 앞세웠다.
향천사 가는 길을 묻는 낯선 선비의 물음에도 언제나 친절하게
답해주곤 했던 것이다."

는 부분에서 향천사가 등장한다.

  이상은 백제승 의각의 행적이 깃든 충남 향천사 기록을 소개한
것이다. 반야심경의 신통력을 지닌 의각의 기록은 일본쪽 사료 여러
곳에 남아 지금까지 전해지고 있지만 그의 출생이나 입적 그리고
도일 이후 오사카 백제사(百濟寺, 구다라지) 외에서의 행적에 대해서는

---

230 표윤명 지음, 『묵장』, 가쎄, 2010.

알려진 바 없다. 따라서 향천사의 기록들을 토대로 의각의 행적을 추적해 본다면 일본 문헌에 부족한 채로 남아 있는 백제승 의각의 일생을 재구성해 볼 수 있을 것으로 보인다. 다만, 향천사에 관한 기록은 「향천사사적기」 외에 다른 자료를 더 확인해야 하는 과제를 남긴다.

2. 『유마경』 설법으로 환자를 고친 백제 비구니 법명

1) 고대인의 질병 치료를 맡은 승려

어느 시대를 막론하고 인간이 살아가면서 피할 수 없는 것이 질병과의 맞닥트림이다. 고대 사회의 질병은 정치적으로도 중요한 과제였는데, 특히 역병과 같은 전염병이 돌게 되면 통치자는 바짝 긴장하지 않을 수 없다. 용수龍樹의 『대지도론』에 따르면 인간에게는 두 종류의 병이 있는데 하나는 외인병外因病이고 다른 하나는 내인병內因病에 의한 것이라 한다. 외인병이란 말 그대로 외적으로 나타나는 병으로 오한, 발열, 기갈, 염증, 팔다리가 부러지는 병 등을 말하고, 내인병이란 지·수·화·풍의 부조화에서 오는 병으로 불교의학에서는 이를 4대부조四大不調에 의한 것으로 보고 있다. 원인을 알 수 없이 앓게 되는 내인병의 경우 불교에서는 일찍부터 약사신앙으로 질병을 이겨내려는 노력을 보여 왔다. 일본의 경우 680년에 지토왕(持統天皇)이 병이 났을 때 남편인 덴무왕(天武天皇)은 지토왕의 병을 낫게 하기 위해 약사사藥師寺[231]를 건립하고 백 명의 승려로 하여금 기도하게 하여 병을 낫게 한 적이 있는데 이것도 약사신앙의 흔적으로 볼 수 있다.

한편『잡아함경』과『불본행집경佛本行集經』에는 하고라, 셈바, 안트레아, 쟈나카와 같이 실제로 명의의 이름이 거론되고 있는데, 특히『수행도지경修行道地經』에는 정신과, 외과 등 전문분야별 의사 이름이 등장한다. 그러나 이들 불경을 통한 환자 치료는 어디까지나 불법佛法과 접하는 하나의 매개 수단으로 이용되어야 할 뿐 혹시 모를 재산을 늘리는 수단으로 이용되는 것은 금지되어 있다.[232] 이처럼 고대인들은 일단 병이 발생하면 불교적 행위에 의해 치료하는 것을 우선으로 쳤는데, 질병 치료의 전면에 승려가 등장하는 것은 그들이 지닌 영험력에 대한 믿음이 컸기 때문이다. 특히 헤이안시대의 대표적인 질병인 모노노케(物の怪)[233]나 역병 등은 약으로 치유하기보다 승려나 음양사陰陽師들의 가지기도加持祈禱[234]를 통해 낫는다고 생각했다.

한국의 경우에도『삼국유사』에 승려들의 질병 치료 설화가 보이는

---

231 "癸未十二, 皇后體不豫. 則爲皇后誓願之, 初興藥師寺. 仍度一百僧. 由是得安平. 是日, 赦罪."『일본서기』③권, 천무 9년 11월, p.402.

232 오다 스스무(小田晋),「불교와 의학(佛教と醫學)」,『佛教と日本人』, 春秋社, 1989, pp.276~290.

233 모노노케(物の怪)란 일본의 고전이나 민간신앙에서, 사람에게 씌어 병에 걸리게 하거나 죽음에 이르게 한다는 귀신, 사령, 생령 등의 넋을 말하며, 헤이안시대 문학작품에 자주 등장한다. 의술이 발달하지 않던 시절 특히 승려나 수행자들은 기도를 통해 모노노케를 쫓아내어 질병을 치료하는 경우가 많다.

234 가지기도加持祈禱란 부처의 힘을 빌려 질병, 재난, 부정 따위를 막기 위한 기도를 말하며 성덕태자가 아버지 요메이왕(用明天皇)을 위해 법륭사法隆寺를 건립한 것이나, 덴무왕이 왕비인 지토왕(持統天皇)을 위해 약사사藥師寺를 건립한 것 등도 가지기도를 위한 것이라고 볼 수 있다. 이러한 가지기도는 밀교 전래 이후인 헤이안시대 이후에 성행하게 된다.

데, 『삼국유사』 흥법 제3 '아도가 신라불교의 기초를 닦다' 편에는 눌지왕 때 사문 묵호자가 위독한 왕녀의 병을 치료하기 위해 향을 사르며 서원을 하게 함으로써 낫게 했다는 이야기가 있으며,[235] 의원의 치료에도 차도가 없던 왕의 질병을 원광법사가 왕에게 계를 주어 치료하기도 하고,[236] 승려 혜통은 당나라 황실의 공주의 병을 주문으로 낫게 하는 등[237] 질병 치료 설화에 승려들의 활약이 두드러지고 있음을 알 수 있다.

승려가 질병 치료에 등장하는 일본의 설화로 『일본영이기』 상권 8화에 '귀가 들리지 않는 사람이 방광경전方廣經典에 귀의하여 공경하고 그 보답을 얻어 두 귀가 들리게 된 이야기'도 그 한 예다.

오와리다궁에서 나라를 다스린 스이코천황 시대에 기누누이노토 모노 미야쓰코요시미츠(衣縫伴造義通)라는 사람이 있었다. 갑자기 중병에 걸려 두 귀가 들리지 않게 되고 악성 종기가 전신에 생겼는데 오랫동안 낫지 않았다. 그래서 요시미츠는 '이 병은 전세에 지은 죄의 업보 때문이지 단지 현세에 지은 업보 때문만은 아닐 것이다. 그러니 오래 살아서 다른 사람에게 미움을 받느니 차라리 선행을

---

235 『譯註 三國遺事』「5권」, 興法 제3 '阿道基羅', 한국정신문화연구원, 이회문화사, 2002, p.35.

236 위의 책 「4권」, 義解 제5 '圓光西學', p.41.

237 혜통의 당나라 공주 치료법을 보면 "흰 콩 한 말을 은그릇에 넣고 주문을 외웠더니 갑자기 갑옷을 입은 신병神兵으로 변하여 병마를 쫓았는데 이기지 못하자 다시 검은콩 한 말을 금그릇에 넣고 주문을 외워 마침내 교룡蛟龍을 쫓아내어 병이 나았다."고 한다. 위의 책 「4권」, 神呪 제6 '惠通降龍', p.219.

쌓아 후세의 해탈을 기원하며 일찍 죽는 것보다 나은 일이 없을
것이다'라고 생각하고 마당을 깨끗이 쓸고 불당을 장식한 뒤 의선사
義禪師를 초청하였다. 그리고 먼저 몸을 깨끗이 향수로 씻어 내고
『방광경』을 읽으면서 일심으로 기원하였다. 그러자 신기한 영감을
느껴 선사를 향해 '방금 저의 한쪽 귀에 한 보살님의 이름이 들렸습니
다. 그러니 선사께서는 고생스럽겠지만 보살님께 더욱 기원을 드려
주십시오'라고 했다. 그래서 선사가 더욱더 참배를 드리자 한쪽
귀가 이미 잘 들리게 되었다. 요시미츠는 매우 기뻐서 계속 참배
드릴 것을 부탁하였다. 선사가 거듭 독경과 참회를 계속하니 양쪽
귀가 들리게 되었다.[238]

위 이야기는 『방광경』의 영험으로 들리지 않던 귀가 들리게 되었다
는 치료담인데, 주문呪文에 의한 치료담도 『일본영이기』 상권 31화에
보인다.

"때에 종삼위에 있던 구리다조신의 딸이 있었는데 아직 남자와
관계한 적이 없는 미혼이었다. 그 딸이 히로세 집에서 갑자기 병이
나서 자주 고통스러워했지만 치료할 방법이 없었다. 구리다조신은
백방으로 사람을 보내어 병을 치료해줄 선사와 우바새를 찾았는데
우연히 동인東人을 만나게 되었다. 그래서 극진히 예우를 하고
주문을 외워 몸을 보호하게 했더니 구리다조신의 딸은 주문의
영험에 의해 병이 낫게 되었다.[239]

---

238 『일본영이기』 상권 8화, p.52.

그뿐만 아니라 『원형석서』 권제10의 '무동사(無動寺, 무도지) 상응相應'에도 치료승의 이야기가 수록되어 있는데, 몬도쿠왕(文德天皇, 827~858)의 왕비가 미친병에 걸렸을 때 무동사無動寺 승려 상응이 궁궐에 들어가서 주문으로 왕비의 미친병을 낫게 했다는 이야기 등 승려의 치료담은 심심치 않게 등장한다.

물론 이러한 주문呪文이나 불경의 독송으로 병을 치유하는 방법도 있었으나 기본적으로 고대 불교에서는 포교 목적을 겸해 승려들이 불교의학을 익히는 것은 극히 자연스러운 현상이었다. 이를 뒷받침하는 것이 불전에 보이는 약물들이다. 불전 가운데 율부에는 의술에 관한 내용이 많이 포함되어 있는데, 인도에서 발달한 불교의학은 당시 승려들의 집단생활과 깊은 관련이 있다고 할 수 있다. 승려들의 집단생활에서 발생하기 쉬운 질병을 예방하고 고행으로 인해 발생하는 질병을 치유하는 것은 불교가 당면한 중요 과제였으며, 이러한 가운데 의술이 발전하게 된 것이다. 특히 의술과 계율은 밀접한 관계에 있었는데, 당시 중국에 건너온 인도 승려들이 주금呪禁, 침, 쑥뜸(艾灸)과 같은 의술을 기본적으로 익히고 있었던 것을 보면 알 수 있다.

백제에 영향을 준 중국의 불교의학은 의술적인 면을 포함하여 주술적인 면을 강조하는 도교와도 밀접한 관련이 있었다. 특히 이 분야에 유명한 우법개于法開[240]는 도교와 불교를 융합한 의술을 베푼 인물로

---

239 『일본영이기』 상권 31화, p.103.
240 "진晉 나라의 우법개于法開 스님은 기파의 의술에 정통하였다. 우법개 스님은 걸식하러 어느 집으로 자진하여 들어섰다. 주인 집 안에 들어서서 주위를 살펴보니 여러 의사들의 치료를 받고도 아무 소용이 없어 위급한 상황에 놓여

알려져 있다. 백제 성왕 19년(541)에 양나라에『열반경』등의 경전과 의공화사醫工畫師를 요청한 것으로 보아 중국과 백제 사이에 불교의술의 교류가 활발했음을 알 수 있다.[241] 백제에 주금사가 있었다는 것은 『일본서기』기록을 통해서도 알 수 있다.『일본서기』에는 백제 위덕왕 24년(577)에 주금사를 파견했다는 기록이 보인다.

  겨울 11월 경오 초하루 백제 국왕이 돌아오는 사신 대별왕 등에게 딸려서 경론 약간 권과 율사·선사·비구니·주금사·조불공·조사공의 6명을 보내 나니와의 대별왕사大別王寺에 거주케 했다.[242]

  백제는 주금사를 파견할 때 율사, 선사 등과 함께 파견했는데, 이러한 승려들은 모두 전문분야의 수행승이라고 할 수 있다. 이에 대해 길기태는 전문적인 수행승이란 교육을 받았다는 것을 뜻하며, 이를 통해 백제에는 주금사를 배출하는 전문 시스템이 갖춰져 있던 것으로 추정할 수 있다고 했다.[243] 일본 조정에서 이미 백제의 의승이나

있는 임신부를 보았다. 온 집안 식구들이 걱정하며 놀라서 당황할 즈음에 우법개 스님은 '제가 쉽게 치료할 수 있습니다'고 말했다. 주인은 흠 없는 양을 잡아 사신邪神에게 제사를 지내려고 하였다. 우법개 스님은 먼저 소량의 고깃국을 취하고 임신부에게 침을 놓았다. 잠시 후 양막羊膜 속에서 아기가 나왔다." 『고승전』제4권, 의해, 우법개, 동국대학교 역경원, 1998, p.138

241 『남사南史』7, 양무제梁武帝·대동大同 7년 12월 "百濟求 涅槃等経疏及医工畫師 毛詩博士等 許之"

242 『일본서기』②권 권제20, 민다쓰기(敏達紀) 6년 11월, p.476.

243 주금사에 관한 불교의학적인 측면에서 접근한 연구서로는 吉基泰,「百濟의

주금사呪噤師들이 인정받고 있던 것으로 보아 전문적인 교육에 대한 추정은 가능하다는 생각이다. 『겐지모노가타리(源氏物語)』의 다음 예를 통해 백제의 의술 관련 사항을 엿볼 수 있다.

고승은 부적으로 독고獨鈷[244]를 드렸다. 이를 본 승도는 성덕태자가 백제로부터 입수해둔 금강자의 염주에 옥을 장식한 것을 그 나라에서 들어온 당나라 풍 상자에 담되 투명한 보자기에 싸서 다섯 잎의 소나무 가지로 묶고, 한편으로는 감색의 보석 상자에 여러 가지 약을 넣어 등나무와 벗나무 가지로 묶어 이러한 때에 어울리는 갖가지 선물을 바쳤다.[245]

실제로 백제에는 질병 치료에 뛰어난 승려와 여러 의약술이 발달해 있었는데, 위 이야기도 이를 입증하는 하나의 예다.

呪禁師와 藥師信仰」,『新羅史學報』第6號 , 2006; 金斗鍾,『韓國医學史』, 探求堂, 1981; 李奎植,「韓國古代医學の史蹟考察」,『圓光保健專門大學論文集』第8集, 圓光保健專門大學, 1985; 孫弘烈,「三國時代の仏教医學」,『韓國仏教文化史思想 卷上』, 伽山李智冠甲華甲紀念論叢, 1992; 孫弘烈,「韓國古代の医療制度」,『韓國漢医學研究院論文集』第2卷, 第1号, 韓國漢方医學研究院, 1996; 張寅成,「古代の韓國人の疾病觀と医療」,『韓國古代史研究』20, 韓國古代史學會, 2000 등이 있다.

244 독고獨鈷란 밀교에서 사용하는 불구의 하나로, 양끝이 뾰족한 (한 갈래로 된) 철 또는 동제의 금강저金剛杵를 말한다.

245 『겐지모노가타리(源氏物語)』 ①권 「若紫」.

2) 치료승으로 이름을 떨친 백제 비구니 법명

흥복사의 치료승으로 이름을 떨친 백제 비구니 법명(法明, 호묘)은 의자왕 16년인 656년에 일본으로 건너갔다. 『원형석서』와 『정사요략政事要略』에 따르면, 법명은 도일한 이듬해 『유마경』 문질품을 독송하여 중병에 걸린 후지와라 가마타리(藤原鎌足, 614~669)를 완치시켰다고 한다.[246] 또한 『협주보제심집夾註菩提心集』에 따르면 법명은 가마타리의 집정시에 일본 대마도로 건너가 『유마경』을 독송했으며 불경 18권을 전해주었다는 기록이 있다.[247] 법명이 가마타리를 치료해서 세인들로부터 칭송을 얻게 되었다는 이야기가 실린 문헌[248] 가운데 『금석물어집』에 수록되어 있는 내용을 살펴보면 다음과 같다.

산계사(山階寺, 야마나시데라)에서는 해마다 유마회가 전해오는데, 유마회는 후지와라 씨의 제삿날 행해오는 풍습이다. 이 법회의 기원은 후지와라 씨가 중병에 걸렸을 때로 거슬러 올라간다. 백약이 무효하자 후지와라 씨는 백제에서 온 비구니 법명을 초대하여 백제국에도 자신과 같은 병에 걸린 사람이 있는지 물었다. 법명이 백제에도 그런 병에 걸린 사람이 있다고 하자 후지와라 씨는 그 병을 어떻게 해서 치료할 수 있는지를 다시 물었다. 그러자 법명은 이 병은 약으로도 안 되고 의사도 치료할 수 없는 병으로 오로지

---

[246] 『원형석서』 권제18, pp.345~346, 『정사요략政事要略』 제28권, p.95.

[247] 이향순, 『비구니와 한국문학』, 예문서원, 2008, pp.16~17.

[248] 백제 비구니 법명이 수록되어 있는 문헌으로는 『금석물어집』 외에 『부상략기』, 『삼보회사』, 『원형석서』, 『정사요략』 등이 있다.

한 가지 방법이 있는데, 그것은 유마거사 상을 만들어 봉안한 뒤
『유마경』을 독송하면 나을 수 있다고 말해준다. 이에 후지와라
씨는 즉시 집안에 유마거사 상을 만들어 『유마경』을 독송하도록
법명을 강사로 모셔 문질품問疾品을 강설하자 후지와라 씨의 병이
즉시 나았다.[249]

『금석물어집』의 위 설화는 원래 제목이 「산계사의 유마회 이야기(於
山階寺行維摩會語)」로, 찬자가 흥복사에서 행하게 된 유마회의 유래를
알리고자 기록한 것으로 보인다.[250] 흥복사의 유마회는 약사사의 최승
회最勝會와 궁중대극전의 어제회御齋會와 함께 당시 나라불교를 대표
하는 3회三會로 일컬어진 불교 행사다. 이 3대 불교 행사의 하나인
유마회의 유래 속에 백제 출신 비구니 법명이 당당히 등장하고 있는
것이다. 나라(奈良) 정치의 거물급 인사인 후지와라 가마타리(藤原鎌
足)는 고토쿠왕(孝德天皇, 36대, 재위 645~654), 사이메이왕(齊明天皇,
37대, 재위 655~661), 덴지왕(天智天皇, 38대, 재위 668~672)에 이르는
동안 주군으로 모시면서 정권 실세의 맨 앞자리에 있던 인물이다.
그런 그가 약으로도 안 되고 의사의 치료로도 낫지 않는 중병에 걸려
마지막 보루로 여긴 사람이 비구니 법명이었던 것이다. 조정에서

249 『금석물어집』 ① 권 권12의 3화, pp.161~162.

250 권12의 3화 제목이 「산계사山階寺의 유마회 이야기(於山階寺行維摩會語)」라는
것만 봐도 알 수 있다. 제목의 산계사山階寺는 법상종의 대본산으로 천지 8년(669)
에 아스카에 창건했다가 수도를 나라로 천도할 때 현재의 터로 이전(710)하면서
흥복사로 이름을 바꾸었으며, 남도칠대사南都七大寺의 하나로 동대사와 함께
나라의 고찰로 자리 잡고 있다.

법명을 초청했을 때 이미 법명은 치료승으로 이름을 날리고 있었던 것으로 여겨지며, 『원형석서』에 그를 입증하는 이야기가 전하고 있다.

비구니 법명은 백제 사람이다. 사이메이천황 2년(656)에 내신 가마타리 무라지[251]가 병을 앓았는데 온갖 처방에도 낫지 않았다. 이에 법명이 아뢰길, 『유마힐경』은 아주 좋은 경전이니 이를 독송해보는 게 좋겠다고 하자 천황이 허락하여 독송하였는데 채 독송이 끝나기도 전에 병이 나았다. 천황과 신하들이 아주 기뻐하였다. 찬하여 이르길, 동진에는 도형이라는 비구니가 있어서 『유마경』을 강설하면 듣는 이들이 구름처럼 모였다고 한다. 따라서 비구니의 강설이 중요하다. 법명이 한 번 더 독송하자 다 읽기도 전에 고질병이 다 나았으니 그 효험이 어찌 도형보다 못하겠는가? 그로부터 담해공[252]은 식규장에 유마회를 만들었고 흥복사로 옮기고 나서는 지금까지 더욱더 번성하였다. 참으로 법명이 남긴 아름다운 자취다.[253]

『원형석서』를 쓴 고칸시렌은 치료승의 입장에서 법명의 영험을 소개했다. 그러면서 법명이 결코 중국 동진의 비구니 도형道馨에 뒤지지 않는다고 당당하게 법명의 영험력을 쓰고 있다.[254] 그런데 문제는

251 후지와라 가마타리(藤原鎌足)를 일컫는다.
252 담해공淡海公은 후지와라 가마타리(藤原鎌足)의 아들 후지와라 후히도(藤原不比等)의 호이며, 그는 헤이안시대 후지와라 가문의 번영을 이끈 인물이다.
253 『원형석서』 권제18, p.346.
254 사정이 이러한데도 『원형석서』에 그려진 여성과 불교를 다룬 에비사와 사나에(海老澤早苗)의 논문에서는 당시 치료승으로 이름을 날리고 있던 백제 비구니

후지와라 가마타리가 죽은 뒤에 탈이 생겼다. 후지와라는 발병 뒤에 비구니 법명으로부터 씻은 듯이 병을 치료받고 55살로 생을 마감하기 전까지 열심히 유마회를 정성껏 봉행했다. 그러나 그가 죽고 난 뒤 유마회는 중단되고 말았는데, 그만 아들 후히도(不比等)도 아버지가 앓던 병에 걸린 것이다. 아버지 후지와라 가마타리가 죽었을 때 그의 아들 후히도는 겨우 10살의 나이였기에 유마회를 이어갈 수는 없었을 것이다. 가마타리의 사후 이야기를 『금석물어집』에서 살펴보자.

(백제의 비구니 법명의 기도로 병이 씻은 듯이 치유된 후지와라 가마타리는) 기뻐하며 법명을 극진히 모시면서 유마회를 한 해도 거르지 않고 이어가다가 천수를 다하고 죽었다. 그러나 그가 죽자 유마회는 그만 단절되어 버렸다. 가마타리의 아들은 아직 어렸으므로 유마회를 계속해서 할 수가 없었다. 그러나 아들이 커서 아버지에 버금가는 지위에 오른 어느 날 그만 손이 마비되는 병에 걸렸다. 약을 써도 차도가 없자 점쟁이한테 물었다. 점쟁이는 유마회를 중단한 탓이라는 점괘를 알려줬다. 이에 다시 유마회를 재개하려고 뛰어난 승려를 찾은 결과 (신라 출신으로 당 유학승인) 관지법사가 천거되었다. 가마타리의 아들은 관지법사를 정중히 초대하여 흥복사에서 유마회를 열게 하는데, 이 날은 관내의 승려들과 학자들을 대거 초청하여 성대한 의식을 치루고 참석자들에게 후한 보시를

법명에 관한 언급은 없다. 에비사와 사나에(海老澤早苗), 「원형석서에 그려진 여성과 불교(『元亨釋書』に描かれた女性と仏教)」, 『駒澤大學佛教學部論集』第三十六號, 2005, pp.213~223.

했다.[255]

자칫『금석물어집』의 이 이야기를『유마경』독송의 공덕으로 치부해
버릴 수도 있을 것이다. 그러나 그렇게 쉽게 찬자의 의도대로 설화가
읽히는 것은 아니다. 이 이야기는 단순한 유마회의 유래로만 볼 수
없는 요소가 있는데, 후지와라 가마타리의 사후 아들 후히도가 병들었
을 때 신라 출신 관지법사觀智法師가 등장하는 부분이 바로 그 점이다.
만일 아무에게나 유마회를 맡겨도 되었다면 구태여 신라승 관지법사
이름을 끼워 넣을 필요는 없었을 것이라는 생각이다. 그것은 백제
비구니 법명이『부상략기』,[256]『금석물어집』,『원형석서』에 등장하는
경우도 마찬가지라고 본다.『금석물어집』의 찬자 역시 법명과 관지법
사의 이름을 그 출신국과 함께 남겼다. 따라서『금석물어집』의 찬자에
게 이들 치료승의 이름은 어떤 식으로든지 유의미한 작업이었을 것이
라고 보는 것이다. 이러한 사실은『삼보회사』를 보면 더욱 확실해진다.
『삼보회사』하권 28화에도 '산계사 유마회山階寺維摩會'가 수록되어
있지만 백제 비구니 법명의 이름은 보이지 않는다.

---

255 『금석물어집』① 권 권12의 3화, pp.162~163
256 사이메이천황 동년(656) 내신 나카토미노 가마코무라지(후지와라 가마타리)가
깊은 중병에 걸렸다. 천황이 매우 근심하여 백제 선승 비구니 법명에게 말하길
"『유마힐경』인문질품은 질병을 치유하는 법문이니 환자에게 이를 독송하라"고
한즉(병이 나아) 천황은 크게 기뻐하였다. 법명은 이를 열심히 독송하여 나카토미
의 병은 치유되었다. 나카토미는 감복하였으며 이듬해(657) 야마시나도원에
정사를 짓고 어제회를 열었는데 이것이 곧 유마회의 시초였다.『부상략기』,
사이메이천황 2년, pp.56~57.

옛날에 대신 (후지와라) 가마타리가 야마시로 우지마을의 스이하라 집에 머물렀다. 오래도록 몸에 병이 있어 공무를 보지 못했다. 그때 ㉠백제의 비구니가 있어 가마타리 집에 (초대되어) 갔는데 가마타리가 묻기를 '너희 나라에 이러한 병자가 있냐'고 했다. 비구니가 대답하기를 '있다'고 했더니 다시 묻길 '어떻게 고칠 수 있냐'고 했다. (비구니)가 답하길 '유마힐의 형상을 만들어 유마경을 독송하면 바로 나을 수 있다'고 했다.[257]

『삼보회사』의 경우 위 ㉠내용처럼 비구니 법명의 이름이 빠진 채 단순히 '백제의 비구니'라고만 처리하고 있다. 이후 『금석물어집』에서는 가마타리의 아들 후히도가 다시 발병이 나서 신라의 관지법사를 초청하여 유마회를 재개하는 것과 달리 『삼보회사』에서는 『유마경』의 공덕만으로 이야기를 마무리 짓고 있다. 『삼보회사』 찬자에게 있어서 백제 비구니 법명은 그리 중요한 문제가 아닐 수도 있다. 역으로 생각한다면 『삼보회사』 외의 사료에서 어떤 이유에서이건 비구니 법명의 이름을 싣고 있는 것으로 보아 법명의 역할은 어느 정도 인정받고 있었음을 알 수 있다. 설화에 등장하는 승려의 이름이건 천황의 이름이건 『삼보회사』에서는 모두 생략하고 있다. 아래 두 설화의 기술을 보자.

지금은 옛이야기지만 ㉡다카노히메천황이라는 분이 계셨다. 성무천황의 따님이다. 여자의 몸이지만 학문이 뛰어나고 한시문에도

통달했다. (중략) 대극전을 꾸며 정월 8일부터 14일까지 7일 낮밤을, 낮에는 『최승왕경』을 강설하고 밤에는 길상참회를 행했다.[258]

ⓒ『최승왕경』은 말하자면 천황이 이 경을 독경하면 천황이 항상 즐겁고 백성 또한 괴로움이 없다.[259]

나라불교를 대표하는 삼회三會 가운데 어제회御齋會의 경우에도 『금석물어집』의 ⓛ예에는 '다카노히메천황(高野姫天皇)'의 이름이 나오지만 ⓒ『삼보회사』에는 이름을 거명치 않고 단순히 '천황'으로 처리하고 있다. 『삼보회사』가 불법 흥륭을 위한 점에 초점을 맞춰 기술하고 있다고는 하지만 『삼보회사』(984년)보다 후대 사료인 『부상략기』(11세기), 『금석물어집』(12세기)에는 치료승으로서 백제승 법명과 신라승 관지법사라는 인물의 이름도 실어주고 있는 것에 주목해야 할 것이다. 이러한 기록을 통해 고대 한국 승려들이 일본에서 활약한 사실을 확인할 수 있기 때문이다.

한편, 백제 비구니 법명에 버금가는 인물이 신라에도 있었는데 바로 신라 비구니 이원(理願, ?~735)이다. 이원은 714년 11월 11일 김원정 등 신라 사신 20명과 함께 도일하여 불법을 교화하다가 귀국하지 않은 채 일본에서 735년에 입적했다. 이원의 도일 목적에 대해서는 자세한 자료가 없어 알기 어렵지만, 이원은 도일 후 고급 관료인 오오토모노 야스마로(大伴安麻呂) 집에 기거했다는 기록이 있다. 그때

---

258 『금석물어집』 ①권 권12의 4화, p.164.
259 『삼보회사』 하권 2, p.221.

그의 부인이 병이 들어 치료승 역할을 한 것으로 추정된다. 그것은
오오토모노 야스마로의 딸인 오오토모노 사카노우에노이라츠메(大伴
坂上郎女)가 이원의 죽음을 알리기 위해 치료차 잠시 온천에 가 있는
어머니에게 쓴 편지를 통해 유추해 볼 수 있다. 이원은 일본 최고最古의
고전시가집인 『만엽집萬葉集』권3에 그 이름이 남아 있는데 시인인
오오토모노 사카노우에노이라츠메가 외로운 타국에서 고국 신라를
그리다가 입적한 신라 비구니 이원을 추모하며 지은 2수의 시 속에
들어 있다.[260]

그런데 이원理願과 관련하여 흥미로운 사실이 하나 있어 여기에
밝혀둔다. 그것은 다름 아닌 신라 비구니 이원을 일제강점기 총독부가
'내선일체용으로 활용하라'는 교과 지침을 내리고 있다는 사실이다.[261]

---

260 마쓰다 히로시(松田浩)는 "『만엽집萬葉集』에는 소문이라든가 항간에 나도는
이야기를 노래로 읊은 시 31수가 전한다. 이들 대부분은 사랑에 관련된 주제인데
유일하게 신라 비구니 이원理願의 죽음을 노래한 것이 2수 있다."고 했다.
마쓰다 히로시(松田浩), 「만요 속에 나오는 사람들의 말(萬葉の人言)-비구니
이원반가를 기점으로(尼理願挽歌を 起点として)」, 고대문학에 있어서의 풍문(古代
文學における 風聞), 『日本文學』, 日本文學協會編 1952, pp. 22~23. 이밖에도
고국 신라를 떠나 일본땅에서 입적한 이원을 그리는 시에 대한 연구는 아사노
노리코(淺野則子), 「반가에 맡긴 자기(挽歌に託した自己): 이원반가가 추구하는 것
(理願挽歌の求めたもの)」이 있다. 『別府大學大學院紀要』, 別府大學研究出版委
員會編. 1999, pp.1~7. 또한 일제강점기 安藤乾幽(경성보성고등보통학교교사)의
「만요슈에 나타난 신라 비구니 이원에 대한 일고찰(萬葉集に表はれたる「新羅尼理
願」に對する一考察)」〔조선 1933, 9월 (220호)〕도 있는데, 이는 식민지 내선일체용
의 근거로 활용한 것으로 보인다.

261 『해외사료총서』 15권 「일본소재 한국사 자료 조사보고 III」, 1941.

교사의 구체적인 교수 방침으로는, "칙어 및 조서의 성지聖旨를 철저하게 교육시키되, 학생들이 구독하는 신문, 잡지, 서적 등을 조사하여 그에 적당한 지도를 할 것, 식민지 조선의 실정에 맞는 적절한 자료 활용" 등을 제시하고 있다. 다음으로는 각 과목별로 "교수세목敎授細目"을 도표로 나타내되 예컨대 제5학년 2학기의 국어시간(매주 2시간, 일본어가 국어임)에 3주차 수업이 이루어지는 "신라의 승니尼僧"에서는 "상고 내선융화의 한 예로서 이원니理願尼로 알릴 것"이라고 구체적인 교수 방법이 적시되어 있다.

결론적으로 신라 비구니 이원理願은 714년(도일시기) 인물이고, 백제 비구니 법명法明은 656년에 도일하고 있는데다가 서로 국적도 다르다. 그러나 백제 비구니 법명은 치료승으로 그 이름이 사서에 남아 있고, 신라 비구니 이원 역시 환자가 있는 고급 관리 집에 머물러 있었던 사실을 감안한다면 이들 두 비구니가 어떤 식으로든 치료승 역할을 한 것으로 보이며, 단편적이나마 이들을 통해 백제와 신라의 의술을 가늠해 볼 수 있는 단서는 될 것이라고 본다. 내선일체용으로 활용된 비구니 이원에 대한 연구를 포함한 치료승으로서의 이 두 비구니에 대한 자세한 연구는 차후 더 진행되어야 할 것이다.

3) 치료 도구로써의 『유마경』

당시 질병 치료에는 약재나 침을 사용하여 치료하는 의사와 약을 담당하는 채약사가 있었으며, 『유마경』 독송과 같은 일종의 주술을 이용하는 주금사呪噤師 등이 활약하였는데, 비구니 법명은 후자와 관련된다고 할 수 있다. 법명이 후지와라 가마타리의 병을 위해 독송한

『유마경』[262]이 그의 모국 백제에 들어온 시기는 정확히 알려져 있지 않다. 하지만 고려의 승려 대각국사 의천이 남긴 『대각국사문집』에 따르면 신라의 원효와 의상 그리고 고구려승 보덕의 관계에 대한 기록에 『유마경』 이야기가 나오는 것으로 보아 6세기 성왕 무렵으로 추정하고 있다.

『열반경』과 『방등경』의 가르침은 우리 스님으로부터 전해졌네. 원효, 의상 두 성인의 책을 펴고 배울 때 (원효, 의상 두 스님은 일찍이 보덕화상에게 가르침을 받고 『열반경』과 『유마경』 등의 경전을 배웠다) 보덕화상이 홀로 불법을 폈던 시절에 인연 따라 몸은 남북에 맡겼지만 도에 있어서는 맞이하고 따라줌이 끊어졌어라 애석하다. 승방을 잃은 뒤 옛 나라 고구려가 위태로웠네.[263]

또한 『삼국유사』[264]에는 보덕화상의 제자 수정水淨이 전북 정읍에

---

262 『유마경』은 초기 대승불교 경전으로 석가모니가 제자들에게 설법한 게 아니라 유마거사와 부처의 제자들이 대화한 내용이다. 처음으로 한역된 것은 기원후 188년으로 전해지며, 중국으로 유입된 뒤에 교학보다는 선종과 밀접한 연관이 있어 오늘날은 선종의 중심 경전으로 여겨지고 있다. 『유마경』의 핵심은 부파불교 수행자들이 지나치게 자신들의 수행에만 치중하고 번잡한 학문만을 내세우자 기성 교단에 대해 성문聲聞, 연각緣覺의 편협하고 그릇된 수행을 질타하는, 대승불교의 대표적인 경전이다. 신명희, 「維摩経의 禪觀 및 수행체계 연구」, 『한국선학』 제30호, 한국선학회, 2011, pp.635~636.

263 의천 지음, 박용진 옮김, 『대각국사문집』, 지식을만드는지식사, 2010.

264 "스님에게는 11명의 고명한 제자가 있었다. 무상화상은 김취 등과 함께 금동사를 세웠고, 적멸과 의융 두 스님은 진구사를 세웠으며, 지수는 대승사를, 일승은

유마사를 창건하고 있음을 소개하고 있는 것으로 보아 이 무렵 백제에
는『유마경』을 근본 경전으로 하는 불교 신앙이 존재하고 있었다는
것을 추정할 수 있다. 백제 비구니 법명이 일본으로 건너간 시기는
656년으로, 그는 고국에서『유마경』에 관한 내용을 이미 충분히 숙지
하고 있었던 것으로 보인다. 따라서 후지와라 가마타리의 병 치료를
위해 초대받은 자리에서 "『유마힐경』에서는 질병을 위해 대법을 설하
고 있으니 시험적으로 이것을 독송하게 해주시오"라고 할 수 있었던
것이다. 이에 "천황이 법명에게 명하여『유마경』을 독송케 했으며,
아직 모든 권을 끝내지 않은 사이에 병이 쾌유되었다. 천황이 매우
기뻐하였다."[265]고『원형석서』는 기록하고 있다.

4) 병 치료와 관련된 의승들

나라의 고찰 흥복사에서『유마경』으로 조정의 막강한 실력자인 후지와
라 가마타리의 질병을 치료한 백제 비구니 법명 외에도 일본 문헌에는
고대 한국 출신 승려 가운데 의승醫僧 관련 이야기가 적잖이 소개되고
있다. 그 대표적인 승려로는 법기산사(法器山寺, 호키산지)의 백제승
다라상多羅常과 백출白朮로 의술을 베푼 백제승 법장法藏을 들 수 있다.
먼저 법기산사法器山寺의 백제승 다라상에 대한 기록은『일본영이기』
에서 찾아볼 수 있다.

심정 대원 등과 함께 대원사를 세웠으며, 수정은 유마사를 세웠다. 사대는
계유 등과 함께 중대사를 세웠으며, 개원화상은 개원사를 세웠고, 명덕은 연구사
를 세웠다."『譯註 三國遺事』「3권」, p.84.

265 『원형석서』권제21 자치표 2, p.385.

지통천황[266]시대에 백제인 선사[267]가 있었다. 이름을 다라상이라고 하였는데 다카치군[268] 안의 법기산사에 살고 있었다. 그는 계율을 잘 지키고 청정한 수행을 닦아 사람들의 병을 고치는 것을 가장 큰 일로 삼았다. 죽어가는 사람도 그의 영험에 힘입어 다시 살아났고 병자를 위해 주문을 외우면 항상 기이한 일이 일어났다. 버드나무 가지를 얻기 위해서 나뭇가지에 오를 때 지팡이를 (또 하나의) 지팡이 위에 세워 두 개의 지팡이를 이어도 쓰러지지 않았다. 마치 끌로 구멍을 내서 단단히 연결한 것 같았다. 그래서 천황도 그를 존중하여 항상 공양하였고 사람들도 그에게 귀의하여 공경하며 받들었다. 이것은 바로 수행의 공덕에 의한 것이다. 먼 곳까지 그의 명성이 전해지고 자비의 덕은 영원히 후세까지 영예를 남길 것이다.[269]

위 설화에서 다라상선사는 주로 '사람들의 병을 고치는 치료승'으로 그려지고 있다. 뿐만 아니라 죽어가는 사람도 살려낼 만큼 영험한

---

[266] 제41대 왕(재위 645~702)으로 제38대 천지왕의 제2황녀이고 제40대 천무왕의 왕비다.

[267] 『일본영이기』에는 다라상선사 외에도 백제 출신 홍제법사弘濟禪師를 비롯하여 신엄선사信嚴禪師, 광달선사廣達禪師, 선주선사善珠禪師와 같이 선사禪師라는 이름의 승려들이 18명 등장하는데, 상당수는 다라상 선사처럼 치료승 또는 주술사로 등장하기도 하고 절을 창건하거나 불상을 만드는 일에 종사하는 승려로 기술되고 있다.

[268] 나라현 아스카 지방의 군 이름이다.

[269] 『일본영이기』 상권 26화, pp.87~88.

승려로 묘사되고 있는데, 그러한 영험력은 뛰어난 수행공덕과 주문呪
文에 의한 것임을 알 수 있다. 이에 대해 다무라 엔초(田村圓澄)는
법기산사法器山寺에 있던 백제승 다라상이 깊은 산속에서 수련을 거듭
한 끝에 영험을 터득한 것과 백제승 의각이 일본의 나니와 백제사百濟寺
에 머물며 반야심경을 외울 때 방에서 밝은 빛을 발했던 것은 모두
이들이 산림수행승山林修行僧이기에 가능했던 일로 보고 있다. 그는
또 아스카의 용개사(龍蓋寺, 현재의 岡寺), 용문사龍門寺, 귀수사歸守寺,
안락사安樂寺, 고전사高田寺, 흥선사興善寺, 비회사比會寺 등을 대표적
인 산림불교 사원으로 꼽으면서, 7세기 후반부터 나타나는 일본의
산림불교의 원류는 고대 한국의 백제나 신라에서 찾아야 한다는 견해
를 보이고 있다.[270]

『일본영이기』의 다라상선사 이야기는『본조고승전』에도 보이는데,
여기서는 법기산法器山 사문 다라상이 대장경의 신주를 외워 중생제도
를 삼았으며 죽어가는 사람도 소생시키는 영험이 있다고만 할 뿐
버드나무 가지 이야기는 나오지 않는다. 그러나『일본영이기』의 다라
상 설화에는 버드나무 가지를 얻기 위해 지팡이를 포개 놓고 나무를
타는 장면이 나오는데, 이때의 버드나무를 주물呪物로 보는 견해도
있다.[271] 치병과 중생 구제 능력이 영험한 것으로 여겨진 양류관음신앙

---

270 다무라 엔초, 노성환(田村圓澄 魯成煥) 譯,『韓日古代佛敎關係史』, 앞의 책, p.169.
271 『에이가모노가타리(榮花物語)』'後悔の大將' 권에서 버드나무(楊枝)가 저주에
사용된 예를 들어 이 설화에서는 병을 고치기 위한 주물로 쓰인 것으로 추정한다.
교카이 지음, 문명재·김경희·김영호 역주,『일본국현보선악영이기日本國現報
善惡靈異記』, 세창출판사, 2013, p.123.

의 상징인 양류관음도楊柳觀音圖 등에도 자주 등장하는 버드나무는
『일본영이기』의 다라상선사 설화에서 주물呪物의 상징으로 사용되고
있으며, 다라상선사는 상징적인 버드나무 가지를 이용하여 치료승으
로 맹활약하고 있음을 알 수 있다.

지금까지 예를 든 백제 비구니 법명法明이나 다라상多羅常의 치료술
이 법력에 의한 치료라고 한다면, 다음의 백제승 법장法藏의 경우는
실제 약물을 이용한 치료승이라 볼 수 있다. 법장은 백출이라는 약초로
의술을 베풀었는데, 덴무왕 14년(685)에 도일하여 백출을 달여 약으로
쓴 공로로 면포를 하사 받았다는 기록이 『일본서기』에 있다.

경진 백제의 승려 법장과 우바새 익전직금종을 미노에 보내 백출을
달이게 했다. 이로 인해 시·면·포(絁綿布)를 주었다.[272]

법장이 사용한 백출은 줄기 부분을 삽주라 하고 뿌리 부분을 백출이
라 하는데, 『동의보감』에서는 "백출의 성질은 따뜻하고 맛이 쓰며,
달고, 독이 없다. 비위를 든든하게 하고 설사를 멎게 하고 습을 없앤다.
또한 소화를 시키고 땀을 거두며 명치 밑이 몹시 그득한 것과 곽란으로
토하고 설사하는 것이 멎지 않은 것을 치료한다. 허리와 배꼽 사이의
혈을 잘 돌게 하며 위가 허랭虛冷하여 생긴 이질을 낫게 한다."고
소개하고 있다.

당시 승려들은 경전 독송이나 주술로 질병 치료에 임했을 뿐 아니라
상당수는 약물을 통한 치료에도 일정한 지식을 갖고 있던 것으로

___
272 『일본서기』 ③권 권제29, 천무 14, p.450.

추정된다. 이미 당시 백제에는 약부藥部가 존재하는 것으로 보아 의약
에 대한 연구가 상당하였을 것으로 보인다. 이를 입증하는 것이『주서周
書』백제전이다. 백제전에 따르면, 백제의 행정조직은 내관과 외관이
있는데, 내관에는 전내부前內部·곡부穀部·육부肉部·내부內部·외부
外部·마부馬部·도부刀部·공덕부功德部·약부藥部·목부木部·법부法
部·후궁부後宮部, 외관에는 군부軍部·사도부司徒部·사공부司空部·사
구부司寇部·점구부点口部·객부客部·외사부外舍部·주부綢部·일관부
日官部·도시부都市部가 있으며, 이 가운데는 약부藥部가 존재한다.[273]
백제뿐만 아니라『일본서기』에는 다음과 같이 고구려의 어의御醫도
등장하고 있다.

> 좌우의 대신들은 백관과 백제군 풍장, 그 아우 새성·충승, 고구려
> 시의侍医 모치毛治, 신라의 시학사 등을 거느리고 중정에 이르
> 렀다.[274]

기사 속에 '시의侍医'가 등장하는데, 시의란 곧 어의御医를 뜻하는
것으로 수나라에서는 일찍이 시어의侍御医라는 직책이 있었다. 이들은
상약국尙藥局에 소속되어 황제를 포함한 고관대작의 치료를 맡았는데,
이러한 고구려의 시의제도는 백제에도 있었을 것으로 추정된다. 그것
은 백제 성왕 때 일본에 의박사를 파견한 것만 봐도 알 수 있는데,
이로써 백제의 의학 발달 수준을 가늠해 볼 수 있다. 백제 비구니

273 吉基泰, 앞의 논문, p.432.
274『일본서기』③권 권제25, 고토쿠왕 백치白雉 원년 2월, p.182.

법명이 일본에서 『유마경』 독송으로 환자를 치료한 것은 그의 뛰어난 법력法力에 의한 것이었겠지만, 이미 그의 조국인 백제에는 발달된 의학 수준이 갖추어져 있었던 것으로 보아 그가 치료승으로 활약하는 데 어떤 식으로든 도움이 되었을 것으로 보인다. 이렇듯 법기산사의 백제승 다라상과 백출로 의술을 베푼 백제승 법장 등은 비구니 법명과 함께 당시 뛰어난 백제의 의술을 유감없이 일본에서 발휘했다. 이러한 사실들이 일본 문헌에 잘 기록되어 있는 것은 주목할 일이다.

3. 기우제로 왕실을 움직인 백제승 도장道藏

1) 고대 일본의 기우제

농사를 주요 기반으로 하는 농경사회에서 제때에 내려주는 흡족한 비는 통치자에게 무엇보다도 큰 행운이다. 반대로 오래도록 비가 내리지 않고 가뭄이 계속되는 경우에는 기우祈雨에 심혈을 쏟아야 했던 것이 고대 통치자가 처한 입장이다. 그러나 강우는 인간이 마음대로 조절할 수 있는 것이 아니라서 가뭄이 계속될 경우 백성들이 당하는 고통이란 참기 힘든 것이었다. 따라서 당시의 강우降雨는 단순한 자연현상이 아니라 초월적 존재의 소관사항이며, 적당량의 비를 얻기 위해서는 초월적 존재에게 기원해야 한다는 관념이 싹텄다. 우리나라에서도 단군신화에 우사雨師가 보이는 등 일찍부터 비를 통제하는 신의 존재를 상정했고, 삼국시대에 들어서는 이미 고구려·백제·신라를 막론하고 국가제사로서 기우제祈雨祭가 거행되었다.

『삼국사기』 백제본기[275]에 "큰 가뭄이 들어 왕이 칠악사에 가서 기우

제를 지냈다(大旱, 王幸漆岳寺, 祈雨)"는 기사를 시작으로, 신라본기[276]
에도 "여름에 크게 가물었으므로 시장을 옮기고 용을 그려서 비가
내리기를 빌었다(夏大旱, 移市, 畫龍 祈雨)"는 기사와 같이 기우와 관련
된 기록을 흔하게 찾아 볼 수 있다. 신라본기의 기사에 용의 모습을
그려놓고 기우제를 지냈다는 것처럼 기우의 방법은 다양한 모습을
보이는데 천지, 산천, 종묘 등에 제사를 지내거나 불공드리는 방법
등을 들 수 있다. 특히 고려시대 기우제의 특징은 신라 말부터 가무사제
자歌舞司祭者, 곧 무인巫人들이 기우제를 주관하였다는 점이다. 고려
청종 때에는 '능흥운우자能興雲雨者'로 하여금 제사를 주관하도록 하였
는데, 이는 '능히 구름과 비를 일으킬 수 있는 자'라는 의미로 비를
관장하는 것은 천지신명과 산천제신이 좌우하는 것이며 가뭄은 신령이
내리는 재앙으로 믿었다. 따라서 기우제는 통치자의 근신뿐만이 아니
라 신령의 뜻을 잘 알고 그들과 능히 교제를 할 수 있는 무인巫人들에게
집전을 맡겼던 것이다. 『고려사』에는 현종 이후 기우제를 무인巫人들
이 도맡아 했으며 인종 때에는 무인巫人 300여 명을 모아 성대한
기우제를 지냈다는 기록이 있다.[277]

일본에서는 기우를 아마고이(雨乞い)라고 하는데, 이는 한발旱魃이
계속될 때 비를 내리게 하기 위한 주술적, 종교적인 제의祭儀 행위를
말한다.[278] 먼저 『일본서기』에 보이는 기우 관련 기록을 살펴보면 〈표2〉

---

275 『삼국사기』 권제27 백제본기 제5, p.506.

276 『삼국사기』 권제4 신라본기 제4, p.103.

277 병인년 무당 3백여 명을 도성청都省廳에 모아서 비를 내려달라고 빌게 하였다(丙
寅 集巫三百餘人于都省廳, 祈雨). 『고려사』 세가世家 권제16, 인종 11년 5월.

와 같다.

〈표2〉 황극 원년(642)~지통 2년(688)까지 기우 관련 기록[279]

	연 월 일	기록 내용
1	황극 원년(皇極元年, 642) 7월 25일	소와 말을 잡아 신에게 제사를 지냈으며 시장을 옮기고 하백河伯에게 기도하였다.
2	황극 원년(642, 7월 27일)	대사찰에서 사천왕상을 만들고 승려들이 모여 비를 빌었다.
3	황극 원년(642, 8월 1일)	천황이 행차하여 직접 기우제를 지냈다.
4	천무 6년(677) 5월	왕궁과 주변 지역에서 기우제를 지냈다.
5	천무 8년(679) 6월 23일	기우제를 지냈다.
6	천무 8년(679) 7월 6일	기우제를 지냈다.
7	천무 9년(680) 7월 5일	기우제를 지냈다.
8	천무 10년(681) 6월 17일	기우제를 지냈다.
9	천무 12년(683) 7월 15일	기우제를 지냈다.
10	천무 12년(683) 7~8월	백제승 도장이 기우제를 지내 비가 내렸다.
11	천무 13년(684) 6월 4일	기우제를 지냈다.
12	주조 원년(朱鳥元年, 686) 6월 12일	기우제를 지냈다.
13	지통持統 2년(688) 7월 11일	기우제를 지냈다.
14	지통持統 2년(688) 7월 20일	백제승 도장이 기우제를 지내 비가 내렸다.

278 "가뭄뿐 아니라 지진이나 화산폭발, 폭풍우, 홍수, 쓰나미 등 자연재해가 닥쳐오면 이를 막기 위해 신불神佛에게 기원을 하는 일은 오래된 행위로, 아스카와 나라시대의 재해에 관련된 기록은 『일본서기』, 『속일본기』에 기록되어 있고, 헤이안시대의 재해는 『일본후기』, 『일본삼대실록』, 『일본기략』 등에 주로 기술되어 있다." 이시준, 「飛鳥, 奈良時代의 한발과 종교적 대응에 관한 고찰:『일본서기』, 『속일본기』의 기술을 중심으로」, 『일본연구』, 제32집. 2012, p.334.

279 야부 모토아키(藪元晶), 『기우의례의 성립과 전개(雨乞儀礼の成立と展開)』, 岩田書院, 2003, pp.33~50 〈표1〉 일부 참조.

『일본서기』에서 기우 관련 첫 기록은 〈표2〉의 '1'에서 볼 수 있듯이 황극왕(642) 7월 25일의 기록이다. 이날 기록에는 기우를 위해 소와 말을 잡아 제신에게 올렸으며(殺牛馬祭諸社神), 시장을 옮겼고(移市), 사찰에서는 대승경전大乘經典을 독송하여 참회 공양을 하도록 했다고 기록하고 있다. 아울러 이틀 뒤인 7월 27일 〈표2〉의 '2'에서는 사천왕상을 만들고 『대운경大雲經』 독송을 했다고 하는 기록이 있다. 그래도 비가 내리지 않자 〈표2〉의 '3'과 같이 8월 1일 천황이 직접 행차하여 기우제를 지낸다. 천황의 직접 주관[280]으로 다행히 비가 뿌렸음을 알 수 있지만 흡족하게 내리지는 않은 듯하다. 이후에도 거의 해마다 5월에서 8월 사이에는 한두 차례 기우제를 지냈으며, 〈표2〉의 '10', 천무 12년(683) 7~8월에는 백제승 도장이 기우제를 집전했다고 기록하고 있다. 흥미로운 것은 '1'처럼 소나 말을 잡아 공물을 바쳐 제신에 제사 지내고 있는 모습이다. 이와 같은 살우마제제사신殺牛馬祭諸社神의 동물희생제사는 『일본서기』 외에도 『속일본기』 천평보자天平宝字 7년(763) 5월 28일의 기록에도 보이는데, 흑모마黑毛馬[281]를 봉헌했다는 기록이 있다. 기우제에서 동물을 바치는 예는 현재도 지속되는데, 이즈미지방의 풍속으로 항아리에 사슴의 머리와 뼈를 담아두는 등, 야마토(大和), 와카야마(和歌山), 후쿠시마(福島) 등에서는 최근까지

---

280 왕이 직접 기우제에 참석하여 제례의식을 한 것은 황극왕(皇極天皇)과 환무왕(桓武天皇)뿐이다. 『속일본기』 연력延曆 7년(788) 4월 16일조.

281 비를 기원할 때는 흑마를 봉헌하는 데 견주어, 계속 비가 내릴 때 비를 멈추는 기도에는 백마白馬를 헌납한다. '貴布祢神社に霖雨を止めるために白馬を奉獻.' 『일본기략日本紀略』 홍인弘仁 10년(819) 6월 9일.

동물 공양이 행해지고 있다고 한다.[282] 그렇다면 기우제는 어디서 행해지는가 살펴보자. 이에 대한 『속일본기』 기록에는 〈표3〉과 같이 '명산대천'이 자주 등장한다.

〈표3〉 문무 2년(698)~영구 원년(715)까지의 기우 관련 기록[283]

1	문무文武 2년(698) 5월 5일	명산대천에서 기우제를 지내다.
2	문무 2년(698) 6월 28일	말을 신사에 봉납하고 기우제를 지내다.
3	대보 원년(大宝元年, 701) 4월 15일	명산대천에서 기우제를 지내다.
4	대보 2년(702) 7월 8일	교토에서 천둥번개신에게 제사를 지내다.
5	대보 3년(703) 7월 17일	명산대천에서 기우제를 지내다.
6	경운 원년(慶雲元年, 704) 6월 22일	여러 곳의 신사에서 기우제를 지내다.
7	경운 원년(704) 7월 9일	여러 곳의 신사에서 기우제를 지내다.
8	경운 원년(705) 6월 27일	여러 곳의 신사에서 기우제를 지내다.
9	경운 2년(705) 6월 28일	승려들이 기우제를 지내고 시장을 옮기다.
10	경운 3년(706) 6월 4일	명산대천에서 기우제를 지내다.
11	화동 2년(709) 6월 17일	명산대천에서 기우제를 지내다.
12	화동 3년(710) 4월 22일	명산대천에서 기우제를 지내다.
13	화동 7년(714) 6월 23일	명산대천에서 기우제를 지내다.
14	영구 원년(715) 6월 13일	명산대천에서 기우제를 지내다.

『일본서기』의 기록이 단순히 '기우제'를 지냈다는 기록에 치우쳐 있다면 『속일본기』의 기록은 기우제 장소인 '명산대천名山大川'이 눈에

282 이토 노부히로(伊藤信博), 「어령신 탄생(御靈神の誕生)」, 『言語文化論集』第25卷, 名古屋大學大學院國際言語文化研究科 編, 2004.

283 야부 모토아키(籔元晶), 앞의 책, pp.33~50.

많이 띈다. 더러 신사神社에서 행하는 경우도 있지만 지통 6년(692)∼
천평 19년(747)까지만 해도 기우제를 행한 특정 신사 이름은 눈에
띄지 않는다. 그러나 천평보자天平宝字 7년(763)∼연장延長 5년(927)
기간에 이르면 이세신궁伊勢神宮 및 칠도명신七道名神[284], 칠대사七大
寺, 동사東寺[285]와 같이 구체적인 기우제 장소가 나타나기 시작한다.

승려 60인이 엎드려 대극전大極殿에서 3일간 대반야경 독송을 했다.
15인은 신천원神泉苑에서 대운수청우경법大雲輪請雨經法으로 비가
내리길 빌었다. 삼의參議, 정4위하, 행심해유장관行勘解由長官, 겸
식부대보兼式部大輔, 파마권수播磨權守, 관원조신菅原朝臣 등이 선
을 베풀었다. 종4위 상, 행좌경대부, 보세왕은 심산에 자리한 산릉
(종묘)을 향해 비를 빌었다. 또한 신사의 제관들도 언행을 삼가
기우를 빌고 산릉을 정비했다.[286]

이는 『일본삼대실록』(875) 기록으로, 이 무렵에는 ㉠대극전과 ㉡신
천원이 기우제 장소로 쓰이고 있음을 알 수 있다. 신천원은 수도
헤이안쿄(平安京)에 역병疫病이 유행하는 것을 막기 위해 어령제御靈祭
를 지낸 곳으로, 지금의 교토 3대 마쓰리의 하나인 기온마쓰리(祇園祭)
의 발상지이기도 하다.
이처럼 기우제가 '명산대천'에서 이세신궁伊勢神宮이나 동대사 또는

---

284 『속일본기』 연력延曆 7년(788) 5월 2일.
285 『속일본후기』 승화 6년(839) 6월 16일.
286 『일본삼대실록』 권27, 정관貞觀 17년 6월 15일조, p.362.

궁궐의 대극전大極殿처럼 구체적인 장소로 옮기는 것은 기우제에 관한 제례의식이 점차 정비되고 있음을 시사해주는 것이라고 본다. 그것이 가능한 것은 율령정부의 종교정책 정비에 의해 이전 시대의 명산대천과 같은 자연숭배 의식이 사사(社寺: 절과 신사)로 흡수되어 간 것으로 볼 수 있다. 이와 관련하여 네모토 세이지(根本誠二)는 기우제 장소를 포함하여 기우제 때 사용하는 경전에 대해, 위 『일본삼대실록』의 기록에서 볼 수 있듯이 대극전-『대반야경』, 신천원-『대운륜청우경』을 들어, 불교적 기우에서 헤이안기에 들어서면서부터는 차츰 밀교적 성격으로 바뀌고 있음을 설명하고 있다.[287]

2) 기우제를 주도적으로 집전한 백제승 도장

고대 일본 문헌에서 기우제에 이름이 올라 있는 인물 가운데는 고구려승 혜관과 백제승 도녕,[288] 백제승 도장 등의 이름이 눈에 띈다. 이 가운데 백제승 도장은 『일본서기』에 두 번이나 이름이 기록되는 등 기우제를 집전한 승려 가운데 기록이 풍부하다. 도장과 관련된 사료를 우선 검토해보기로 한다.

① 천무 12년(683) 가을 7월에 시작하여 8월에 이르기까지 가뭄이

---

287 네모토 세이지(根本誠二), 「밀교성격-주술로써의 기우(密敎性格-呪術としての祈雨)」, 『나라불교와 행기의 전승전개(奈良佛敎と行基の傳承展開)』, 雄山閣出版, 1991, pp.90~93.

288 고구려승 혜관의 기록으로는 『부상략기』 권4 스이코천황 33 을유에 기우 기록이 보이고, 백제승 도녕道寧에 관한 기록으로는 『원형석서』 권제9 감진, 권제21 자치표2, 『본조고승전』 권제72 원잡 10-4 선덕3 등에 보인다.

계속 이어졌다. 백제승 도장이 기우제를 지내 비를 얻었다.[289]

②지통 2년(688) 7월 11일에 대대적으로 비를 빌었다. 가뭄 때문이었다. (천황이) 백제 사문 도장에게 비가 내리길 빌도록 명하였다. 오전을 넘기지 않고 천하에 고루 비가 내렸다.[290]

위와 같이 일본 조정에서 기우제로 그 이름을 확고히 남긴 백제승 도장은 천무 12년인 683년과 지통 2년인 688년에 걸쳐 기우제 관련으로 등장한다. 한 인물이 이렇게 두 번에 걸쳐 기우 관련 기록을 남기고 있는 것은 도장이 유일하다. 도장은 기우제뿐만이 아니라 『성실론소成實論疏』 16권[291]을 지은 인물로 일본 성실종의 시조이기도 하다. 도장은 또 『속일본기』 721년조에도 그 이름을 남기고 있다.

백제 사문 도장은 진실로 법문의 큰 스승이요, 석도釋道의 큰 대들보다. 나이가 80살을 넘어 기력이 쇠약해졌으니 노인을 봉양하는 뜻에서 속백(束帛, 공경을 위한 물건)을 내리지 않는다면 어찌 어른을 보살피는 정이라 하겠는가! 부디 유사를 받들어 풍족한 물건을

---

289 『일본서기』 ③권 권제29, 천무 12년 8월, p.428.

290 『일본서기』 ③권 권제29, 지통 2년 7월, p.486.

291 "(전략) 도장은 일본으로 건너온 후 『성실론소成實論疏』 16권을 지었다. 나이 90이 되어 남경(교토)에서 죽었다. 옛날 동대사의 학자가 법상종에서는 『구사론』을 강론하여 익히고 『성실론』을 강의할 때에는 도장의 소疎에 의거하지 않은 것이 없었는데 그 강의가 폐지된 지 300여 년, 섭섭함이 없을 수 없다. 『본조고승전』 권제1, pp.64~65.

베풀되 방(紡: 실) 다섯 필, 면綿 열 동, 포布 이십 단으로 하라. 또한 도장이 입적할 때까지 스님과 같은 고향 사람들과 친족들에게 까지 부역을 면제하라.[292]

『속일본기』에서는 도장의 기우제 집전이라든가 성실종을 개조開祖한 인물이라는 것은 기록하지 않은 채 법문法門의 '수령袖領'이자 석도釋道의 '동량棟梁'이라고만 기록하고 있다. 그러나 '동량'이란 수식어는 과거 무사나 승려 사회에서 그 조직의 핵심인물에게 쓰던 말로, 장군직의 경우 '겐지(源氏)의 동량棟梁'이란 말처럼 『속일본기』에서 도장을 일러 '동량'이라 한 것은 승려에게 붙일 수 있는 최고의 찬사라고 할 수 있다. 그러한 찬사에 걸맞게 조정에서는 풍족한 속백束帛을 하사하고 있으며, 본인뿐만이 아니라 친족과 고향 사람에게까지 부역을 면제시키는 조치를 내리고 있다. 이어서 『원형석서』에도 도장의 이야기가 소개되어 있다.

석도장은 백제 사람이다. 688년 7월은 가물었다. 천황이 도장에게 칙명을 내려 비를 빌게 했는데 아침이 지나기 전에 천하에 비가 내렸다. 721년의 조서에 사문 도장은 법문의 영수領袖이고 석가의 동량棟梁이라는 말이 있다. 사람들이 매우 숭배했다. 나이가 80을 넘어 입멸했다. 찬하여 말하길 의각, 도녕, 도장의 3사師는 다 백제 사람이고 일본에 불교를 동점시키는 출발점에 선 사람이다. 외국의 뛰어난 사람들이 우리나라(일본)에 와서 포교를 했다. 생각

---

292 『속일본기』②권, 양로 5년 6월, p.98.

해보니 불법 흥륭의 재인이었음에 틀림없다. 그러나 연력(延曆, 782~806) 이전의 제사諸師였기에 시대가 멀어 흔적이 없어졌다. 약간이나마 감응이 남아서 좀먹은 책의 잔편에서만 보이는 것이 이 정도뿐이다.[293]

『원형석서』에서는 도장에 대해 극찬의 말을 아끼지 않고 있다. 도장이 기우제를 지내면 다음날 바로 비가 내릴 정도로 영험력이 큰 인물로 묘사하고 있을 뿐만 아니라 의각, 도녕, 도장의 3사師가 백제인으로 일본에 불교를 동점시키는 출발점에 선 인물로 기록하고 있는 것이 특이하다. 마지막으로『본조고승전』에 기록된 도장의 이야기를 살펴보자.

석도장은 백제국 사람으로 불법에 널리 정통하였다. 백봉(白鳳, 650~654)기에 일본에 건너와 지통천황 2년 가을 7월에 날이 가물어 천황이 그를 불러 비를 빌게 하였다. 해가 채 뜨기 전에 온 천하에 비가 흡족히 내리니 천황은 법력이 빠름을 존중하여 많은 하사품을 내렸다. 양로 5년 6월 초하루에 천황이 이르기를 '사문 도장은 석가의 동량棟梁이요, 법문의 영수領袖다. 나이 80을 넘어 기력이 쇠약해졌는데 만약 면백을 베풀지 않으면 무엇으로 늙은이의 뜻이 편하겠느냐? 유사는 수시로 그를 공양하라'고 하였다. 도장은 일본으로 건너온 후『성실론소』16권을 지었다. 나이 거의 90이 되어 남경(교토)에서 죽었다. 옛날 동대사의 학자가 법상종에서는『구사

론』을 강론하여 익히고 『성실론』을 강의할 때에는 도장의 소疎에
의거하지 않은 것이 없었는데 그 강의가 폐지된 지 300여 년이
되어 섭섭함이 없을 수 없다.[294]

『본조고승전』의 찬자인 만겐시반(卍元師蛮)은 30년간 발로 뛰어
전국 고승들의 전적을 일일이 찾아낸 인물답게 도장에 대해 위와
같이 자세한 기록을 남기고 있다. 이는 백제승 도장에 관한 한 최고로
정리된 기록이라고 할 수 있다. 흥미로운 것은 『원형석서』의 찬자인
고칸시렌(虎關師錬, 1278~1346)이 한 말이다. "도장은 연력(延曆,
782~806) 이전의 제사諸師였기에 시대가 멀어 흔적이 없어졌다. 약
간이나마 감응이 남아서 좀먹은 책의 잔편에서만 보이는 것이 이
정도뿐이다."고 했으나, 사실 이보다 380년이나 뒤에 나온 『본조고승
전』에는 훨씬 더 많은 도장에 대한 자료를 찾아내어 기록하고 있는
점이다. 이상한 점은 『원형석서』를 지은 고칸시렌 자신이 승려이니만
큼 일본 성실종의 시조인 도장의 『성실론소』를 몰랐을 리가 없을
것이라는 점이다. 그가 의도적으로 이 사실을 뺐을 개연성이 있다.
만겐시반이 밝혔듯이 "도장의 『성실론소』는 옛날 동대사의 학자가
법상종에서는 『구사론』을 강론하여 익히고 『성실론』을 강의할 때는
도장의 소疏에 의거하지 않은 것이 없었는데 그 강의가 폐지된 지
300여 년, 섭섭함이 없을 수 없다."고 한 것만 봐도 고칸시렌은 도장의
『성실론소』를 알고 있었을 것이다. 이러한 고칸시렌의 태도는 이미
가마쿠라시대에 만연한 '가마쿠라시대식(鎌倉時代式)' 고대 한국 불교

관의 반영이라고 본다.

'가마쿠라시대식'이란 필자가 붙인 이름으로, 538년에 백제로부터 불교 유입 이후 나라시대의 동대사 노사나불이 완성되는 752년까지 이룩한 일본 불교의 토대를 깡그리 무시하는 태도로, 이후 근현대 학자들의 불교관 역시 이 범주를 벗어나지 못하고 있다. 사실상 일본의 불교는 고대 한국승들이 적극 개입하던 752년 이전에 완벽한 토대를 마련한 것[295]으로 보아야 한다. 왜냐하면 고칸시렌과 같이 중국불교 우위설에 경도되면 일본 불교유산의 보고寶庫인 아스카(飛鳥)와 나라(奈良)의 모든 불교유산이 모두 무시되어야 하기 때문이다. 아스카(飛鳥), 나라(奈良)와 헤이안(平安)의 불교 없이 어떻게 가마쿠라(鎌倉)의 불교가 존재할 수 있단 말인가! 고칸시렌은 자신의 '가마쿠라시대식(鎌倉時代式)' 불교관이 미안했는지 "이들이 엔랴쿠(延曆, 782~806) 이전의 제사諸師였기에 기록이 없다."고 얼버무리고 만다. 그러나 『본조고승전』의 찬자인 만겐시반은 고칸시렌보다 380년 뒤의 인물이다. 그럼에도 기우 관련 기사는 물론이고 도장이 지은 『성실론소』 16권을 모두 밝히고 있다. 사실 승려에게 있어서 '기우제에 영험함'보다는 '불경 저술'이 더 명예로운 것일지도 모른다. 고칸시렌(1278~1346)과 동시대 인물로 가마쿠라시대의 교넨(凝然, 1240~1321)이 있는데, 교

---

295 이 점에 대해서는 다무라 엔초(田村圓澄)가 일찍이 주장한 바 있다. "6, 7세기의 비조(飛鳥, 아스카), 백봉(白鳳, 하쿠호)의 불교문화는 물론 8세기 나라(奈良)의 불교문화에 관해서도 인도와 중국, 그리고 일본이라는 3국 중심으로 볼 것이 아니라 여기에다 한국을 덧붙여 4국의 불교 사관으로 재검토되지 않으면 안 될 것이다." 다무라 엔초, 노성환(田村圓澄 魯成煥) 譯, 『韓日古代佛敎關係史』, 學文社, 1985, p.213.

넨은 『삼국불법전통연기』(1311)에서 도장의 『성실론소』 이야기를
빼먹지 않고 자세히 기록하고 있어 대조적이다.

옛날 백제의 도장법사는 『성실론소』 16권을 지었다. 상고시절부터
전래되어 지금에 이르기까지 남아 있다. 옛날에는 『성실』을 삼론에
포함시켰으므로 이후 오늘날까지 삼론종 사람들은 『성실론』을
이어받아 배워왔다. 동대사의 삼론종은 옛날에는 성실론종을 같이
배웠으며 성실론종을 강의할 때는 도장의 소疎를 사용한다.[296]

참고로 고칸시렌의 『원형석서』는 1322년에 지은 책이고, 교넨의
『삼국불법전통연기』는 1311년에 지은 책으로 교넨의 책이 11년 먼저
나왔다. 11년 차이의 시간이지만 교넨은 고칸시렌과는 달리 도장에
대해 상세한 이야기를 싣고 있는 점이 특이하다.

다시 기우제 이야기로 돌아가서, 도장의 고국인 백제의 기우제에
관련하여 한 가지 주목할 것이 있다. 그것은 중국 남북조 시대의
나련제야사(490~589)가 번역한 『대운륜청우경大雲輪請雨經』[297]의 백
제 유입이다. 『대운륜청우경』은 부처의 이름을 외우면서 비가 내리길

296 『삼국불법전통연기』 권중, 성실종편, p.120.

297 수나라 때 나련제야사(那連提耶舍, Narendrayaśas)가 585년에 번역하였다. 이
경전의 뒷부분에는 제단의 조성법과 화상을 그리는 방법 등이 첨가되어 있는데,
이 점을 제외하고는 불공不空이 번역한 『대운륜청우경大雲輪請雨經』의 내용과
거의 동일하다. 이역본으로 『대방등대운경청우품제육십사大方等大雲經請雨品
第六十四』·『대운경청우품제육십사大雲經請雨品第六十四』·『대운륜청우경大雲
輪請雨經』이 있다.

기원하면 소원을 이룬다는 경전으로 법왕 시기에 백제에 유통되었을 것으로 추정하고 있다. 이시준[298]은 일본의 기우제에 관한 불교의식을 4가지로 나누고 있는데 ①승니를 청하여 불법승 삼보에 기원하는 방법, ②도읍과 기내지방의 승려들에게 기우제를 지내게 하는 방법, ③홍복사弘福寺와 법륭사法隆寺에서 제祭를 지내는 방법, ④내전법 (불교경전)으로 기우제를 봉행하는 방법 등이 그것이다. 이에 비춰볼 때 백제에서 도일한 승려들이 기우제를 지낼 때에는 선대로부터 내려 오던 '경전' 중심의 불교식 기우제를 봉행했을 것으로 생각된다. 고구려 승 혜관의 경우 기우제에서 '삼론 강독'의 사례가 보이고 있음도 이를 뒷받침해 준다. 이와 관련하여 기우제 의식에 관한 구체적인 자료로는 『일본서기』 황극皇極 원년(642)의 기록이 있다.

> 7월 27일 소가대신蘇我大臣이 절마다 대승경전을 차례대로 읽고 부처의 가르침대로 죄를 뉘우치는 참회를 하도록 전하고 이어서 백제대사百濟大寺의 남쪽 정원에서 불보살상, 사천왕상을 안치하고 중승衆僧에게 『대운경』을 독송케 했으며 소가대신 본인은 향로의 향을 피우며 비가 내리길 기원했다.[299]

여기서 『대운경』은 『대운륜청우경大雲輪請雨經』일 가능성이 높다. 이는 공해(空海, 774~835)가 신천원神泉苑에서 청우경법請雨經法을

---

298 이시준, 「飛鳥, 奈良時代의 한발과 종교적 대응에 관한 고찰:『日本書紀』『續日本紀』의 기술을 중심으로」, 『日本硏究』, 제32집, 2012, pp.333~355.

299 『일본서기』 ③권 권제24, 황극 원년皇極元年 7월, p.64.

할 때 『대운륜청우경』 2권을 근거로 삼아 용왕에게 비를 비는 밀교 방법으로 연못 주변에 청색 막을 치고 그 안에 단을 설치하여 석가를 중심으로 한 용왕을 그린 그림, 곧 청우경만다라를 걸어 놓고 했다는 데서도 알 수 있다.[300] 기우제의 고승인 도장이 어떠한 경전으로 기우를 했는지는 알기 어렵지만, 대체적으로 앞에 든 경전류를 활용해 일심으로 기우제를 봉행했을 것이라는 데는 이견이 없을 것이다.

3) 『성실론소』 16권을 저술한 도장

일본 조정에서 기우제로 그 이름을 확고히 남긴 백제승 도장은 남도 6종 가운데 하나인 성실종의 시조로 『성실론소』 16권을 지은 것으로 알려져 있다. 『성실론』은 구마라즙에 의해 411년 번역되어 중국의 양나라 때 번성기를 맞이하다가 당나라 무렵에 오면 그 열기가 식어진다. 『성실론』의 교리에 의거하여 성실종이 정립되었는데, 이 종파의 주된 가르침은 자아나 세계를 구성하는 정신적, 물질적 요소들은 영원히 존재하거나 변하지 않는 실체를 가진 것이 아니므로 참된 존재성이 결여되었으며 따라서 공空하다고 보는 것이다. 그러나 이것은 직관적인 깨달음이 아니라 존재에 대한 분석을 통해 도달한 것이므로 대승불교에서 말하는 공空과는 다르다. 이 때문에 삼론종에서는 『성실론』을 소승에 속하는 것이라고 하여 낮게 평가하였고, 수나라 때에 이르러 삼론종이 흥하면서 관심 밖으로 밀려났다. 한편 고구려 혜관은 수나라에 가서 길장에게 삼론종과 성실종을 익혀 624년(영류왕

---

300 이시준, 앞의 논문, p.342.

7) 일본에 전했으며, 백제의 혜총, 관륵과 고구려의 혜자 역시 삼론종과 성실종에 모두 능통한 승려로 도장이『성실론소』16권을 저술한 이래 일본불교의 중심인 동대사에서 300여 년 간『성실론』이 유지되었던 것은 주목할 일이다.[301]

그러나 도장의 저술인『성실론소』16권은 산실되어 그 전모는 알 수 없다. 그나마『성실론소』를 인용한 문헌이 남아 있어 일문이라도 살펴볼 수 있어 다행이다. 도장의『성실론소』를 인용한 저술은 모두 7종으로 확인되는데, 그 내용은 〈표4〉와 같다.[302]

〈표4〉 도장의 『성실론소』를 인용한 저술

	지은이	책이름	발간연도	종파
1	양충(良忠, 1199~1287)	관경소전통기觀經疏傳通記	1258	정토종
2	종현(宗顯, 1202~1278)	화엄간요초華嚴肝要抄	모름	화엄종
3	징선(澄禪, 1227~1307)	삼론현의검유집三論玄義檢幽集	1281	삼론종
4	장해藏海	대승현문사기大乘玄聞思記	1287	삼론종
5	조원(照遠, 1302~1361)	자행초사초資行鈔事鈔	1349	계율
6	영헌英憲	구사론송소초俱舍論頌疏抄	1531	삼론종
7	정순貞瞬	종요박원안입宗要柏原案立	1646	천태종

---

301 『삼국불법전통연기』 권중卷中에는 삼론종·법상종·화엄종·구사종·성실종에 대해 실려 있고, 권하卷下에는 율종·천태종·진언종이 실려 있다. 大日本佛敎全書 101冊, pp.120~131.

302 김천학, 「백제 道藏의 '성실론소' 逸文에 대해서」, 『불교학리뷰』 Vol. 4(2008년 12월), pp.146~147.

도장의 저서인『성실론소』의 일문逸文을 연구한 김천학은, 도장의 저술은 가마쿠라시대(1192~1333) 이후에 주로 유통된 것으로 보았으며, 도장의 사상은『성실론』을 충실히 계승하면서도 외도外道에서는 『성실론』과 다른 견해에 대한 화해를 시도하는 것으로 보았다. 그것이 가능한 것은 도장의『성실론』연구가 열반학, 지론학, 계율을 충분히 연구하고 이해한 바탕 위에서 저술되었기 때문으로 보고 있으며, 이러한 도장의 학문 수준은 백제불교를 이해하고 더불어 8세기 이전 일본불교의 학문 수준을 이해하는 데 중요한 요소로 보고 있다.

이상에서 살펴본 것처럼 백제승 도장은 일본에서 기우제를 집전한 조정의 신임이 두터운 고승으로『일본서기』,『속일본기』를 비롯한 정사는 물론이고 18세기 승전인『본조고승전』에 이르기까지 지속적으로 그 일생이 자세히 기록된 보기 드문 고승이다. 다만, 일본 문헌에 풍부하게 나오는 것 외에 국내 자료에는 그 이름이 보이지 않아 아쉽지만, 일본 문헌을 통해서나마 도장의 활약을 짚어볼 수 있어 다행으로 생각한다. 특히 일본『성실론』의 텍스트로 인정받았던 도장의 저서 『성실론소』의 유실 부분이 확인된다면 도장의 학문적 업적의 재구성에 큰 도움이 될 것으로 생각된다.

제4장 선진문화 전파의 선구적 역할

1. 종이와 연자매를 전한 고구려승 담징曇徵

1) 종이의 전래와 담징

일찍이 중국에서 종이가 발명된 이래 고구려, 백제, 신라 가운데 가장 먼저 전래된 곳은 고구려다. 고구려는 종이가 발명된 한나라 수도 낙양과 지리적으로 가장 가까이 있었기에 제지술이 먼저 들어 왔을 것으로 추정하는 것이다. 종이가 고구려 지방에 전래되어 발전하는 과정을 정선영은 3단계로 보고 있다. 첫 번째, 종이의 전래시기를 2세기부터 4세기까지로 보는 것은 이 시기가 불교 유입으로 경전의 사경 등 종이의 유통이 꽤 있었을 것으로 보고 있기 때문이다. 두 번째는 4세기부터 6세기로 이 무렵에는 한사군의 멸망과 고구려가 백제의 한강 유역을 빼앗은 시기로 제지법의 발전 시기로 보고 있다. 세 번째는 종이의 질적인 향상을 보이던 시기로 그 기술이 일본에 전해지던 6세기에서 7세기로 보고 있는 것이다.[303]

한편 조법종은 중국의 제지술이 서방에 전파하게 된 계기를 751년 고구려 출신 고선지 장군의 서역원정 과정에서 마지막 전투였던 탈라스전투로 꼽고 있다.[304] 이 전투는 당군唐軍의 패배로 중앙아시아에 대한 당의 지배권 소멸과 아랍세력의 태두라는 세계사적 변화를 가져오긴 했지만, 중국의 제지술이 서방에 전파되는 동서 문명의 교류사적 의미가 담긴 전쟁이었다. 중국의 제지술의 전래는 이 전투에 참가한 중국 포로 가운데 제지공이 사마르칸트에서 종이를 만들기 시작하여 서방에 전파한 것으로 국제적인 인식이 확립되어 있으며, 주목되는 것은 이 전투의 책임자가 고구려의 고선지 장군이라는 점이다. 이 무렵 고구려 사회에는 이미 발달된 고도의 제지기술이 존재했으며, 그것은 당나라에서 만지(蠻紙, 고구려 종이)에 대한 호응이 컸었다는 사실로도 입증된다.

중국은 2세기부터 종이 원료로 수피樹皮, 곧 닥나무를 사용했으나 고구려 북쪽 지방은 닥나무의 생산 사정이 좋지 않아 초기에는 마麻를 원료로 하는 제지법이 행해졌을 것으로 추정된다. 그러나 고구려의 남진정책으로 백제와 국경을 접하게 되고 광개토왕 대代에는 신라와 백제로부터 조공 형태의 교류를 통해 황해도 남부와 경기도 북부, 충청도 남부 서해안의 비옥한 평야를 확보하여 닥나무 원료를 충분히 조달한 것으로 보인다. 이 지역은 닥나무 재배에 적합하며 품질이 좋아 백제의 경우 중국과 교류하던 통로이기도 하다.

---

303 정선영, 「종이의 전래 경로」, 『사회과학연구』 제10집, 2000, pp.220~221.
304 조법종, 「高仙芝와 고구려 종이 '蠻紙'에 대한 검토」, 『한국사학보』 33, 고려사학회, 2008, p.90.

"당나라시기에 중국의 종이가 갖춰지지 않아 외이外夷에게서 많
이 가져다 쓰므로 당나라 사람들의 시 가운데 만전蠻牋이란 글자
를 많이 쓰는 것도 역시 이유가 있는 것이다. 고구려에서는 해마다
만지蠻紙를 조공하는데 서권書卷을 장정하면서 이것을 많이 쓴
다."[305]

위는 북송 때 인물인 고문천顧文薦이 지은『부훤잡록負喧雜錄』에
나오는 기록으로 당나라 문인들 가운데 고구려 종이가 인기가 있었음
을 시사하는 대목이다. 고구려에서 종이를 사용한 기록으로 고구려
벽화를 꼽고 있는데 안악 3호분에 그려진 그림이 그것이다. 이 벽화
속 그림에는 '줄을 친 종이에 글씨를 쓴 서면書面'의 모습이 있는 것으로
미뤄 고구려 사회에서 종이가 문서로 사용되었을 것으로 추정하고
있다. 바꿔 말하면 이는 고구려 제지술의 양적인 발전을 뜻하는 것이며,
현재 조각으로 남아 있는 고구려의『묘법연화경』종이는 하얗고 질기
며 균일하여 품질이 좋은 것으로 전해지는데, 이는 7세기 무렵 고구려
의 제지술이 상당한 수준에 이름을 보여 주고 있는 것이다. 이와
같이 제지술이 발달한 고구려는 일본과의 문화적 교류를 일찍부터
가졌는데, 영양왕 6년(595)에는 성덕태자의 스승인 혜자가 도일하였
으며 이어 영양왕 21년(610)에는 담징을 도일시키면서 종이를 비롯한
다채로운 문물을 함께 보냈다.『일본서기』에는 당시 상황을 다음과

---

305 북송의 고문천이 지은『부훤잡록』을 이용하여 조법종은 고구려 종이가 호평을
    받았다는 사실을 밝히고 있으며, 이 밖에도 중국 내의 여러 기록에서 고구려
    종이가 애호되고 있음을 밝히고 있다. 조법종, 앞의 논문 p.93.

같이 기록하고 있다.

> 18년 봄 3월에 고구려왕(영양왕)은 승 담징과 법정을 보냈다. 담징
> 은 5경에 능통했다. 채색에 능했으며 종이와 먹을 만들고 맷돌도
> 만들었다. 맷돌은 이것이 처음이다.[306]

고구려 제지술의 발달 3단계인 6세기 무렵에는 저지법(楮紙法, 닥나
무종이)이 활발하게 쓰였을 것으로 보이는데, 담징(曇徵, 돈초)이 먹,
채색, 맷돌을 전했다는 610년조의 기사는 당시 본국의 제지술의 발달
을 그대로 대변해주는 것이라고 본다. 그러나 『일본서기』의 '담징에
의한 일본에의 종이 첫 전수'에 대한 기록에 대해 주가쿠 분쇼(壽岳文
章)[307]는 승려 담징이 유학에 밝고 공예면에도 뛰어난 인물이라는 찬사
일 뿐 담징이 그림물감과 지묵을 처음으로 만들었다고 보기 어렵다고
주장한다. 그러면서 그는 오히려 담징이 이런 분야의 '달인'이라고
보는 것이 옳다는 견해를 보였다. 뿐만 아니라 야기하시 신(柳橋眞)[308]은
이미 이 시기에는 국가의 체제가 정비되어 호적용지 등이 필요했던
것으로 보아 담징 이전에 이미 제지기술이 전해진 것이 아닌가 하는
의견을 펴고 있다. 이 부분에 대해서 정선영은 610년에 담징이 일본에
제지술을 전했다는 기록은 고구려의 기술에 대한 지도적 역할을 확실

---

306 『일본서기』 ②권 권제22, 스이코천황 18년, p.532.

307 주가쿠 분쇼(壽岳文章), 『일본의 종이(日本の紙)』, 日本歷史叢書 新裝版, 吉川弘文
館, 1996, pp.1~21.

308 야기하시 신(柳橋眞), 「和紙項」, 『世界大百科事典』 第2版, 平凡社, 2007.

히 드러낸 것으로『일본서기』의 이 기록은 고구려 제지술의 수준과 일본에의 전수시기의 하한년下限年을 알 수 있는 중요한 단서라고 한다.[309] 종이와 관련하여『일본서기』의 두 기사를 주목할 필요가 있다.

① 15년 가을 8월 임술 초하루 정묘 백제왕이 아직기를 보내어 좋은 말 2필을 바쳤다. 곧 가루(輕)의 산비탈 부근에 있는 마구간에서 길렀는데, 아직기로 하여금 사육을 맡게 하였다. 때문에 말 기르는 곳을 이름하여 우마야자카(廐坂)라고 한다. 아직기는 또 경전을 잘 읽었으므로 성덕태자의 스승으로 삼았다. 이때 천황은 아직기에게 "혹 너보다 뛰어난 박사가 또 있느냐?"고 물으니, "왕인이라는 분이 있는데 훌륭합니다."라고 대답하였다. 그러자 가미츠케노기미(上毛野君)의 조상인 아라타와케(荒田別)와 가무나키와케(巫別)를 백제에 보내어 왕인을 초청했다. 아직기는 아직기후미(史)가 시조이다.[310]

② 16년 봄 2월 왕인이 왔다. 성덕태자가 그를 스승으로 모시고 여러 전적들을 배웠는데, 통달하지 않음이 없었다. 이른바 왕인은 서수書首 등의 시조이다.[311]

이 두 기사에 보면 왕인이 일본에 들어갈 때의 상황이 기술되어

---

309 정선영, 앞의 논문, pp.220~221.

310 『일본서기』① 권, 권제10, 오진천황(應神天皇) 15년, p.482.

311 『일본서기』① 권, 권제10, 오진천황(應神天皇) 15년, p.484.

있는데, 특이한 점은 왕인이 서수書首의 시조라고 기록되어 있는 점이다. 서수란 문장의 대가인 '문수文首'를 뜻하는 말이다. 왕인이 일본에 건너가 문수文首가 되어 한 일은 전적류를 가르치는 임무였는데 이때의 전적류는 종이책이었을 것이므로 적어도 이 무렵에 일본에 종이가 전해졌을 것으로 추정할 수 있다. 그렇다면 『일본서기』 담징 편의 '채색과 지묵'에 관한 기사는 정선영의 지적처럼 '담징이 일본에 새로운 제지법을 알려주고 있음을 의미하는 것으로 볼 수'[312] 있다. 담징의 종이 전수와 관련된 사료는 『일본서기』 외에 『원형석서』[313], 『본조고승전』[314] 등을 들 수 있다. 『원형석서』에서는 종이와 먹 그리고 연자방아에 대한 소개와 함께 담징이 외학과 오경에 밝았다고 기술하고 있다.

---

312 정선영, 「종이와 제지술의 전래시기에 관한 연구」, 『서지학연구』 15, 1998, pp.233~236.

313 석담징은 스이코 18년(610)에 고구려에서 보낸 공물이 올 때 함께 왔다. 사문 법정이 그와 함께 왔다. 담징은 외학을 두루 섭렵하였고 오경에도 밝았다. 또 기예에도 뛰어나서 맷돌을 손수 만들고 채색화를 잘 그렸다. 기린다. 옛날에 진구황후는 신령한 무위를 해외에 떨쳤고 이로 말미암아 삼한은 함께 먼 곳의 번국이 되어 공물을 연이어 바쳤다. 여덟 스님들은 어떤 이는 공물을 바치는 관리들과 함께 오고 어떤 이는 이 나라의 풍광을 보려고 왔는데, 생각해 보면 모두 법을 전하는 재능을 지녔다. 햇수가 점점 멀어지면서 그 교화한 자취도 흐려졌다. 그런 까닭에 여기에 나란히 이어서 실었다. 그렇지만 혜자가 성덕태자의 옷을 여미게 하였고 관륵은 승정이 되었으니 얻은 게 없다고 할 수는 없다. 오호라. 담혜와 도심은 이 나라의 섭마등이요, 축법란이로다. 그러나 안타깝게도 옛 기록이 빠져 있구나. 『원형석서』 권제16, pp.321~322.

314 석담징은 스이코 18년 봄 3월에 고구려국에서 왔다. 외학에도 밝았으며 5경에도 밝았다. 또 기예를 지녔으며 연자방아와 채화를 만들었다. 이것이 일본의 채색화의 시초이다. 『본조고승전』 권제67, p.842.

뿐만 아니라 성덕태자의 스승 혜자와 백제승 관륵이 승정이 되었다는 사실과 아울러 백제의 담혜와 도심을 일컬어 일본의 섭마등이요 축법란[315]이라고 소개하고 있는 점이 특이하다. 『본조고승전』의 담징 기록은 『일본서기』의 '채색과 지묵, 연자방아'를 전한 사실을 그대로 답습하는 수준이며, 이들 사료 가운데는 『원형석서』가 비교적 자세하면서도 담징과 관련지어 고구려승 혜자와 백제승 담혜와 도심, 관륵까지 일본에서의 비중 있는 역할에 대한 소개하고 있음을 알 수 있다.

2) 법륭사 금당벽화와 담징

남도칠대사南都七大寺의 하나로 나라시대에 번창했던 고찰 법륭사(法隆寺, 호류지)가 우리와 친숙한 것은 이곳에 그려진 금당벽화가 고구려승 담징의 작품으로 알려졌기 때문일 것이다. 607년 성덕태자의 발원으로 창건된 법륭사 서원가람西院伽藍은 현존하는 세계 최고最古의 목조건축물이다. 법륭사 창건과 불상, 불화에 대한 논의는 오래 전부터 수많은 논의의 대상[316]이 되어 왔다. 특히 법륭사의 재건설과 비재건설

---

315 섭마등葉摩騰, 축법란竺法蘭 두 존자는 인도에서 중국에 최초로 불법을 전한 전법자다. 『후한서』 서역전에 기록하기를 '동한東漢 명제明帝 영평永平 연간에 명제의 꿈속에 이마엔 눈부신 빛이 나는 거대한 금인金人이 나타났다. 명제는 이 일을 군신들에게 물었다. 이에 신하들이 답하길, 서방에 신이 있는데 그 이름을 부처라 하며, 그는 크고 거대하며 황금색이라 하였다. 이에 명제는 서역에 불법을 묻게 되었다. 두 존자는 영평 10년에 낙양에 있는 백마사로 와서 불법을 전하게 된다. 그들은 『사십이장경』을 번역하는데 이것이 중국에서의 첫 불경 번역이며 사찰의 기원이다. 그들은 낙양에서 입적했다.'라고 하였다. 한보광, 임종욱, 『중국역대불교인명사전』, 이회문화사, 2011.

316 문제는 670년에 법륭사가 낙뢰로 화재가 일어 전소되었다는 데 있다. 이때의

의 첨예한 대립이 있어 왔는데, 여기서 중요한 문제는 금당(대웅전)에 그려져 있는 금당벽화의 작가 문제다. 이 문제에 대해서는 ①금당벽화를 담징이 그렸는가?, ②언제 누구에 의해 담징이 그린 것으로 유포되었는가?, ③담징이 아니라면 누가 그렸는가?를 중심으로 살펴보고자 한다. 금당벽화의 논점에 대해 이 세 가지를 풀어간다면 그 답을 얻을 수 있을 것이다. 먼저 금당벽화를 담징이 그렸다는 기록이 존재하는가를 살펴보겠다. 금당벽화의 작가를 가늠해 볼 수 있는 유일한 단서가 되는 기록은 『일본서기』 스이코조(推古條, 610)의 기록이다.

18년(610) 봄 3월 고구려왕이 승 담징과 법정을 보냈다. 담징은 오경에 능통했다. 채색과 종이와 먹을 잘 만들었고 맷돌도 만들었다. 맷돌은 이것이 처음이다.[317]

사정을 『일본서기』 천지 9년(670) 4월 30일조는 "4월 계묘삭 임신 3년 밤에 법륭사가 불탔다. 큰비와 낙뢰로 전소했다(夏四月 癸卯 朔壬申卅 夜半之後 災法隆寺 一屋無餘 大雨雷震)"라고 밝히고 있다. 이러한 사실을 들어 메이지기(明治期)에 구로가와 마요리(黑川眞賴, 1829~1906) 등은 현재의 법륭사는 모두 전소된 뒤 다시 재건되었다는 재건론을 폈다. 이에 맞서 세키노 타다시(關野貞, 1868~1935) 등은 서원가람의 경우 고구려자(高麗尺)를 사용하고 있는 것을 들어 전소되지 않은 채 창건 당시의 모습 그대로를 주장하여 이른바 비재건론을 펼치는 등 오랫동안 재건, 비재건 논쟁이 벌어졌다. 그러나 1939년에 이시다 모사쿠(石田茂作, 1894~1977) 등이 구가람(若草伽藍) 발굴 조사 결과 현존하는 법륭사 서원가람이 창건 당시의 것이 아니라 화재 후 재건한 것이라는 발표로 사실상 재건, 비재건 논란은 잠잠한 상태다.

317 『일본서기』 ②권 권제22, 스이코천황 18년, p.532. "十八年春三月 高麗王貢上僧 曇徵·法定 曇徵知五經 且能作彩色及紙墨 幷造碾磑 蓋造碾磑 始于是時歟"

이 기사를 통해 알 수 있는 것은 담징이 고구려승이며 오경에 밝았다는 점, 채색에 능했고 종이와 먹을 만들 줄 알았으며, 맷돌을 만들 줄 알았다는 점이다. 물론 이 기사에서는 법륭사 금당벽화를 담징이 그렸다는 말은 없다. 하지만 채색에 능했다는 점과 종이와 먹을 다룰 줄 아는 인물이기에 담징이 그렸을 것이라는 추정을 가능케 한다. 이와 관련해서 '금당벽화를 그린 사람이 담징'이라는 의견이 있다.

홍윤기는 "1945년 8·15 직후에 대한민국 문교부가 발행한 초등학교 국사 교과서에는 고구려 스님 담징이 일본에 건너가 법륭사 금당벽화를 그렸다는 기록이 있다. 이것은 일본 문부성이 발행한 일본역사 교과서 『고등소학 일본역사독본 1권』(1924)을 저본으로 만든 것"이라면서 1924년까지 일본은 금당벽화를 담징의 작품으로 보았다고 했다. 그것을 밑받침하는 또 다른 증거로 일본의 전통 있는 사전『고지엔(廣辭苑)』1963년판에 '담징이 스이코천황 18년에 일본에 왔고 채색화에 뛰어났으며 법륭사의 벽화를 그렸다'고 한 사실을 들고 있다.[318]

『고등소학 일본역사독본 1권』을 집필한 학자들이나 『고지엔』을 집필한 이들은 『일본서기』의 채색과 종이를 다룰 줄 아는 담징을 금당벽화를 그린 작가로 이해했던 것으로 보인다. 그렇지 않고서야 담징을 금당벽화를 그린 작가라고 교과서나 사전에 실을 수는 없는 일일 것이다. 담징이 금당벽화를 그렸다는 이른 시기의 기록은 박종홍(朴鐘鴻, 1903~1976)을 들 수 있다. 그는 1922년 잡지『개벽』에 기고한 '조선미술의 사적史的 고찰'이란 글에서 법륭사 금당벽화의 음영법·명

---

[318] 홍윤기, 「백제인 사찰 담징의 금당벽화」, 『일본 속의 백제 나라(奈良)』, 한누리미디어, 2009, pp.214~224.

암법 등이 서역화풍, 곧 실크로드를 통한 헬레니즘 화풍의 영향을 반영하고 있으며, 특히 담징이 법륭사에 주석하고 있었다는 사료를 들어 이를 담징의 작품으로 추정하고 있다.

불법의 전포로 존숭되는 일본 성덕태자는 고구려 사문 혜자의 오계를 수하였으며 이로써 일대간에 초창한 불사가 40여를 수하게 된 것으로써 추상할지라도 불문이가지라. 부상(일본)미술의 표절 標節이 되는 법륭사 금당벽화가 고구려 담징의 묘적이 아니고 무엇 이며 성덕태자의 상像이 백제 아좌阿佐의 여묵餘墨이 아니고 무엇이 리오. 삼척동자라도 모두 아는 나라의 대불은 그의 주공장鑄工長인 구니나카마로(國中公麻呂)가 백제인의 후예이며 헤이안조 미술가 의 원두元頭가 된 가와나리(河成) 역시 백제인임이로다. 동남의 렬도로부터 서북의 광야를 지반 삼는 반도의 미술, 이에 동양문화의 정영精英이 되니 기후 고려시대를 통하야 금일에 이르기까지 세계 미술사상 수위를 점한 미술이 또한 여하히 비범한 자이엇도다.[319]

박종홍은 이 글에서 법륭사 금당벽화는 고구려승 담징의 작품임과 동시에 성덕태자상은 아좌阿佐가 만들었고, 동대사 대불은 백제인 후예 구니나카마로(國中公麻呂)가 만들었다고 했다. 아울러 헤이안조 의 화가 가와나리(河成)[320]가 백제인이었음을 소개하고 있다. 특히

---

319 박종홍, 『朝鮮美術의 史的考察』, 제1회 『개벽』, 1922, 국사편찬위원회 한국사데 이터베이스.

320 구다라 가와나리(百濟河成, 782~853)는 헤이안 초에 활동한 백제 출신 화가로

박종홍은 법륭사의 금당벽화를 포함한 일본의 아스카 화풍의 연원을 고구려 고분벽화 가운데 강서대묘를 들어 설명하면서 실크로드 화풍과 고구려의 고분벽화가 아스카 화풍에까지 이어지고 있음을 소개하고 있다.[321] 또한 일본의 근대초기 문예평론가 다카야마 초규(高山樗牛, 1871~1902)도 금당벽화를 담징의 작품으로 보는 학자의 한 사람이다.[322] 뿐만 아니라 일본인 학자 가운데 1889년 가와다 고(川田剛),

---

이름난 인물이다.『일본문덕천황실록日本文德天皇實錄』에는 구다라 가와나리에 대해 다음과 같이 기록하고 있다. "(가을 8월경인 초하루) 임오, 산위 종5위하 백제 조신 가와나리가 죽었다. 가와나리의 본성은 여余인데 뒤에 구다라(百濟)로 고쳤다. 무예에 뛰어나고 용맹하였으며 강궁强弓을 잘 쏘았다. 대동大同 3년(808) 좌근위左近衛가 되었는데, 그림을 잘 그려 자주 부름을 받았다. 그가 그린 옛 사람의 모습과 산수·초목 등이 모두 살아 있는 것 같았다. 옛날 궁중에 있을 때 어떤 사람으로 하여금 종자從者를 불러 오도록 하였는데 그 사람이 (종자의) 얼굴을 본 적이 없다고 하여 사양하였다. 가와나리가 곧바로 종이 한 장을 들어 그 모습을 그리자 그 사람이 마침내 그를 불러왔다. 그 기묘한 것이 모두 이와 같았다. 오늘날의 화풍은 모두 그 법을 (가와나리로부터) 취한다. 홍인弘仁 14년(823) 미작권소목美作權少目에 임명되었고, 천장天長 10년(833)에 외종 5위하에 제수되어 여러 번 관직을 옮겼다. 승화承和 연간에 비중개備中介가 되었다가 다음에 파마개播磨介가 되었는데, 당시 사람들이 영예로 여겼다. 죽을 때의 나이 72살이었다.『일본문덕천황실록』권5 문덕천황 인수 3년 가을 8월(853년 8월 24일).

[321] 박종홍은 오세창(吳世昌, 1864~1953)과 문일평(文一平, 1888~1939), 나아가 최초의 한국미술사를 저술한 안드레아스 에카르트(Andreas Eckardt, 1884~1974) 역시 한국미술의 범주에서 법륭사 금당벽화를 다루면서 담징의 작품으로 전한다는 구전을 기록하고 있다. 박종홍,『朝鮮美術의 史的考察』, 제1회『개벽』, 1922, 국사편찬위원회 한국사데이터베이스.

[322] 다카야마 초규(高山樗牛),「日本美術史未定稿」,『樗牛全集』第1卷, 博文館.

고스기 온손(小杉榲邨), 구로가와 마요리(黑川眞賴)는 「황전강구소강연(皇典講究所講演)」에 게재한 논문에서 담징이 법륭사 벽화를 그렸다는 구전을 소개하고 있으며, 1895년 간행된 도리이 부헤이(鳥居武平)의 「법륭사가람제당순배기法隆寺伽藍諸堂巡拜記」라는 글에서는 금당벽화를 '담징의 필력이라 전한다'고 했다.[323]

한편 금당벽화를 그린 작가가 누구인가를 알 수 있는 유일한 단서를 금당벽화의 제작연대와 양식에서 찾는 시도가 있다. 문명대는 이에 대하여 먼저 금당벽화의 제작시기를 살펴보아야 한다고 했다. 금당벽화의 제작 시기는 ①680~704년 설: 濱田隆, ②686~697년 설: 太田英藏, ③707~734년 설: 小山滿이 있으나, 지금은 686~697년 설이 정설이라는 것이다. 오이타 에이조(太田英藏)는 벽화의 명문을 연구한 결과 명문이 천무(673~685), 지통(686~696) 연간에 신라로부터 가져온 병금(絣錦, 명주와 비단)을 모방하여 670~690년에 관영공방에서 짠 위금緯錦으로 확인되었으며, 벽화의 제작은 당나라로부터 면을 수입하기 이전인 704년 이전이 확실하다고 했다.[324] 따라서 법륭사 재건에 깊숙이 관여한 백제의 입사入師, 백제문사百濟聞師, 원명사圓明

1907. 다카야마 초규(高山樗牛)는 메이지 30년대 언론을 선도한 평론가이자 사상가로 저서에는 법륭사 금당벽화가 담징의 작품이라고 밝힌 『초규젠슈(樗牛全集)』 5권 등이 있다.

323 주수완, 「일본 법륭사 금당벽화는 담징의 작품이 맞을까?」, 법보신문 1338호, 2016. 4. 6.

324 오이타 에이조(太田英藏), 「법륭사벽화의 명문과 그 시대(法隆寺壁畵の銘文とその年代)」, 『건축 및 벽화 문양 연구(建築及び壁畵文樣研究)』, 美術研究所, 1953, pp.43~73.

師 등은 백제 및 신라계 기술자들이고, 이들 가운데 화공이 금당벽화[325]
를 담당한 것으로 보고 있는 것이다. 문명대는 당시 일본의 능력으로는
금당벽화 제작은 불가능했으며 당나라로부터 화공을 데려올 상황도
아니었다고 하면서, 금당벽화가 645년 무렵 제작된 것이라면 고구려의
담징이 그렸을 가능성이 크고, 만일 670년 이후 제작이라면 담징의
제자 또는 신라계 화공의 작품으로 볼 수 있다고 했다.[326]

한편 금당벽화에 사용된 안료에 대해서 야나기사와 다카시(柳澤孝)
는 다음과 같이 밝히고 있다.[327] 문제는 8세기 중엽까지도 일본은
안료를 생산하지 못해 일부 부유한 왕족과 귀족만이 일본을 방문한
신라인으로부터 동, 황동, 연자, 주사, 호분, 황단, 금청, 자황, 백청
등의 안료를 조금씩 구매한 것[328]을 감안한다면, 7세기에 법륭사 금당벽
화를 그린 인물은 이러한 안료를 원활하게 쓸 아는 사람이 아니면
불가능하다는 결론에 다다른다. 이는 『일본서기』에서 말한 '채색을

---

[325] 금당벽화에 대해서는 다음 글을 참조

太田英藏, 「法隆寺壁畵の銘文とその年代」建築及び壁畵文樣硏究』, 美術硏究
所, 1953.

柳澤孝, 「金堂壁畵」, 『奈良の寺』8-法隆寺金堂壁畵, 岩波書店, 1975.

松原智美, 「法隆寺金堂壁畵に關する一考察」, 『佛敎藝術』218, 1986.

肥田路美, 「金堂壁畵」, 『法隆寺美術論爭の視點』, グラフ社, 1998.

[326] 문명대, 「법륭사 금당벽화와 불상조각 연구의 문제」, 『강좌 미술사』16권,
한국불교미술사학회(한국미술사연구소), 2001, p.20.

[327] 금당벽화에 사용된 안료로는 白(白土), 赤(朱, 鉛丹, 벵갈라), 黃(黃土, 密陀僧),
綠(岩群 靑), 靑(岩群靑), 黑(墨), 顔料, 柳澤孝, 『法隆寺金堂壁畵』, 岩波書店,
1975, p.3.

[328] 최재석, 「금당벽화」『법륭사 재건과 통일신라』, 일지사, 1998, pp.407~410.

다룰 줄 아는' 고구려승 담징으로 귀착된다고 할 수 있다.

법륭사 금당벽화의 제작자를 밝히는 문제에 대해 좀 더 시야를 확대해, 당시 도일해 있던 고대 한국계 화가들의 활동을 중심으로 접근하려는 일련의 움직임도 있다. 담징 이전에 일본의 회화사에는 유랴쿠왕(雄略天皇, 470) 때 백제의 화공이 건너갔고 이어 백여白如, 아좌阿佐 등이 화사畵師 역할을 했는데, 이들은 모두 묵화 수준이었다. 채색화의 등장은 담징 대에 와서 비로소 가능하게 된 것이다.

7세기 초에 만들어진 나라 중궁사(中宮寺, 추구지)에 전해오는 천수국수장天壽國繡帳[329]은 성덕태자의 명복을 빌기 위해 만든 것으로, 자수의 밑그림을 그린 인물 가운데는 고구려 출신 화가들도 한몫을 하고 있다. 편무영은 천수국수장 밑그림에 사용된 화풍을 고구려 고분벽화 양식인 연화화생의 이식으로 보았는데, 이는 중국의 고분과는 확연히 구분되는 것으로 고구려만의 독특한 문화라고 보았다. 이러한 고구려 고분벽화 양식은 중궁사의 천수국수장에만 해당되는 것이 아니라 법륭사 금당벽화 등에도 그 영향이 미쳤을 것으로 보고 있으며, 실제 편무영은 금당벽화를 담징의 작품으로 보고 있다.[330] 고구려, 백제, 신라의 회화는 특히 불교와 관련되어 각종 불교 회화가 그려졌을 것으로 추정되지만 고분 현실의 벽화 유물에 그려진 약간의 화적畵蹟을 제외하고는 현재 전하는 것이 전무한 실정이다.

고분벽화는 고구려 고분에서 20여 기가 발견되었고 백제에서는

---

329 천수국만다라수장天壽國曼茶羅繡帳(이하 '천수국수장'이라 함).

330 편무영, 「일본 나라 중궁사 천수국수장의 연화화생에 대한 고구려의 영향」, 『동아시아고대학』 제22집, 동아시아고대학회, 2010, p.329.

2기, 신라와 가야에서 각각 1기가 있을 뿐이다. 고구려의 벽화고분은 통구와 평안도의 대동군·순천군·용강군·강서군과 황해도의 안악군 등지에 분포되어 있다. 전실, 후실 네 벽은 물론 이도羡道와 현실의 천장 받침·천장 등 전면이 빈틈없이 벽화로 채워져 있다. 고구려 고분벽화 중 유일하게 불상과 보살상이 표현된 고분은 장천리 1호 무덤이다. 불상의 형태를 보면 화염광배火焰光背와 대좌를 갖추고 있는 모습으로 결과부좌에 선정인의 수인手印을 결結하고 있다. 비천飛天이 등장하는 중기 고분벽화는 장천1호 무덤과 안악2호 무덤 등으로 제재에 비해 사례가 드문 편이다. 장천1호 무덤의 전실 천정 2층과 3층 고임부에는 모두 20명의 비천飛天이 표현되어 있다. 악기를 연주하거나 연꽃 접시를 받쳐 들고 산화하는 모습으로 그려진 비천들은 상반신이 반라半裸이며 하늘거리는 천의天衣에 의지해 비행하는 모습이다. 장천1호 무덤보다 기법면에서 능숙하고 자연스런 모습을 보여주는 예는 바로 안악2호 무덤의 비천상이다. 두 명의 비천飛天이 양손으로 연꽃 접시를 받쳐 들고 나란히 비행하는 모습에서 사자死者가 염원하는 평화로운 불국토 분위기를 나타낸다.[331]

이처럼 담징이 도일하기 전 조국 고구려에서는 이미 상당한 수준의 고분벽화가 조성되고 있었다. 7세기 무렵 고구려 출신 화가들이 일본에서 눈부신 활동을 펼치게 되는 데는 본국의 세련된 불교미술의 영향이 적지 않았을 것이다. 승려이면서 화가인 담징 못지않은 인물로 꼽을 수 있는 사람이 가서일加西溢이다. 가서일은 성덕태자가 622년 사망하

---

[331] 김진순, 「고구려 중기(5~6세기 초) 고분벽화에 보이는 불교적 제재와 그 연원」, 『고조선 고구려 발해 발표 논문집』, 고구려재단, 2005, pp.336~337.

자 그의 비妃가 남편의 극락왕생을 염원하여 우네메(采女)들을 시켜서 제작한 중궁사의 천수국수장에 밑그림을 그린 사람이다. 천수국수장 명문銘文에는 화자畵者, 동한말현東漢末賢, 고려가서일高麗加西溢, 차한노가기리叉漢奴加己利, 영자략부진구마令者掠部秦久麻와 같은 이름이 보이는데, 고려가서일高麗加西溢이 바로 고구려 출신의 화가다. 더욱이 놀라운 것은 천수국수장에 나타나 있는 인물들은 모두 고구려 복장을 하고 있다는 점이다. 이는 가서일加西溢을 통한 고구려 회화의 영향으로 보이며, 고대 일본의 최고위에 있던 성덕태자를 위한 추모작품에 고구려 출신 가서일이 참여하고 있다는 사실 자체가 일본 회화에 고구려의 영향이 크게 미치고 있음을 시사하는 것이다.[332]

담징의 도일기인 610년 이후 고구려 화가들에 의해 천수국수장이 그려진 시기는 성덕태자 사망(622)과 대화大化 개신(645) 사이로 보고 있으며, 고구려식 벽화가 그려진 다카마쓰무덤고분(高松塚古墳)이 축조된 시기(694~710) 이후까지도 이러한 고구려식 화풍은 지속된 것으로 보인다.

그렇다면 법륭사 금당벽화는 얼마나 아름다운 것일까? 안타깝게도 1949년 1월 26일 법륭사 금당에 화재가 일어나 금당벽화의 일부가 소실되고 말았다. 금당 화재의 원인에 대해서는, 벽화 보존을 위해 모사 화가를 뽑아 벽화 모사 작업을 하던 중에 화가가 사용하고 있던 전기 이불방석이 발화점이라는 설과 형광등용 전열기기의 누전설과 또 다른 하나는 누군가에 의한 방화설이 있으나 아직 확실한 원인은

---

[332] 安輝濬, 「三國時代 繪畵의 日本傳播」, 『國史館論叢』第10輯, 국사편찬위원회, 1989, pp.153~226.

밝혀지지 않고 있다. 다행히 일부 손상된 벽화는 아크릴수지와 요소수지를 주입하여 경화시킨 후 1954년 10월부터 이듬해 3월까지 복원하여 법륭사 안 수장고를 지어 보관하고 있다. 그러나 보존상의 이유로 일반인들에게는 공개하지 않고 있다.

불탄 금당은 1954년 완전 복원되어 현재에 이르고 있으며, 일본에서는 법륭사 금당 화재를 계기로 서둘러 문화재보호법을 제정하여 1950년 8월 29일부터 엄격한 관리를 하고 있다. 한편 금당에 화재가 나기전 금당벽화를 본 일본의 철학자이자 사상가인 와쓰지 데쓰로(和辻哲郎, 1889~1960)는 사찰순례기의 바이블이라는 『고사순례古寺巡禮』에서 다음과 같이 그 인상을 쓰고 있다.

금당은 동쪽 입구로부터 들어가게 되어 있다. 우리는 그곳(벽화)으로 가기 위해 먼저 본존 앞에서 왼쪽으로 꺾었다. 약사삼존불 앞에 왔을 때 나는 아무 생각 없이 서쪽을 바라보았다. 그리고 깜짝 놀라 걸음을 멈추었다. 일렬로 나란히 줄 지어져 있는 오래된 불상과 검은 기둥 사이의 서쪽 벽에 아미타불이 밝은 모습으로 합장한 손의 모습까지 확실히 보이는 것이었다. 동쪽 입구에서 조금 먼 거리에 있는 아미타불이 이렇게 확실히 보일 거라고는 예상치 못했다. 이 정도의 거리를 두고 바라다본 벽화의 조각적인 아름다움이 선명하게 눈에 새겨지는 것 또한 예기치 못한 일이었다. 벽화에 이르는 길목의 본존불과 좌우 조각에는 눈도 주지 않고 우리는 아미타불쪽으로 내달았다. 이 그림이야말로 동양회화의 절정이다. 꽤 박리된 부분이 있었지만 그 흰 박리면조차 벽화의 신선한 생동감으로 느껴졌다. 이 벽화 앞에 서면 아무 생각을 할 수 없다. 아무것도 보태고 더할 것이 없다. 그저 바라다보고 취할 뿐이다.[333]

와쓰지 데쓰로(和辻哲郎)는 금당벽화에 화재가 나기 2년 전(1947) 지인 2명과 함께 법륭사를 찾았다. 그는 법륭사의 금당벽화에 매료되어 벽화 앞에 서서 백지상태의 마음을 느꼈다고 했다. 얼마나 금당벽화에 반했는지 벽화의 본존불 양 옆에 있는 협시불에도 찬사의 말을 아끼지 않았다.

협시를 개별적으로 관찰하면 그 매력은 본존 이상으로 강하다. 본존이 남성적 인상을 주는데 반해 협시는 여성적이다. 그러나 그 여성스러움을 통해 표현하는 청정함은 본존에 뒤지지 않는다. 이만큼 인간다우면서도 동시에 인간계를 떠난 느낌을 주는 작품을 본 적이 없다.[334]

그러나 와쓰지 데쓰로는 금당벽화를 그린 사람에 대해서는 침묵하고 있다. 기껏해야 "이 벽화를 그린 사람은 외국인이었을 것이다. 일본인은 이 천재에 의해 눈을 떴고 자신의 마음을 대신 표현해주는 느낌을 받았다."고만 했을 뿐이다. 불타기 전(1947)의 금당벽화에 대해서는 필자 역시 하루야마 다케마쓰(春山武松)[335]가『법륭사벽화法隆寺壁畵』

---

333 와쓰지 데쓰로(和辻哲郎),『고사순례古寺巡禮』, 岩波書店, 1947, pp.263~264.

334 와쓰지 데쓰로(和辻哲郎)의 앞의 책, p.368.

335 하루야마 다케마쓰(春山武松, 1885~1962)는 대정大正~소화昭和시대의 미술평론

에 실은 10호벽의 아미타정토 사진을 본 적이 있다. 철학자 와쓰지 데쓰로만큼은 아니지만 불화의 문외한이라도 이 그림을 바라다보고 있으면 무언가 뭉클한 느낌을 받게 된다. 오른손을 들고 날개옷처럼 투명해 보이는 가사를 두른 아미타불을 중앙에 두고 앉아 있는 양 협시불의 모습은 벽화라기보다는 고려불화에서 볼 수 있는 비단 천에 그린 한 폭의 완벽한 불화를 연상케 한다. 하루야마 다케마쓰는 오랫동 안 법륭사 벽화를 연구한 사람으로 전시戰時 중에는 그동안 연구한 원고의 유실을 막기 위해 항아리 속에 담아 땅속에 몰래 보관하다가 전후 1945년 B4판으로 아사히신문사에서 간행하게 되는데, 여기에 실린 아미타정토 사진을 본 오카쿠라 텐신(岡倉天心)[336]은 "아직 법륭사 벽화를 본 적이 없는 사람은 행복한 사람들이다. 그 멋진 최초의 감동을 앞으로 맛볼 수 있는 기회가 남아 있기 때문이다."라는 유명한 말을 남기기도 했다.

3) 금당벽화의 구성과 화풍

법륭사 금당벽화라고 하면 벽화 1면만을 떠올리기 쉽지만 금당벽화는 모두 50면으로 구성되어 있다. 금당 외진外陣 흙벽에 그려진 12면과 내진소벽內陣小壁의 비천 벽화 20면 그리고 외진소벽의 산중나한도 18면을 합하면 모두 50면으로 결코 작은 규모가 아니다. 외진에 석가정

가로 저서에 『법륭사벽화法隆寺壁畵』 등이 있다.

[336] 오카쿠라 텐신(岡倉天心, 1863~1913)은 메이지기(明治期)에 활약한 사상가이자 미술학자로 저서로는 『일본제국미술역사日本帝國美術歷史』, 『오카쿠라 텐신 전집(岡倉天心全集)』 등이 있다.

토(동), 아미타정토(서), 약사정토(북의 동측), 미륵정토(북의 서측), 여러 보살 등 중요한 주제들이 표현되어 있다. 또한 금당의 중앙부에 수미단이 위치하고 있는데, 이 수미단의 내진이라고 일컫는 20개의 작은 벽면들에는 각각 비천도가 그려져 있었다. 1949년 화재로 외진벽 12면이 불에 탔고 나한도를 그린 18면은 화재 후에 벽이 무너져 내리는 바람에 산실되어 버렸다. 다행히 비천상 등 20면은 일부 떼어내어 별도의 장소에서 보존하고 있어서 화재를 면했다.

외진 벽화에는 1호부터 12호까지 번호가 매겨져 있다. 동쪽 문을 열고 들어가면 왼쪽부터 1호벽이며 그 옆이 2호벽으로 시계방향으로 번호를 매겨 나가 동쪽 문 북쪽으로 나 있는 벽화가 12호 벽화다. 벽면의 크기는 가로 폭 225~260cm의 대형크기와 155cm의 소형벽 두 가지였다.

이 벽화들은 한 사람의 작품이 아니라 여러 사람의 다른 솜씨가 확인되는데, 이를테면 4·5·6의 벽면, 7·8·9의 벽면, 10·11·12의 벽면은 세 사람의 솜씨를 드러낸다.[337] 곧 4·5·6의 벽면은 한 화가가 그리고, 7·8·9의 벽면은 다른 제2의 화가가 맡고, 10·11·12의 벽면은 또 다른 제3의 화가가 맡아서 그린 것으로 보인다. 즉 금당의 외진만 보아도 네 명의 화가가 벽면의 한 구석씩 맡아서 그린 것으로 여겨지며 분담작업이 이루어졌음을 보여 준다. 벽화 중에서 동방의 약사정토도 와 서방의 아미타정토도는 백제계의 구라쓰쿠리 도리(鞍作止利)의 작품으로 전해지고 있다.[338] 도리는 백제계의 인물로 일본 불상의

개조開祖나 다름없으며, 법륭사 금당의 석가삼존상을 623년에 완성한 바 있다. 따라서 법륭사 금당벽화의 제작에는 고구려계와 백제계가 함께 참여했을 가능성이 있다.

그렇다면 서두에서 문제제기를 한 것처럼 법륭사의 금당벽화를 그린 인물에 대한 답을 할 차례다. 금당벽화는 담징이 그렸는가에 대한 결론은 담징이 화가였는가에 대한 것을 먼저 확인하는 것이 바람직하다고 본다. 고대 화가들은 작품 제작에 필요한 안료를 직접 손수 만들어 쓰는 것이 보편적이었음을 고려할 때, 담징이 그림 제작에 필요한 '채색 및 지묵'을 능히 만들었다는 기록으로 보아 담징이 관여했을 것으로 추정된다.

앞서 살펴본 것처럼 천수국수장이나 다카마쓰즈카벽화(高松塚壁畵)의 경우에서 보듯이 7세기부터는 일본에서 백제계보다는 고구려계 회화의 영향이 보다 강력하게 작용하고 있는 사실에서도 일정 부분 담징의 역할은 있었다고 본다. 또한 670년 법륭사 화재 이후 법륭사를 복원할 때 그전에 불타버린 건물의 양식이나 벽화 등을 전혀 참조하지 않고 완전히 새롭게 축조, 제작했다고는 보기 어려운 점을 고려한다면, 법륭사 금당벽화는 담징이 그렸을 확률이 높다고 보아도 무리는 없을 것이다. 앞으로 담징과 관련하여 금당벽화에 대한 연구는 더 진행되어야 할 것이다.

4) 후쿠오카 관세음사의 맷돌과 담징

후쿠오카(福岡)는 예전에 하카다(博多)로 불리던 곳으로, 하카다항을 끼고 상업이 번성하여 고대로부터 규슈의 중심도시로서 역사가 깊은

땅이다. 이곳에 자리한 관세음사(觀世音寺, 관제온지)는 나라의 동대사
(東大寺, 도다이지), 도쿄의 약사사(藥師寺, 야쿠시지)와 더불어 일본의
'삼계단三戒壇'[339]이 설치될 정도로 이름난 곳이었다. 관세음사와 담징
의 인연은 맷돌(碾磑)로부터 시작된다.

> 18년(610) 봄 3월 고구려왕이 승 담징과 법정을 보냈다. 담징은
> 오경에 능통했다. 채색과 종이와 먹을 잘 만들었고 맷돌도 만들었
> 다. 맷돌은 이것이 처음이다.[340]

『일본서기』의 맷돌 기록을 입증하는 담징의 맷돌이 관세음사에
전하는데, 실물이 지금도 대웅전 앞마당에 놓여 있다. 한국은 신석기시
대가 시작된 후 최초로 회전하는 도구를 만들었는데, 그것은 즐문토기
인들의 맷돌이었다. 이 맷돌들은 여러 가지 열매의 제분용으로 사용되
었을 것으로 추정하는데, 맷돌의 유물이 도토리알이나 곡식알 등과
함께 여러 곳에서 나오고 있는 사실이 이를 증명해준다. 맷돌은 처음
회전석의 축이 수평이었으나 그 후 수직축으로 발전하여 현대에 이르
기까지 거의 아무런 변화 없이 그대로 계승되고 있다. 지금도 농촌에서
쓰고 있는 맷돌의 원형은 이미 삼국시대에 완성된 것이다.

그러나 담징의 맷돌로 전해오는 관세음사의 맷돌은 곡식을 제분하는

---

339 삼계단三戒壇이란 나라시대 칙명에 의해 설치된 세 곳의 계단으로 나라의 동대사,
　　도쿄의 약사사, 후쿠오카의 관세음사를 일컫는다. 계단원은 정식으로 승니에게
　　계를 주는 곳으로, 일종의 승려 자격증명서인 도첩度牒을 주었다.
340 『일본서기』②권 권제22, 스이코 18년, p.532.

용도가 아니다. 후쿠오카 관세음사에 남아 있는 맷돌에 대해 이 절의 주지이자 서남학원대학 문학부 교수인 다카구라 히로아키(高倉洋彰)는 『다자이후와 관세음사(太宰府と観世音寺)』에서 "이 맷돌은 610년 고구려에서 온 승려인 담징이 처음 만든 것으로 이것이 그 실물이다. 이 맷돌은 식용의 가루를 가는 용도가 아니라 가람 건립 때 사용하는 적색안료인 '주朱'를 생산하기 위한 것이었다."라고 밝혔다.[341] 현재 관세음사의 맷돌은 크기는 직경이 상하 1,030mm(최대부), 두께 윗부분이 260mm, 아랫부분은 280mm이다. 윗부분 2개소의 재료 공급구로부터 재료를 넣어 맞물리게 하여 회전력에 의해 외부로 배출되는 구조다. 이 맷돌에 대해 1984년 도시샤대학 미와 시게오(三輪茂雄) 교수와 모리 고이치(森浩一) 교수 등이 조사한 결과 '물을 흘려보내면서 광석의 분광물질粉鉱物質의 원료 주朱 또는 금의 원광을 습식 분쇄하는 데 사용되는 것'으로 확인되었다. 고대에 주朱의 제조는 사원 건축에서 필요불가결한 것이라고 미와 시게오는 말했다. 『치쿠젠구니조쿠후도키(筑前國續風土記)』의 기록에 따르면, "관세음사 앞(마당)에 옛날 맷돌이 있는데 지름 3척 2촌 5분, 윗부분 두께 8촌, 아랫부분 두께 7촌 5분이다. 이것은 절을 지을 때 주朱를 생산하는 데 사용했다고 전한다."[342]는 기록이 있다.

『일본서기』에도 맷돌을 이용하여 야금冶金을 한 기록이 보인다.

---

341 다카구라 히로아키(高倉洋彰), 『다자이후와 관세음사(大宰府と観世音寺)』, 海鳥社, 1996.

342 『치쿠젠구니조쿠호도키(筑前國續風土記)』, 「卷之七御笠郡上. 観世音寺」 貝原益軒·寬政十年, 1798.

그것은 천지 9년 '수대水碓' 기록이다. "이 해에 맷돌을 만들어 야금을 만들다(是歲、水碓を造りて冶鐵す)"[343] 여기서 '수대水碓'와 '연애碾磑'는 같은 맷돌이지만 쌀을 갈 때는 '연碾'이라 하고 보리를 갈 때는 '애磑'라고 한다. 맷돌이란 원래 곡식을 갈 때 쓰는 도구지만 담징이 만든 관세음사의 맷돌은 그 크기면에서도 일반 곡식용이 아님을 알 수 있다. 그 용도는 절을 지을 때 사용하는 야금용 맷돌임이 판명되었다. 맷돌을 남긴 관세음사에 담징이 얼마 동안 머물렀는지에 대한 기록은 남아 있지 않다. 하지만 대웅전 앞에는 1,300여 년이 지난 지금도 담징의 맷돌이 전하고 있으며, 대웅전 뒤편에는 그 옛날 수많은 승려들이 묵었음직한 넓은 승방터가 그 규모를 말없이 전해주고 있다. 승방은 건물이 헐리고 주춧돌만 남아 있지만 고구려승 담징의 발자취는 고스란히 남아 있다.

2. 『일본세기』를 지은 고구려승 도현道顯

1) 백제3서와 『일본서기』

『일본서기日本書紀』 662년 4월 기록에는 고구려승 도현(道顯, 도켄)에 관한 아주 흥미로운 기사가 실려 있다. 기사 내용인즉, 쥐 한 마리가 말꼬리에 새끼를 낳는 사건이 발생하여 조정이 발칵 뒤집힌 것이다. 조정에서는 이 해괴한 일에 대해 고구려승 도현에게 점을 치게 하였는데, 도현의 점괘는 "북국의 사람들이 장차 남국에 의지할 것이다.

---

343 『일본서기』③권 권제27, 천지 9년, p.286.

아마도 고구려가 망하고 일본에 속할 것인가?"라고 나왔다.[344]

　고구려 보장왕(660) 때 일본으로 건너간 도현은 당시의 실권자인 후지와라 가마타리(藤原鎌足, 614~669)와 친밀한 관계를 유지하며 나라조의 정치무대에서 활약하면서 해박한 지식으로 위 기사에서 보는 것처럼 조정이 풀지 못하는 어려운 상황에 대한 자문 역할을 하였다. 도현은 정사正史인『일본서기』의 중요한 근거자료가 된『일본세기日本世紀』를 편찬한 인물로, 7세기 백제의 멸망을 시작으로 조국인 고구려의 멸망을 포함한 요동치는 한반도 정세를 온몸으로 느낀 지식인이요, 승려 출신 사가史家였다.

　그가 쓴『일본세기』는『일본서기』찬자들이 중요한 사건마다 인용하여 남김으로써 한일 간 고대사 자료가 열악한 우리에게는 7세기 역사를 재구성하는 데 큰 도움이 되고 있다. 도현의『일본세기』를 살펴보기 전에 먼저 도현이 도일하기 전 본국인 고구려를 포함한 삼국의 사서 편찬에 관한 상황을 살펴보고자 한다. 이어서 일본 문헌에 보이는 도현의 기록을 토대로 일본에서의 활동을 짚어보고, 마지막으로『일본서기』에 인용된『일본세기』기사를 살펴봄으로써 도현이 구현하려던 사가史家로서의 역사인식을 살피고자 한다. 먼저 고구려에서 사서에 관한 기록으로는『삼국사기』영양왕조의『유기留記』가 첫 기록이다.

　태학박사 이문진에게 명하여 옛 역사를 요약하여『신집新集』5권을 만들었다. 나라 초기에 처음으로 문자를 사용할 때 어떤 사람이 사실을 100권으로 기록하여 이름을『유기留記』라 하였는데, 지금에

이르러 다듬고 고친 것이다.[345]

이 기사에는 고구려 국초에 『유기』100권이 있던 것을 고구려 말기 영양왕대에 태학박사 이문진을 시켜 이 책을 요약, 정리해서 신집 5권을 만들었다고 되어 있다. 단재 신채호는 『유기』의 편찬을 고구려 시조인 동명성왕(재위 B.C. 37~B.C. 19) 때로 보았으니 고구려의 사서 편찬은 상당히 이른 시기로 거슬러 올라간다고 할 수 있다. 『유기』를 토대로 하여 이문진이 편찬한 『신집新集』의 성격은 고구려의 정치, 사회 발전과 전반적인 역사인식의 발달에 따라 종래의 『유기』와 구별되는 현실적, 실용적인 성격의 역사서로 보인다. 100권이나 되는 『유기』를 『신집』 5권으로 만들었다는 것은 그것을 입증하는 것이며, 『유기』에 기록된 기사를 일정한 관점 아래 사료로 선정한 것으로 보인다. 그런 의미에서 『신집』은 『유기』의 단순한 요약일 수는 없고, 사서의 성격 자체가 크게 달라진 것으로 생각된다. 고구려뿐만이 아니라 백제 역시 박사 고흥에 의해 『서기書記』의 편찬이 있었으며,[346] 신라는 진흥왕의 허가를 받아 거칠부居柒夫 등이 중심이 되어 널리 문사를 모아 역사 편찬에 박차를 가했음을 알 수 있다.[347]

이와 같이 고구려, 백제, 신라는 국가의 제도를 정비하고 대외적인

---

345 『삼국사기』(권20) 영양왕 본기 11년(600) 정월조, p.388.

346 古記云, 百濟開國已來, 未有以文字記事, 至是, 得博士高興, 始有書記, 然高興未嘗顯於他書, 不知其何許人也. 『삼국사기』(권24) 근초고왕 본기 30년(375)조.

347 伊湌異斯夫奏曰, 國史者, 記君臣之善惡, 示褒貶於萬代, 不有修撰, 後代何觀, 王深然之, 命大阿湌居柒夫等, 廣集文士, 俾之修撰. 『삼국사기』(권4) 진흥왕 본기 6년(545) 7월조.

교류 기반을 마련하면서 각각 자국의 사기를 편찬하여 국가의 역사체
계를 세움과 동시에 내외적으로 국력을 과시하고 있었다. 한편『일본
서기』에는 삼국 가운데 백제의 사서인『백제기』,『백제신찬』,『백제본
기』의 이른바 백제3서가 인용되고 있는데, 이들 3서는『일본서기』
신공기神功紀에서부터 흠명기欽明紀까지 18년에 걸쳐 26군데서 인용
되고 있다. 인용이 집중되고 있는 부분은 특히 백제와 일본과의 교섭
대목에 주로 나타나고 있으며 계체기繼體紀, 흠명기欽明紀에서는 한
권의 대부분이『백제본기』에 집중되어 인용되고 있는 것이 특이하다.
백제3서의 인용 부분을 살펴보면 다음과 같다.

(1)『일본서기』의『백제기』인용 기사

『일본서기』의『백제기』인용 기사는 신공기神功紀 47년·62년, 응신기
應神紀 8년·25년, 웅략기雄略紀 20년 등에 보이며, 이 가운데 웅략왕(雄
略天皇) 20년(476) 기록을 살펴보면 다음과 같다. 아래 기록 가운데
㉠부분이『백제기』를 인용하고 있는 부분이다.

겨울 고구려의 왕이 군사를 크게 일으켜 백제를 쳐서 없앴다. 이때
조금 남은 무리들이 있어 창하에 모여 있었는데 군량이 다하자
매우 근심하여 울었다. 이에 고구려의 장수들이 왕에게 "백제는
마음이 일정하지 않습니다. 신들은 그들을 볼 때마다 모르는 사이에
착각하게 됩니다. 다시 덩굴처럼 살아날까 두려우니, 쫓아가 없애
기를 청합니다."라고 하였다. 왕은 "안 된다. 과인이 듣기에 백제국
은 일본국의 관가가 되었는데 그 유래가 오래되었다고 한다. 또

그 왕이 들어가 천황을 섬긴 것은 사방의 이웃들이 다 아는 바다."라 하였으므로 드디어 그만두었다. ㉠『백제기』에는 다음과 같이 말하였다. "개로왕 을묘년(475) 겨울 박(狛, 고구려)의 대군이 와서 대성을 7일 낮밤을 공격하였다. 왕성이 항복하여 함락되니 위례를 잃었다. 국왕과 태후, 왕자 등이 모두 적의 손에 죽었다."[348]

(2) 『일본서기』의 『백제신찬』 인용 기사

『일본서기』의 『백제신찬』 인용 기사는 웅략기雄略紀 2년·5년, 무열기武烈紀 4년의 예에서 볼 수 있으며, 다음은 무열왕(武烈天皇) 4년(502)의 기록이다. ㉡부분이 『백제신찬』 인용 부분이다.

(4년, 502) 이 해 백제 말다왕이 무도하여 백성들에게 포악했으므로 나라 사람들이 마침내 제거하고 도왕을 세우니 바로 무녕왕이다. ㉡『백제신찬』에 이르기를 말다왕이 무도하여 백성들에게 포악했으므로 나라 사람들이 함께 제거했다. 무녕왕이 즉위했는데 휘는 사마왕이고 곤지왕자의 아들이니 말다왕의 이모형異母兄이다. 곤지가 왜로 갈 때에 축자도에 이르러 사마왕을 낳았다. 섬으로부터 되돌려 보냈는데 서울에 이르지 못하고 섬에서 낳았으므로 그렇게 이름하였다. 지금 각라(현재의 長崎縣 東松浦郡 鎭四町 加唐島로 추정)의 바다 가운데 주도가 있는데 왕이 태어난 섬이어서 백제인들이 주도라 부른다. 지금 생각건대 도왕은 곧 개로왕의 아들이고 말다왕은 곤지왕의 아들이다. 여기서 이모형異母兄이라고 한 것은 자세하

지 않다.[349]

(3) 『일본서기』의 『백제본기』 인용 기사

『일본서기』의 『백제본기』 인용 기사는 계체기繼體紀 3년·7년·9년·25년, 흠명기欽明紀 2년·5년·6년·7년·11년·17년에서 보이며, 이 가운데 계체왕(繼體天皇) 25년 겨울 12월 기사를 보면 다음과 같다. ⓒ부분이 『백제본기』 인용 기사이다.

(25년, 531) 겨울 12월 병신 초하루 경자 (천황을) 아이노미사사기 (藍野陵)에 장사지냈다. 어떤 책에는 천황이 28년 갑인년에 죽었다고 하였다. ⓒ그러나 여기에서 25년 신해년에 죽었다고 한 것은 『백제본기』를 취하여 쓴 것이다. 여기에 "신해년 3월에 군대가 나아가서 안라에 이르러 걸탁성을 쌓았다. 이 달에 고구려는 그 왕 안安을 죽였다. 또한 일본의 천황과 태자·황자가 함께 죽었다고 들었다."고 하였다. 이에 따라 말한다면 신해년은 25년에 해당한다. 뒤에 교감校勘하는 자는 알라.[350]

이와 같이 백제3서는 『일본서기』에 인용될 만큼 당시 일본 고대 사가들 사이에서는 중요한 사서로 인용되었지만, 그러나 이들 사서 가운데 일부 문제점이 노출되어 학자들 간에는 진위 여부에 대한 논란이 있어 왔다. 논란이 되는 부분의 일례를 들면 『백제기』에 왜를

---

349 『일본서기』 ②권 권제16, 무열천황 4년, p.278.
350 『일본서기』 ②권 권제17, 계체천황 24년, p.328.

귀국貴國, 왜왕을 천황天皇이라 호칭한 것이라든가, 『백제본기』에 아직 일본日本이라는 호칭이 생겨나지도 않았는데 일본이란 국호가 보이는 것 등을 들어 이것들이 개서改書된 것임을 주장하는 논란이 있었다.[351] 즉 백제3서가 백제에서 편찬한 사서인가, 그렇지 않으면 백제사료를 근거로 하여 일본에서 편찬한 사서인가가 논란의 주요 쟁점이었다. 이 문제에 대해 스가 마사토모(菅政友, 1824~1897)는 3서를 백제인이 찬한 것이라는 주장을 펴 많은 일본 사학자들이 이에 동조해 왔다. 그러나 이들 3서는 백제 멸망 후, 일본에 망명한 백제인이 지참했던 기록을 적절히 편집하여 백제가 과거 일본에 협력했던 자취를 보여주려는 목적에서 사국史局에 제출한 것이 아닐까 하는 주장도 있었다. 쓰다 소키치(津田左右吉, 1873~1961)는 이들 사서의 신빙성을 의심하여 3서를 일본 수사가修史家의 윤색에 의한 것으로 보았으며, 이마니시 류(今西龍, 1875~1932)는 이들 3서가 일본 조정에 제출하기 위해 백제인이 쓴 것이라 보았다. 그런가 하면 최남선은 『백제기』와 『백제본기』는 백제 전래의 고본이고, 『백제신찬』은 이름 그대로 백제 멸망 후 백제유민의 손에 의해 쓴 것이라는 견해를 보였다.[352] 이러한

---

351 李根雨, 『日本書紀에 引用된 百濟三書에 관한 研究』, 韓國精神文化研究院 博士學位論文, 1994, pp.17~18.

352 최남선, 「新訂 三國遺事 附錄 百濟古記 逸文」, 『六堂 崔南善全集』 8, 1973, p.149; 리홍식, 「三國史記 高句麗人傳의 檢討」, 『史叢』 4, 1959. 이들은 3서가 일본에 귀화한 백제인들이 일본 왕정을 두둔하지 않으면 안 되는 입장에서 제출된 기록이라 하였으며, 정중환, 「日本書紀에 引用된 百濟三書에 對하여」, 『亞細亞學報』 10, 1972, pp.26~39에서도 이들 3서가 본래 백제의 사기로서 편찬된 역사서이지만 백제 멸망 후 망명자들에 의해 필삭, 개서되어 일본 정부에

초기의 다양한 논쟁을 거쳐 박재용은 '백제3서는 7세기 후반 이후 백제계 씨족들이 일본 조정에서 정치적 지위를 보전할 목적으로 백제계 사료를 바탕으로 편찬되었다'는 견해가 큰 지지를 받고 있다고 했다.[353]

이상과 같이 백제3서와『일본서기』와의 관계에 관한 연구는 어느 정도 진전되었다고 본다. 하지만 고구려승 도현의『일본세기』에 관한 사료적 성격과 편찬과정 및 승려 도현에 관한 연구는 아직 미미한 상황이다.『일본서기』는 주지하는 바와 같이『백제기』,『백제신찬』,『백제본기』,『일본구기日本舊記』,『일본세기日本世紀』,『이길연박기덕伊吉連博紀德』,『난파길사남인서難波吉士南人書』를 비롯하여 중국 사서인『위지魏志』,『진기거주晉起居注』 등을 인용하고 있는데, 이 절에서는『일본세기』를 중심으로 고구려승 도현에 초점을 맞춰 이 책의 편찬과정과 편찬자인 도현의 일본에서의 활동 등을 검토해보고자 한다.[354]

제출된 것이『일본서기』에 주기로 인용되었을 것으로 추측하면서『백제기』를 위례시대의 사서로,『백제신찬』은 웅진시대,『백제본기』는 성왕대를 중심한 부여시대의 사서로 추정했다.

353 박재용,「『日本書紀』에 인용된 道顯의 日本世紀」,『한국고대사연구』47, 2007, p.119.

354 『일본세기』에 관한 연구로는, 池內宏,『百濟滅亡後の動亂及び唐·羅·日三國の 關係』,『滿鮮船史 硏究』上 第2, 吉川弘文館, 1960; 加茂正典,「高麗沙門道顯『日本世紀』輔考」,『所幸功門先生還曆記念 圖書·逸文硏究』, 京都産業大學, 2001; 박재용,『日本書紀』에 인용된 道顯의「日本世紀」,『한국고대사연구』47, 2007 등 참조.

2) 『일본서기』에 새겨진 도현의 『일본세기』

『일본서기』에 등장하는 도현의 기사는 두 가지로 나눠 볼 수 있다. ①은 『일본세기』를 원문 통째로 인용한 경우와 ②는 도현의 말 또는 도현이 『일본세기』에서 한 말을 재인용하는 경우다. 먼저 ①의 예를 살펴보면, 『일본서기』 사이메이왕(齊明天皇) 6년(660)의 기록을 들 수 있다.

가을 7월 경자 초하루 을묘 고구려의 사신 을상하취문 등이 사행을 마치고 돌아갔다. …… ㉠고구려 사문 도현이 『일본세기』에서 말하길 "7월에 운운, 춘추지가 대장군 소정방의 손을 빌려 백제를 협공하여 멸망시켰다."고 하였다. 어떤 사람은 "백제가 스스로 망하였다. 임금의 대부인이 요사스럽고 간사한 여자로, 무도하여 마음대로 국가의 권력을 빼앗고 훌륭하고 어진 신하들을 죽였기 때문에 이러한 화를 불렀다. 삼가 하지 않을 수 있겠는가"라 하였다. 그에 "신라의 춘추지는 (고구려의) 내신개금에게 청한 것이 받아들여지지 않자 당에 사신으로 가서 자기나라 풍속의 의관을 버리고 천자에게 따를 것을 청하여, 이웃나라에 화를 끼치고 그 의도를 이루었다."고 하였다. 이키무라지하카도쿠(伊吉連博紀德)에 "경신년(660) 8월 백제를 이미 평정한 후 9월 12일 본국(唐)에서 사신들을 풀어주었다. 19일에 서경으로부터 출발하였다. 10월 16일 동경에 돌아와 비로소 아리마 등 5인을 만나볼 수 있었다. 11월 1일에 장군 소정방 등이 사로잡은 백제왕 이하 태자 룡 등 여러 왕자 13명, 대좌평사택 천복·국변성 이하 37명, 모두 50여 명을 조정에 바쳤다. 급히 인도하여 천자에게 나아가니, 천자는 은혜로운 칙명으로 보자마자 풀어주었다. 19일에 수고한 사람들에게 하사하였다. 24일에 동경으로부터 출발하였다."고 하였다.[355]

『일본서기』의 찬자들은 ㉠의 고구려 사문 도현이 쓴 백제 멸망의 전말을 『일본세기』에서 그대로 인용하고 있다. 일본 땅에 건너간 도현의 입장에서 백제 멸망의 전말을 이해하기는 쉽지 않았을 것이지만 그는 비교적 중요한 요점을 짚고 있다. 첫째는 신라의 김춘추와 당의 소정방이 손을 잡은 사실과 둘째는 요사스럽고 간사한 여자에 빠져 국가의 권력을 넘기고 훌륭하고 어진 신하들을 죽였기 때문에 이러한 화를 불렀다는 점이다. 물론 백제의 멸망은 이 두 가지 사항 말고도 백제가 6세기말부터 신라와의 빈번한 전쟁을 펼침으로써 국력 소모가 과다했던 점,[356] 말기에 이를수록 간신들이 득세한 점,[357] 과다한 귀족층의 확대로 경제력이 소진된 점[358] 등을 들 수 있는데, 도현의

---

355 『일본서기』 ③권 권제26, 사이메이천황 6년, p.232.

356 백제는 602년(武王 3) 신라의 아막성을 공격한 이래 649년(義慈王 9) 석토성 등 7성을 공격하기까지 무려 15차례 이상 신라를 공격하느라 국력을 소모했다.

357 의자왕 16년(656)에 좌평 성충은 "왕과 궁인의 음탕, 탐악과 그칠 줄 모르는 음주"를 간언하자 투옥되었고, 성충과 흥수가 탄현과 백강(기벌포)에서 수륙으로 침입하는 외적을 방어해야 한다고 주장했지만 이런 충언마저 묵살되었다.

358 "백제는 스스로 망한다."는 평이 내외로 퍼져 갈 정도로 무왕 이래 신라와의 전쟁에서 백제는 날로 경제력이 손실되었다. 거기에 국토는 좁아지고 귀족층은 날이 갈수록 비대해져 갔는데, 의자왕이 11년에 왕서자 41명에게 좌평 관작을 주고 식읍을 주었다는 기록만 보아도 왕실과 귀족들의 수가 얼마나 늘어났는가를 짐작할 만하다.

백제 멸망에 관한 정보는 매우 신뢰할 만한 것이었다. 도현의 『일본세
기』를 『일본서기』 찬자들이 통째로 인용했다는 것은 그만큼 도현의
정보력이 신뢰할 만한 것이었음을 입증하는 것임과 동시에 역으로
국제정세에 도현이 『일본서기』 찬자들보다 한 수 위였음을 여실히
드러내는 것이라고 볼 수 있다.

　이러한 국제적인 감각을 지니고 남의 나라에서 사서를 편찬할 정도
의 실력을 지닌 도현이지만 출신 성분과 같은 개인적인 자료는 남아
있는 것이 없다. 하지만 본국인 고구려에서의 활동을 살펴보면 어느
정도 도현에 대한 윤곽을 잡을 수도 있을 것으로 본다. 도현의 도일
시기는 고구려 보장왕 19년(660) 1월 고구려의 대규모 사신이 일본으
로 파견되었을 시기로 추정되고 있다. 당시 고구려와 일본의 교섭은
신라와 당의 견제 목적으로 영류왕 13년(630)에 다시 재개된 이후
이전보다 정치적, 군사적 성격이 강화되던 시기였다.

　655년 백제에서 일본에 100여 명의 대규모 사신단이 파견되었고,
656년 8월에는 고구려에서 일본에 달사를 대사로 하는 사신단을 파견
하였다. 특히 일본이 656년 9월 고구려에 파견한 사신단은 견당사를
방불케 하는 것으로, 이 시기 일본과 고구려의 밀접한 외교 관계를
잘 드러내는 것이라고 본다. 보장왕대 고구려와 일본 사이의 사신
교류 횟수는 14회로 양국 관계가 매우 밀접함을 알려준다. 도현의
도일 시기로 알려진 660년에는 가장 많은 인원이 사신단으로 일본에
파견되는데, 이때는 659년 11월 이후 당의 출병으로 고구려의 긴장이
고조되던 시기였으므로 고구려로서는 일본과의 연합으로 당에 대비코
자 했던 것으로 생각되며, 따라서 이때의 사신 파견은 군사적 성격이

강했다고 볼 수 있다.[359]

3) 도현의 발언 및 도현이 『일본세기』에 쓴 내용을 재인용

12월 고구려가 말하기를 "오직 12월에만 고구려국에서는 추위가 매우 심해 패수가 얼어붙는다. 그러므로 당의 군대가 운차雲車·충팽衝輣으로 북과 징을 시끄럽게 치며 공격해 왔다. 고구려의 사졸들이 용감하고 씩씩하였으므로 다시 당의 진지 2개를 빼앗았다. 단지 2개의 요새만이 남았으므로 다시 밤에 빼앗을 계책을 마련하였다. 당의 군사들이 무릎을 끌어안고 곡을 하였다. (고구려군의) 날카로움이 무디어지고 힘이 다하여 빼앗을 수 없었으니, 후회해도 어찌할 수 없는 부끄러움이라는 것이 이것이 아니면 무엇이겠는가'라 하였다. ㉠석도현은 '(김)춘추의 뜻으로 말하면 바로 고구려를 공격하는 것이었는데, 먼저 백제를 공격하였으니 이 무렵 백제의 침입이 잦아 고통이 심했으므로 그러한 것이다'라고 하였다.[360]

이 기록의 ㉠부분이 '석도현'이 한 말을 그대로 받아쓰고 있는 부분이다. 김춘추가 고구려를 치지 않고 당 세력을 끌어들여 먼저 백제를 친 것은 백제로부터 거듭된 신라 침공이 원인이라는 도현의 해석을 『일본서기』 찬자들이 그대로 인용하고 있음을 알 수 있다.

---

359 정선여, 「고구려 멸망기 불교계의 동향」, 『한국사상사학』 제31집, 2009, pp.40~42.

360 『일본서기』 ③권 권제27, 천지천황 원년, p.250.

4) 『원형석서』, 『부상략기』, 『본조고승전』과 도현

①천지 원년 3월에 당나라와 신라가 고구려를 쳤다. 그때 고구려에서는 우리 일본 서쪽의 번국에 구원병을 요청하였다. 천황은 병력을 내어 해외로 보냈다. 4월에 쥐가 마구간의 말꼬리에 새끼를 낳았다. 조정에서 괴이하게 여기며 걱정하니 도현이 아뢰었다. '고구려가 우리(일본)에게 복속될 것입니다.' 참으로 그렇게 되었다. 기린다. 내가 『당서』를 읽으니 고종 용삭 2년(662)은 우리 천지천황이 즉위한 해였다. 용삭 원년(661) 세 갈래 길로 해서 고구려를 쳤다. 2년에 평양성을 포위하였으나 이기지 못하였다. 국사를 꼼꼼하게 살피니 정말이지 이기지 못하였다. 이 또한 당나라 사서의 사실을 입증한다. ㉠옛날 신공황후가 신라를 정벌하였을 때 백제와 고구려에서 두려워 떨면서 우리에게 들러붙었다. 그 뒤로 간혹 배반을 하면 또 정벌하였다. ㉡끊이지 않고 조공을 바치면서 우리의 번국이 되었다. 내 생각에 그 사이 어느 때 배반한 것을 수나라와 당나라가 친 것인가? 그때 우리에게 구원병을 요청한 것은 오래도록 복속되어 왕화를 따랐기 때문인가? 도현은 술법으로 헤아렸으니 '두루 많이 안다'고 말할 만하다.[361]

'쥐가 마구간의 말꼬리에 새끼를 낳았다'는 내용으로 보아 『원형석서』의 찬자인 고칸시렌은 『일본서기』의 내용을 그대로 답습하고 있음을 알 수 있다. 기사 가운데 ㉠과 ㉡의 고구려가 끊임없이 일본에

---

361 『원형석서』 권제16, p.195.

조공을 바쳤다는 점과 고구려를 번국 취급하면서 과거 신공황후 시절 고구려가 일본을 두려워했다는 것 따위는 고칸시렌의 국수주의적인 삼국(고구려, 백제, 신라) 의식이다. 마쓰모토 신스케(松本眞輔)[362]도 이 부분에 대해서는 비판의 시각을 갖고 있다. 자세히 살펴보면 고칸시렌의 이러한 서술 속에는 자체 모순을 안고 있음을 알 수 있다. 그렇게 막강한 나당연합군이 고구려를 세 갈래 길로 침공을 했지만 결국 평양을 점령하지 못했다는 것은 고구려가 나당연합군을 대적할 만한 힘을 가진 국가였음을 의미하는데, 고칸시렌은 이 점을 이해하지 못하고 있는 것이다. "국사를 꼼꼼하게 살피고 당나라 사서도 꼼꼼하게 읽었다."면 당시 고구려의 막강함을 알았을 것이다.

당군은 660년 백제를 정복한 그해에도 소규모로 고구려를 공격해 왔으며 이듬해인 661년에는 대대적인 침공을 감행했다. 소정방·계필하력·임아상 등은 수·육군 35만을 이끌고 공격해 왔다. 8월에 수군을 거느린 소정방이 대동강을 거슬러 드디어 수도 평양성을 포위 공격했다. 신라는 백제부흥군과 싸움이 계속되고 있어 고구려 공격에 적극적으로 가담하지 못하고 군량을 보급하는 데 그쳤다. 고구려에서는 남생으로 하여금 압록강에서 당의 육로군을 막게 했으나 패했고 평양성을 포위한 소정방의 공격은 맹렬했다. 온갖 공성기攻城機를 동원하고 혹은 토산土山을 쌓기도 하며 공격했으나 성은 함락되지 않았다. 이윽고 겨울이 닥쳐 당군의 피해는 늘어만 갔고 압록강을 건너던

---

362 마쓰모토 신스케(松本眞輔)는 "『원형석서』에는 고대 한국에서 도일한 고승들을 일본의 번국 의식으로 집필하고 있다."고 지적했다. 松本眞輔, 「元亨釋書の三韓關係記事の檢討」, 『日本歷史』, 2000.

육군이 더 진격하지 못하고 연개소문에게 저지되자 이듬해 2월 평양성을 포위한 지 7개월 만에 소정방은 포위를 풀고 물러갔다. 백제 정벌에 13만을 동원했던 당이 35만을 동원하고도 실패한 것이다.

고칸시렌은 『원형석서』를 집필하면서 『당서』와 고구려승 도현의 『일본세기』를 수시로 참고했다. 그러면서도 사실과 다른 이야기를 늘어놓기에 바쁜 것을 두고 오오스미 가즈오(大隅和雄)는 "『원형석서』의 전지傳智와 혜해慧解 항목은 중국의 『고승전』에 가장 가까운 부분이지만 그 내용은 그리 풍부하지 못하다. 여기서 다루는 승려의 학문과 사상 특질이 그리 정확하게 설명되어 있지 못하고 기술도 정리되지 않은 부분이 많다."는 평을 하고 있는 것이다.[363]

②(668) 3월, 당나라가 신라와 함께 고구려를 치려 하자 고구려가 일본에 군대를 요청했다. 일본이 군대를 파병하여 당나라와 싸웠으나 고구려가 패했다. 이로써 일본에 속했다. 이때 고구려승 도현이 점을 치길, 고구려는 멸망하여 일본에 속할 것이다.[364]

『부상략기』는 앞서 『일본서기』의 기록만을 간략하게 답습하고 있을 뿐 특별한 해설은 하지 않고 있다. 다만 다른 사료에서 도현이 점을 치게 된 계기인 '쥐가 말꼬리에 새끼를 낳은' 흉조담은 소개되지 않은 채 승려 도현을 점쟁이처럼 그리고 있다.

---

363 오오스미 가즈오(大隅和雄), 「元亨釋書と神祇」東京女子大學附屬比較文化硏究所紀要」, 1987, p.31.
364 『부상략기』 천지 원년 3월, p.59.

③석도현은 고구려 사람이다. 도현은 일본 군왕과 신하들이 불법을 숭상하고 믿음이 있다는 소식을 듣고 조공선을 타고 왔다. 조정에서는 조칙을 내려 도현을 대안사에 머물게 했다. 그는 가르치면서 시간이 날 때마다 『일본세기』를 약간 편찬했다. 천지 원년 3월 당나라와 신라가 고구려를 치자 고구려왕은 일본에 도움을 청했다. 조정은 병사를 징발하여 해외로 보냈다. (중략) 여름에 쥐가 말꼬리에 새끼를 낳았다. 도현이 상주하여 말하길 '두려워하지 마십시오. 고구려가 우리에 속하게 될 것이니 길조입니다.'라고 했다. 정말로 그리 되었다.[365]

도현의 도일에 대한 유일한 단서를 주는 사료가 『본조고승전』이다. 바로 조공선을 타고 갔다는 부분이다. 또 하나는 도현이 대안사大安寺에 주석했다는 기록을 통해 도현의 일본 내 활동을 이해할 수 있다. 먼저 조공선을 타고 건너간 것에 대해, 정선여는 도현이 사신들과 밀접한 관계에 있었을 것으로 보았다. 조공선을 이용한 사람들이라면 연개소문 정권 하에서 중요한 정치적 역할을 하던 사람들일 가능성이 높다는 것이다.[366] 그것을 입증하는 것이 '조정의 조칙'으로 대안사 주석이 가능했다는 사실이다. 당시 대안사[367]는 남도칠대사南都七大寺

---

365 『본조고승전』 권72 p.412.

366 정선여, 앞의 논문, pp.41~42.

367 도현이 도일했던 660년 무렵의 대안사는 현재 나라현 나라시 대안사(奈良縣奈良市大安寺2丁目18-1)에 있는 절이 아니라 조메이왕(舒明天皇) 11년(639)에 백제천百濟川에 건립한 백제대사百濟大寺였다. 백제대사百濟大寺는 593년에 세운 사천왕사四天王寺와 6세기 말 아스카(飛鳥)에 세운 법흥사法興寺, 역시 아스카에 세운

의 하나로 나라(奈良)를 대표하는 동대사, 홍복사興福寺 등과 함께 대사찰이었다. 놀라운 것은 이 절에서 『일본세기』를 집필했다는 사실이다. 도현의 도일 후의 사정이 오리무중이던 상황에서 『본조고승전』은 승려로써 도현의 행적을 더듬어 볼 수 있는 사료적 가치가 높은 책이다.

또 한 가지, 도현에 대한 기록 가운데 살펴보아야 할 점은 도현이 '점술가'로 그려지고 있다는 점이다. 도현이 점술가로 나오는 부분을 정리해 보면 〈표5〉와 같다.

〈표5〉 도현이 점술가로 나오는 문헌

	수록 문헌	발간연대	내용
1	『일본서기日本書紀』	720	여름 4월 쥐가 말꼬리에 새끼를 낳았다. 석도현이 점을 쳐 "북국의 사람들이 장차 남국에 의지할 것이다. 아마도 고구려가 망하고 일본에 속할 것인가"라고 하였다.
2	『부상략기扶桑略記』	1094	이때 고구려승 도현이 점을 치길, 고구려는 멸망하여 일본에 속할 것이다

풍포사豊浦寺 등과 함께 국가가 관리하는 관사였다. 이후 고시대사(高市大寺, 673)로 바뀌었다가 천무왕 6년(677)에는 대관대사大官大寺로 개칭하였고, 이어 수도가 헤이조쿄(平城京)로 이전하면서 사쿄로쿠조시보(左京六條四坊)에 개축하여 대안사(大安寺, 716)로 부르게 되었다. 몇 해 전에 가본 대안사大安寺는 나라 긴테츠역(奈良近鐵驛)에서 그리 멀지 않은 곳에 자리하고 있었는데, 사람들이 별로 발걸음을 하지 않는 고즈넉한 분위기였고 규모 또한 그리 크지 않았다. 이 절에 대한 자세한 이야기는 졸저, 『일본 속의 고대 한국출신 고승들의 발자취를 찾아서』, 인문사, 2013, pp.57~62 참조.

3	『원형석서元亨釋書』	1322	4월에 쥐가 마구간의 말꼬리에 새끼를 낳았다. 조정에서 괴이하게 여기며 걱정하니 도현이 아뢰었다. "고구려가 우리(일본)에게 복속될 것입니다."
4	『본조고승전本朝高僧傳』	1702	여름에 쥐가 말꼬리에 새끼를 낳았다. 도현이 상주하여 말하였다. "두려워하지 마십시오. 고구려가 우리에게 속하게 될 것이니 길조입니다."

이러한 도현의 점술은 그가 도참圖讖[368]에 깊은 조예를 가지고 있었음을 입증하는 것이라 흥미롭다. 사료에서 보듯이 멀쩡하던 쥐가 하필 말꼬리에 새끼를 낳는 해괴한 일이 일어났고, 조정에서는 이 문제의 해석을 위해 승려 도현에게 자문을 구했다. 도현은 스스럼없이 조국 고구려의 멸망을 예견했다. 인간적으로 본다면 도현에게 조국의 멸망은 가슴 아픈 일이겠으나 사서들은 도현의 마음 같은 것은 알 바가 아니었다는 듯 '고구려 멸망'에만 초점을 두어 기술하고 있다. 도현의 이러한 도참 지식은 고구려 말기 본국에서 돌던 흉흉한 참언讖言을 이미 알고 있었기 때문에 가능했던 것으로 여겨진다. 이를 입증하는 것으로『고구려비기』[369]를 들 수 있는데, 이 책에서는 고구려가 1,000년

---

368 참고로 '도참圖讖'을 국어사전에서는 "앞날의 길흉을 예언하는 술법. 또는 그런 내용을 적은 책. 『정감록』 따위가 있다."로 풀이하고 있으며, '점술占術'은 "특수한 자연 현상이나 인간 현상을 관찰하여 미래의 일이나 운명을 판단하고 예언하며, 감추어진 초자연적인 세력의 의사를 알려는 방술方術. 소극적이고 수동적인 점이 주술과 다르다."고 풀이하고 있다. 국립국어원, 표준국어대사전 전자사전.

369 고구려 말기에 있었다고 전해지는 참위서讖緯書로 668년(보장왕 27)에 요동전선을 살펴보고 돌아간 당나라 장수 시어사侍御史, 가언충賈言忠은 전쟁의 승산에

을 유지하지 못하고 700년 만에 멸망할 것이라는 내용이 있었다고 전한다. 그런가 하면 보장왕 13년에는 마령馬嶺의 신인이 나타나 고구려 멸망을 경고[370]하는 등의 참언讖言이 잇따랐는데, 이러한 일련의 일들은 도현이 활동하던 당시 고구려 사회의 혼란상을 그대로 말해주는 것이라고 할 수 있다. 이러한 상황을 당대의 지식인인 도현이 간파하고 있었음이 틀림없다.[371]

이미 본국에 있을 때부터 거듭되는 수, 당나라와의 전쟁으로 국운이 쇠함에 따라 사회적 불안이 쌓여가는 데다가 연개소문의 집권으로 인한 정치, 사상의 혼란은 고구려 내에서 국가 멸망론의 예언이 충분히 대두될 수 있었기 때문이다. 이러한 도현의 역사인식은 참언이라기보다는 어쩌면 당시 고구려가 처한 현실 인식[372]이며, 이는 도현이 도일 이후 백제 멸망을 지켜보면서 나름의 말법시대에 대한 인식일 수도 있다. 어쨌거나 본국 고구려의 정황을 누구보다도 잘 알고 있는 도현의 도일은 일본 조정으로서도 큰 도움이 되었을 것은 두말할 나위가 없다고 본다. 이 무렵 일본은 고구려와 관계 개선을 꾀하기 위해 적극적인 인적 교류를 하고 있었고, 승려 도현은 그 한가운데서 『일본

대해 고종이 묻자 당나라의 승리 가능성을 말하는 중에 "『고구려비기』에도 고구려가 망하게 된다."는 예언이 있음을 들었다고 한다.

370 『삼국사기』 권22, 「고구려본기」 10 보장왕 13년조.

371 박재용은 본국에서 도현이 당시 유행하던 『고구려비기』를 읽었을 것으로 보고 있는데, 그 근거로 『일본서기』에 '고구려가 1,000년을 가지 못하고 700년에 멸망할 것'이란 부분을 도현의 『일본세기』에서 인용하고 있는 점을 들고 있다. 박재용, 앞의 논문, pp.138~139.

372 정선여, 앞의 논문, pp.47~49.

세기』를 집필한 당대 지식인이자 외교관이요, 점술가이며 사서가요, 불법 전승자로서 일본 내 입지를 탄탄히 구축한 인물이라고 할 수 있다.

3. 우지교를 건설한 고구려승 도등道登

1) 고구려승 도등과 우지교

우지교(宇治橋)는 우지차(宇治茶)로 유명한, 교토 남부에 자리한 우지시 우지강(宇治市 宇治川)에 있는 다리로, 우지(宇治)는 과거 다이카(大化)[373]부터 오우미(近江)[374]를 거쳐 관동에 이르는 인적, 물적 유통은 물론 군사적으로도 매우 중요한 위치이다. 우지교는 646년(대화 2년) 나라 원흥사元興寺에 주석하고 있던 고구려승 도등(道登, 도토)이 건설한 것으로 알려졌으며 『일본서기』, 『속일본기』를 비롯하여 『본조고승전』 등 여러 문헌에 그 근거가 남아 있다. 특히 『본조고승전』에는 우지교에 대한 유래를 한 편의 시처럼 전하고 있는데, 일부를 보면 다음과 같다.

① 유유히 흐르는 물살의 빠르기가 화살 같아, 지나가는 나그네 말을 멈춰 저자를 이루었다. 건너뛰자니 심히 깊어 사람과 말이 다 목숨을 잃는지라 옛날부터 지금까지 운명에 항거할 줄을 몰랐다.

---

373 대화大化는 일본 최초의 원호元号이며 645년부터 650년까지를 말한다.
374 오우미(近江)는 과거 일본의 지방행정구역상 율령제국이 있었던 곳으로, 이곳을 거쳐 관동으로 나아갔던 교통의 요충지다.

세상에 석자釋子가 있어 이름을 도등이라 하였다. 산기슭 혜만
집에 태어나서 대화 2년(646) 병오에 이 다리를 놓아 사람과 짐승을
건너게 해주었다.[375]

『본조고승전』에는 우지교를 건설한 사람을 석자釋子 도등道登이라
고 기록하고 있다. 도등에 관한 기록은 비교적 풍부한 편으로『일본영
이기』,『부상략기』,『금석물어집』등에서도 우지교를 건설한 사람이
도등이라고 밝히고 있다. 다만『속일본기』에서는 이와 달리 우지교를
건설한 사람이 도소화상道昭和尙이라고 기록하고 있다. 이 때문에
오래전부터 이 다리의 건설자가 누구인가라는 문제를 두고 논란이
있어 왔지만 대세는 도등 건설론이다.[376] 여기서는 우지교와 관련해서
①고구려승 도등과 우지교, ②우지교의 건설 연대 검토, ③도소설과
도등·도소설을 중심으로 우지교[377] 건설에 대한 역사적 과정을 살펴보

---

375 『본조고승전』 권제72, p.411.

376 우지교에 관한 연구서로는 우지교 연구의 텍스트로 알려진 야부타 카이치로(藪田
嘉一郎)의 『일본상대금석총고日本上代金石叢考』(1959)와 우지교를 승려인 도등
의 사회복지사업의 일환으로 접근한 나카이 신코(中井眞孝)의『일본고대의 불교
와 민중(日本古代の佛敎と民衆)』(1973) 등이 자세하다.

377 몇 해 전 우지교를 찾았을 때는 마침 강변의 버드나무에 푸른 싹이 돋아날
무렵이었다. 유유히 흐르는 강물을 배경으로『겐지모노가타리(源氏物語)』무대
답게 겐지(源氏)의 작가 무라사키 시키부(紫式部)를 기리는 아담한 석상이 우지교
강변에 놓여 있어 운치를 더했다. 우지교는 세타노가라교(瀨田唐橋), 야마사키교
(山崎橋)와 함께 일본의 3대 오래된 다리(古橋)의 하나로, 현재의 우지교는 1996년
3월에 새로 개축한 것이다. 길이 155.4m, 폭 25m로 실제 다리를 건너가보면
그렇게 크지 않은 느낌이며, 주변에 명승고적 뵤도인(平等院)을 포함한『겐지모

고자 한다.

우지교를 건설한 것으로 알려진 고구려승 도등道登[378]은 아스카시대 (592~710)에 일본에서 활약한 승려로, 『일본서기』고토쿠왕(孝德天皇, 재위 645~654)조에서 도등의 이름이 보인다.

① 대화大化 원년 8월(645) 계묘, 사신을 백제대사百濟大寺에 보내 승니들을 불러 모으고 조를 내려 긴메이천황(欽明天皇) 13년(552) 에 백제의 성왕聖王이 우리 왜에 불법을 전하였다. 이때 모든 신하들 이 전하는 것을 원하지 않았으나 소가이나메스쿠네(蘇我稻目宿禰) 가 홀로 그 법을 믿었다. 천황이 이에 이나메스쿠네(稻目宿禰)에게 명하여 그 법을 받들게 하였다. 민다츠천황(敏達天皇) 시대에 소가 노우마코스쿠네(蘇我馬子宿禰)가 아버지의 가르침을 따라 석가의 가르침을 존중하였고, 다른 신하들은 믿지 않아 이 법도가 거의 없어지게 되었으므로 천황이 우마코스쿠네(馬子宿禰)에게 명하여 그 법을 받들게 하였다. 스이코천황(推古天皇)시대에 우마코스쿠네 (馬子宿禰)가 천황을 위해 장륙수상丈六繡像·장륙동상丈六銅像을 만들고 불교를 드날렸으며 승니를 공경하였다. 나는 다시 바른

노가타리』의 고장답게 우지교는 일반 다리에서 볼 수 없는 전통미를 살린 모습이다.

[378] 생몰연월은 미상이며, 『본조고승전』에 따르면 조메이왕(舒明天皇, 재위 629~641) 초에 도일한 것으로 추정된다. "석도등의 생몰연월은 자세하지 않지만 스이코천 황 말에 고구려로부터 입당했다. 수나라 가상사 길장대사로부터 삼론의 종지를 전수받았으며 조메이천황 초에 견당사들과 함께 일본에 건너왔다." 『본조고승 전』 권제72, p.410.

가르침을 숭상하고 큰 도리를 널리 열 것을 생각하였다. 그러므로
㉠사문 박대법사, 복량, 혜운, 상안, 영운, 혜지, 승민, 도등, 혜린,
혜묘를 10사師로 삼는다. 특별히 혜묘법사를 백제사의 사주寺主로
삼는다. 이 10사들은 마땅히 뭇 승려들을 가르침으로 인도하고
석가의 가르침을 수행하는 것을 법답게 해야 한다.[379]

②백봉白鳳 원년(650) 2월 경오, 초하루 무인武人 아나토국사(穴戸
國司)인 사카베노무라지시코부(草壁連醜經)가 흰 꿩을 바치며,
"국조수國造首의 동족同族 지췯가 정월 9일에 아마노야마에서 잡았
습니다."라고 하였다. 이에 그것을 구다라기미(百濟君)에게 물으
니, 구다라기미가 "후한 명제 영평 11년(68)에 흰 꿩이 여기저기에
나타났습니다."라고 하였다. 또 사문들에게 물으니, 사문들이 "귀로
들어보지도 못하고 눈으로 본 적도 없는 일입니다. 천하에 사면령을
내리시어 민심을 기쁘게 하십시오"라고 대답하였다. ㉡도등법사道
登法師는 "옛날 고구려가 절을 짓고자 하여 살펴보지 않은 땅이
없었는데, 바로 한 곳에서 흰 사슴이 천천히 지나갔습니다. 드디어
이곳에 절을 세우고 백록원사라고 이름하고 불법을 머물게 하였습
니다. 또 흰 참새가 한 절의 전장田莊에 나타났으므로 온 나라
사람들이 모두 좋은 징조라고 하였습니다. 또 당에 보냈던 사신이
다리가 셋인 죽은 새를 가지고 오니 나라 사람들이 또 좋은 징조라고
하였습니다. 이것들은 비록 대수롭지 않은 것인데도 오히려 상서로
운 일이라고 하는데, 하물며 흰 꿩이겠습니까"라고 말하였다.[380]

---

[379] 『일본서기』 ③권 권제25, 고토쿠천황 원년, pp.120~122.

『일본서기』의 위 ①과 ② 기록을 통해 고구려승 도등에 대해 알 수 있는 것은 ㉠에서와 같이 10사師로 뽑혔다는 사실과 ㉡에서 보듯이 흰 꿩의 헌상이 상서로운 조짐임을 고토쿠왕(孝德天皇)에게 알려 연호를 대화(大化, 다이카)에서 백봉(白雉, 하쿠치)으로 바꾸도록 하는 데 일조를 하고 있다는 사실이다. 고토쿠조(孝德朝)의 10사師들은 주로 수계를 주던 고승들로 승강[381]과는 별도로 설치된 제도로 추정된다.[382]

도등에 관한 또 다른 기록으로는 9세기의 불교설화집 『일본영이기』 상권을 들 수 있다. 12화는 제목 '사람과 짐승에게 밟히던 해골이 구원을 받고 영험을 나타내어 현세에서 보답하는 이야기(人畜所履髑髏 救收示靈表而現報緣)'인데, 제목에서 보듯이 설화의 주제가 해골보은형 骸骨報恩形으로 전개되고 있지만 아래 ㉠부분에서 우지교에 관한 내용을 읽을 수 있다.

㉠고구려의 학승 도등은 원흥사 승려로 야마시로 혜만 집안 출신이다. 과거 대화大化 2년 우지교 건설 때문에 자주 왕래하던 때에 나라산(奈良山) 계곡에 해골이 있었는데 항상 사람이나 짐승들에게 밟히고 있었다. 도등은 이를 불쌍히 여겨 종자인 마로를 시켜 해골을 나무 위에 걸어두게 하였다. 그런데 같은 해 12월 섣달 그믐날

---

380 『일본서기』③권 권제25, 고토쿠천황 백치白雉 원년, p.180.

381 승강僧綱이란 좁은 의미로는 승정僧正, 승도僧都, 율사律師의 3직職을 말한다. 승강에 대한 첫 기록은 『일본서기』에 백제승 관륵을 승정으로 삼고 있다는 기사가 보이는데, 관륵은 일본 최초의 승정직에 오른 승려다.

382 가미카와 미치오(上川通夫), 『日本中世仏敎形成史論』, 校倉書房, 2007.

저녁에 한 사람이 절 문 앞에 와서 도등법사의 종자인 마로라는 사람을 만나고 싶다고 하였다. 마로가 나가서 만나보니 그 사람이 말하길 "당신 스승인 법사(道登)의 자비 덕택에 요즈음 매우 편안하게 지낼 수 있게 되었습니다. 그런데 섣달 그믐날인 오늘밤이 아니면 그 은혜를 갚을 수 없습니다."라고 하는 것이었다.[383]

『일본영이기』에서는 도등이 고구려 승려임을 명백히 밝히고 있다. 또한 도등이 원흥사에 주석하고 있으며, 야마시로(교토를 뜻하며 고대 표기는 山尻, 山背 등 다양함)의 혜만(惠滿, 慧滿) 집안 출신이라는 점과 대화 2년(646)에 우지교를 건설하느라 왕래한 사실 등을 알 수 있다.[384]

해골보은형을 주제로 하면서 우지교에 관한 이야기가 나오는 설화로는 『금석물어집』 19권 31화에도 그 예가 보인다. 그 내용은 위 『일본영이기』 상권 12화와 거의 비슷하지만 뒤에 찬贊 부분에서 도등이 우지교를 처음 만든 사람이라는 이야기가 추가되고 있는 것이 특이할 만하다.

그런데 우지교는 도등道登이 처음으로 만든 것이다. 일설에는 천인

---

383 『일본영이기』 상권 12화, pp.61~62.

384 『일본영이기』에는 우지교 이야기가 또 한 곳에 나오는데 중권 24화 '염라대왕의 사자인 귀신이 잡으러 간 사람에게 대접을 받고 풀어준 이야기(閻羅王使鬼得所召人之賂以免緣)'가 그것이다. 그러나 중권 24화는 도등과는 무관한 이야기로, 이야기를 풀어가는 가운데 우지교라는 말이 등장할 뿐이다. "오우미지방 다카시마군 시가의 가라사키에 이르렀을 때 뒤돌아보니 세 사람이 쫓아오고 있었다. 그래서 1정 정도 떨어져 있었다. 야마시로 지방 우지교에 다다랐을 때는 바짝 뒤따라와서는 거의 함께 뛰게 되었다." 『일본영이기』 중권 24화, p.192.

天人이 만든 것이라는 말도 있다. 이러한 일로 대화(大化, 다이카)라는 연호가 정해진 것이라고도 한다. 생각건대 도등이 다리(우지교)를 놓는 것을 돕기 위해 천인이 내려온 것은 아닐까라는 생각도 들지만 자세한 것은 모른다. 다만 이런 이야기가 전해지고 있는 것이다.[385]

우지교가 등장하는 또 다른 기록으로는 『겐지모노가타리(源氏物語)』를 들 수 있다. 이 책에는 우지교의 이야기가 꽤 여러 곳에 등장하는데, 그 가운데 한 곳으로 '아게마키(總角)'의 제4단(니오미야와 나카노기미, 아침 동틀 녘 우지교를 보다: 匂宮と中の君、朝ぼらけの宇治川を見る)을 들 수 있다.

강물 소리가 시끄러운 가운데 우지교도 꽤 낡아 보이고 안개가 걷혀 가자 점점 황량한 언덕 주변이 나타났다. '이런 곳에서 어떻게 세월을 보내셨을까'라고 눈물 머금고 말씀하시는 것을 들으니 정말 부끄러운 질문이시다.[386]

이처럼 『일본영이기』, 『금석물어집』, 『겐지모노가타리(源氏物語)』 등에서 살펴본 바와 같이 우지교는 당시 사람들에게는 꽤 인지도가 있었던 것으로 추측된다. 특히 헤이안시대의 대표 장편소설인 『겐지모노가타리』에 우지교를 배경으로 한 이야기가 자주 등장하는 것도

---

385 『금석물어집』 ②권 제19-32화, p.560.
386 『겐지모노가타리(源氏物語)』 ⑤권 아게마키(總角), p.282.

당시 사람들의 우지교에 대한 인식을 이해하는 데 도움이 될 것이다.
헤이안 말기의 승려 황원(皇円, 고엔)의『부상략기』(1094)에도 도등에
관한 기록이 나오는데 다음과 같다.

> 대화 2년(646) 병오에 우지교가 만들어졌다. 다리 북쪽 언덕에
> 석비가 있는데 석비에 쓰여 있기를, '세상에 한 승려가 있는데
> 그 이름은 도등道登이다. 야마시로(교토) 혜만 집안에서 출가했다.
> 대화 2년에 이 다리를 세웠다. 사람과 짐승이 모두 건너다녔다.'[387]

홍미로운 것은『부상략기』의 위 기록이『제왕편년기帝王編年記』[388]
에도 나와 있는데, 특히 아래 ㉠부분을 그대로 싣고 있는 점이다.

---

[387]『부상략기』효덕孝德 대화大化 2년, p.53.

[388]『제왕편년기帝王編年記』(1364년 무렵)는 신대神代부터 후원융왕(後円融天皇)까지
의 연대기로 모두 30권으로 구성되어 있다.『역대편년집성歷代編年集成』이라고
도 하며, 마지막 3권은 산실되어 후복견왕(後伏見天皇)까지 27권이 현존한다.
편자는 승려 영우永祐로 전해지며, 성립연대는 정치(貞治, 3) 1364년부터 강력(康
曆, 2) 1380년간으로 추정하고 있는데, 우지교단비(宇治橋斷碑)의 파손된 부분의
전문이 기록되어 있는 유일한 책이다. 우지교단비는 교토부(京都府) 우지시(宇治
市)의 하시데라호조인(橋寺放生院)에 있는 우지교의 유래를 기록한 석비로 대화
2년(646)에 도등이 세웠다는 내용이 기록되어 있다. 이 비는 1791년(寬政 3)
봄 하시데라호조인(橋寺放生院) 경내에서 단편斷片으로 발견되어 정확한 내용을
알지 못하던 중『제왕편년기帝王編年記』에 비문의 전문이 수록되어 있음이 확인
되었다. 이를 토대로 에도시대의 학자인 고바야시 류테키(小林亮適) 등이 고법첩
古法帖을 토대로 비碑의 결손부분을 1793년에 복원하여 지금에 이른다. 우지교단
비는 현존하는 일본 최고最古의 석비石碑로 알려져 있다.

2년 병오 원흥사 도등道登과 도소道昭가 칙명을 받들어 우지교를
처음으로 세웠다. 돌 위에 새기길, 질펀히 흐르는 물이 빠르기가
화살 같아 유유히 지나가는 나그네 말을 멈추어 저자를 이루었다.
건너뛰자니 무겁고 깊어서 사람과 말이 다 목숨을 잃겠는지라
옛날부터 지금까지 운명에 항거할 줄 몰랐다. ㉠세상에 석자釋子가
있어 이름을 도등이라 하였다. 야마시로(교토)의 혜만 집에 태어나
서 대화 2년 병오에 다리를 놓아 사람과 짐승이 건너게 하였다.
곧 조그만 선(업)을 인연으로 큰 원을 세웠는데 이로 인해 다리를
놓아 피안에 이르게 하였다. 법계의 중생이 널리 한 가지 소원을
염원하자 꿈속 공중에서 전생의 인연을 인도해주었다.[389]

이번에는 『본조고승전』에 나오는 도등의 기록을 살펴보고자 한다.
아래 기록에서 볼 수 있듯이 편찬자인 만겐시반(卍元師蛮)은 『일본서
기』를 비롯하여 『부상략기』, 『제왕편년기』 등을 골고루 참고하여
도등을 기록하고 있음을 알 수 있다. 다음은 『본조고승전』 가운데
도등의 우지교 관련 부분의 일부다.

석도등은 스이코 말기에 고구려에서 당나라로 들어가 가상사의
길장대사에게 삼론의 종지를 전수받고 견당사와 함께 일본에 와서
원흥사에 머물면서 오로지 공종空宗을 설하였는데 도소와 함께
명성을 얻었다. 효덕천황孝德天皇 대화 원년(645) 가을 8월에 천황
이 도등과 복량, 혜운 등 10사師를 불러 여러 절의 승려들에게

389 『제왕편년기帝王編年記』 권9, 효덕孝德 대화大化 원년, p.129.

석교釋敎를 널리 전하라고 하였다. 대화 2년 병오에 도등과 도소에게 명령하여 우지천에 대교大橋를 놓으라고 하고 우사右史에게 명하여 석상명石上銘을 짓게 하였다. 그 명문은 다음과 같다. "질펀히 흐르는 물이 빠르기가 화살 같아 유유히 지나가는 나그네 말을 멈추어 저자를 이루었다. 건너뛰자니 무겁고 깊어서 사람과 말이 다 목숨을 잃겠는지라 옛날부터 지금까지 운명에 항거할 줄 몰랐다. 세상에 석자釋子가 있어 이름을 도등이라 하였다. 야마시로(교토)의 혜만 집에 태어나서 대화 2년 병오에 다리를 놓아 사람과 짐승이 건너게 하였다. 곧 조그만 선(업)을 인연으로 큰 원을 세웠는데 이로 인해 다리를 놓아 피안에 이르게 하였다. 법계의 중생이 널리 한 가지 소원을 염원하자 꿈속 공중에서 전생의 인연을 인도해주었다. 백봉 원년에 나가토고쿠시인 무라카베노무라지 시코부가 흰 꿩을 바쳤다. 도등이 말하길, '옛날 고구려왕이 절을 지으려고 터를 고르는데 흰 사슴 한 마리가 나타났습니다. 그래서 마침내 그 자리에다 백록원사白鹿園寺를 지었더니 불법이 크게 일어났고 또 흰 공작이 전장田莊에 나타나서 모두들 길조라고 했습니다.'고 하였다. 그래서 천황은 원호를 백봉(白雉)이라고 하였다. 도등이 처음으로 우지교를 놓았다."[390]

만겐시반은 도등의 풍부한 사료 가운데 도등을 잘 드러낼 수 있는 중요한 부분 곧 첫째로 대화(大化, 다이카)의 원호를 백봉(白雉, 하쿠치)으로 바꾸게 한 점, 둘째로 효덕조孝德朝에 10사師로 선발된 점, 셋째로

---

390 『본조고승전』 권제72, pp.410~411.

우지교를 건설한 점을 빠트리지 않고 기록하고 있다. 첫째와 둘째 부분은『일본서기』부분에 보이는 기록이고, 셋째 부분은『부상략기』 와 『제왕편년기』의 사료를 참고하고 있음을 알 수 있다.

이상에서 살펴본 바와 같이 고구려승 도등道登에 관한 최초 기록인 720년의『일본서기』로부터『본조고승전』이 완성되는 1702년까지 무려 982년의 시간 차이가 남에도 도등의 기록은 일그러지지 않고 더 완벽하게 구성되어 있음을 확인할 수 있었다.

2)「우지교단비(宇治橋斷碑)」 건설 연대 검토

우지교를 건설한 연대는 사료에서 대화 2년(646)으로 확인이 되었다. 그러나 우지교 건설 내용을 알리는 석비, 곧 「우지교단비(宇治橋斷碑)」[391]가 뒤늦게 발견되면서 일련의 사료 비판이 있어 왔다. 문제가 된 「우지교단비」는, 1791년 발견 당시 파손되어 일부분만이 남아 있어 비문 내용을 파악하지 못하고 있다가『제왕편년기』에서「우지교단비」의 전문이 발견되어 그 전모를 알게 되었다는 이야기는 전술한 바 있다. 사료 비판을 검토하기 전에 먼저 「우지교단비」에 남아 있는 비문 내용과 『제왕편년기』의 비문 전문을 〈표6〉에 제시한다.

---

391 「우지교단비(宇治橋斷碑)」란 우지교를 놓게 된 경위가 적혀 있는 돌비석이다. 우지교비(宇治橋碑)가 아니라 '단비斷碑'라고 부르는 것은 남아 있는 부분이 1/3밖에 안 되어 끊어진 비석(斷碑)이라는 뜻으로 이 이름이 붙었다.

〈표6〉「우지교단비(宇治橋斷碑)」와 『제왕편년기帝王編年記』

문헌	내용
「우지교단비(宇治橋斷碑)」 (1791)	<u>泛泛橫流 其疾如箭</u> 修々征人 停騎成市 欲赴重深 人馬亡命 從古至今 莫知航竿 世有釋子 名曰道登 出自山尻 慧滿之家 大化二年 丙午之歲 搆立此橋 濟度人畜 <u>卽因微善</u> 爰發大願 結因此橋 成果彼岸 法界衆生 普同此願 夢裏空中 導其昔緣 (이상 석비문)
『제왕편년기帝王編年記』 (1364년 무렵)	泛泛橫流 其疾如箭 修々征人 停騎成市 欲赴重深 人馬亡命 從古至今 莫知航竿 世有釋子 名曰道登 出自山尻 慧滿之家 ㉠大化二年 丙午之歲 搆立此橋 濟度人畜 卽因微善 爰發大願 結因此橋 成果彼岸 法界衆生 普同此願 夢裏空中 導其昔緣 (이상 종이책)

〈표6〉에서 「우지교단비」의 내용 가운데 밑줄 친 부분이 파손되지 않고 남아 있는 부분이고, 파손된 부분의 내용은 『제왕편년기』를 통해 확인된 것이다. 문제는 『제왕편년기』 ㉠대화(大化 2년, 646) 부분이다. 이것은 매우 중요한 단서로, 도등이 우지교를 건설한 날짜를 말해주는 부분이다. 그러나 후지타 유지(藤田友治)는 그간 연구자들이 우지교단비의 건립일을 『제왕편년기』의 기록인 "대화 2년(646) 병오丙午"를 인용해서 646년으로 삼고 있는 점에 대해 비판했다.[392] 후지타

---

392 오자키 키사오(尾崎喜左雄)의 "上野國三碑付那須國造碑"는 줄여서 "다고비(多胡碑)"라 부름. 中央公論美術出版, 1967; 이마이즈미 타카오(今泉隆雄)의 「명문과 비문(銘文と碑文)」; 키시 도시오편(岸俊男編), 『일본의 고대(日本の古代) 14』, 『말과 문자(ことばと文字)』 등의 표표에는 우지교단비(宇治橋斷碑)가 '일본최고비日

유지의 주장은 비문에 연기年紀가 나와 있다고 해서 그것이 곧 비문 건립 연대로는 볼 수 없다는 것이다. 그 예로 광개토대왕비(好太王碑)의 연기를 들고 있다.

〈표7〉 광개토대왕 비문에 나오는 연기年紀

甲寅年(四一四)、永樂五年乙未(三九五)、辛卯年(三九一)、
六年丙申(三九六)、八年戊戌(三九八)、九年己亥(三九九)、
十年庚子(四○)、十四年甲辰(四○四)、十七年丁未(四○七)、廿年庚戌(四一○)

그는 〈표7〉과 같이 광개토대왕 비문 속에 등장하는 연기年紀를 제시하면서, 이렇게 많이 등장하는 것 가운데 과연 광대토대왕비의 건립연도를 어떻게 확정하겠느냐면서 비문에 연기가 있다고 해서 그것이 곧 건립연대를 말해주는 것은 아니라고 주장했다. 그러면서 그는 비문 건립연대는 여러 검증을 거쳐 확인해야 한다고 했다. 그러나 후지타 유지(藤田友治)가 주장한 우지교단비의 건립일과 광개토대왕 건립일을 비교하는 것은 적절치 못한 예라고 본다. 왜냐하면 광개토대왕비에는 "甲寅年(四一四)九月二十九日 好太王을 山陵에 장사 지내면서 碑를 세운다."는 명문이 남아 있기에 비를 세운 날짜를 알 수 있기 때문이다. 따라서 우지교단비의 경우 비문 속에 '대화 2년(646)'이 있음에도 이를 굳이 부정하고 '건립연도를 알 수 없다'로 처리해버리는 것은 설득력이 부족한 논리라고 본다.

本最古碑'라고 소개되어 있음을 지적하고 있다.

후지타 유지는 우지교단비 '대화 2년(646)' 건립설에 대해 1) 금석문
의 연기年紀를 확인하되, 2) 과학적 방법으로 추정할 수 있는 건립년을
검토한 뒤에라야 비석의 건립연도를 확정 지을 수 있다는 주장을
펴고 있다. 2)에서 말하는 과학적 근거란 우지교단비의 경우 '계선界線'
이 그 준거라고 한다. 여기서 '계선界線'이란 비석에 글자를 새기기
위한 선의 여부를 말하는 것으로, ① 무계(無界: 밑줄 선이 없는 상태,
오래된 형태)로 글자를 새기는 경우: 야마노우에노비(山ノ上碑, 群馬縣
高崎市山名町), 나스노구니노미야쓰코노비(那須國造碑, 栃木縣那須郡
湯津上村), 다고비(多胡碑, 群馬縣多野郡吉井町大字池), 아와노구니노
미야쓰코비(阿波國造碑, 德島縣名西郡石井町中王子神社), 가나이자와
비(金井澤碑, 群馬縣高崎市根小屋町), 우지가와마가이비(宇智川摩崖碑,
五條市小島町宇智川左岸) 등이 있다. ② 비문 둘레에 선線이 있는 경우(外
枠): 초묘지단비(超明寺斷碑, 滋賀縣大津市月輪超明寺), 다가조비(多賀
城碑, 宮城縣多賀城市市川), 야쿠시지붓소쿠세키비(藥師寺仏足石碑, 奈
良市 西京町藥師寺) 등이 있다. ③ 비문 둘레에 선과 글씨를 새기기
위한 세로선이 있는 경우(기술이 발달한 형식): 우지교단비(宇治橋斷
碑, 京都府宇治市東內放生院橋寺), 조스이지난다이몬비(淨水寺南大門
碑, 熊本縣下益郡豊野村宇寺村淨水寺趾)가 있으며, 우지교단비는 ③에
속하므로 ①, ②보다는 기술이 발달한 시기의 것으로 그 하한이 721년
으로 내려가지 않는다는 견해다.[393] 그러나 나카이 신코(中井眞孝)는

393 후지타 유지(藤田友治), 「일본고대비의 재검토 우지교단비에 대하여(日本古代碑
  の再檢討 '宇治橋斷碑について')」, 『시민의 고대(市民の古代)』 第10集, 市民の古代
  研究會編, 1988, pp.74~79.

이 비석은 대화 2년(646)의 기록대로 그 연대를 인정해야한다는 견해를 보이고 있다.[394]

정리하자면 「우지교단비」는 비문에 대화 2년(646)이라는 건립연도가 새겨져 있음에도 '과학적인 측정 방법'에 의해 721년 이후로 보아야 한다는 주장(藤田友治)과 비문의 건립연도를 그대로 따라야 한다는 주장(中井眞孝)이 있는 것이다. 후지타 유지의 주장대로라면 우지교단비는 일본 최고最古의 석비가 될 수 없다. 하지만 석비 속에 건립일이 명기된 것을 무시하고 있는 것이라서 설득력이 떨어진다. 어쨌거나 우지교단비의 '연대 추정'에 관한 부분은 연구가 더 진행되어야 단비斷碑와 우지교(宇治橋)의 상관관계를 명확히 밝힐 수 있을 것이다.

3) 도소설道昭說과 도등·도소설(道登·道昭說) 검토

지금까지 사료를 통해 고구려승 도등과 우지교 건설 연대에 대해 살펴보았다. 여기서는 우지교를 건설한 사람이 도등道登 외에도 도소道昭라는 기록이 있어 이에 대한 검토를 하고자 한다.『속일본기』문무왕(700) 3월조에는 도소화상道照和尙[395]에 대해 상당한 지면을 할애하여 다음과 같이 기록해 놓고 있다.

---

394 나카이 신코(中井眞孝)는 야부타 키이치로(藪田嘉一郎)의 『일본상대의 금석총고(日本上代の金石叢考)』(河書店, 1959)를 들어 도등이 다이카 2년(646)에 건립한 것으로 보아야 한다는 견해를 보이고 있다. 나카이 신코(中井眞孝), 「보살행과 사회사업(菩薩行と社會事業)」,『大系 佛敎と日本人』10卷,『民衆と社會』, 春秋社, 1988, pp.40~46.

395 도소道昭에 대한 표기는 '도소道紹' 또는 '도조道照'로도 표기하는데 여기서는 '도소道昭'를 따른다.

3월 기미, 도소화상이 숨을 거두었다. 천황이 몹시 애도했다. 사신
을 시켜 조문했다. 도소화상은 가와치지방 다치히군 사람이다.
속성은 후네무라지(백제계 후손)이다. 아버지는 에사카(惠釋)로
5위의 관리였다. 화상은 계율을 철저히 지켰으며 항상 인행忍行에
힘썼다. 옛날에 제자 하나가 화상을 시험하기 위해 몰래 변기에
구멍을 뚫어 놓는 바람에 변기가 새서 냄새가 가득했다. 화상은
이에 대해 웃으며 방탕한 녀석이 자리를 더럽혔구나라고 했다.
효덕천황 백봉 4년에 당나라로 가서 현장 삼장 밑에서 수행정진했
다. (중략) 천하를 돌아다니면서 각지에 우물을 파고, 이르는 곳마
다 다리를 만들고 나루터를 만들었다. ㉠야마시로 지방의 우지교는
화상이 만든 것이다. 화상은 십여 년을 이렇게 다니며 여러 시설을
만들었다.[396]

위 기록 가운데 ㉠부분에서 우지교를 만든 사람이 도소(629~700)라
는 것이다. 이로 인해 우지교 건설자가 도등인가 도소인가 다툴 여지가
있음을 알 수 있다. 우지교를 만든 사람이 도소라고 하는 기록은
『속일본기』 외에 『원형석서』에도 있다.

도소는 불법을 널리 펴는 일 외에도 중생을 이롭게 하는 일에도
힘썼다. 길가에 우물을 파거나 나루터마다 배를 준비해 두었다.
또한 야마시로(山城)에 우지교를 만든 것은 도소가 처음이다.[397]

---

396 『속일본기』 ①권 권제1, 문무文武 4년 3월, pp.22~24.
397 『원형석서』 권제1, p.144.

도소는 조메이왕(舒明天皇, 629)부터 문무왕(文武天皇, 700) 때까지 활약했으며, 당 유학을 마친 엘리트로 조정의 신임 또한 두터웠다. 그는 가와치 지방 다치히군(현 오사카 사카이시)의 후네무라지(船連) 출신인데 후네무라지(船連) 씨는 백제계다.

이어서 우지교를 건설한 사람을 도등·도소설로 보는 사료를 검토해 보기로 한다. 우지교는 가마쿠라시대인 홍안弘安 9년(1286)에 승려 예존(叡尊, 1201~1290)의 권진勸進으로 수조(修造, 건축물 등의 수리를 말함)되었는데, 예존은 『태정관부太政官符』에 "최초 원홍사 도등, 도소 건립(最初元興寺道登·道昭之建立)"이라고 썼다. 한편 『제왕편년기』에 도 "2년 병오 원홍사 도등, 도소가 칙소로 우지교를 만들고 돌비석에 명문을 새겼다(二年丙午. 元興寺道登. 道昭. 奉ㄴ勅始造宇治川橋. 石上銘.)"라고 기록되어 있다. 『제왕편년기』의 경우 「우지교단비」를 실제로 보고 기록한 것으로 여겨지는데, 문제는 비문에는 도등으로만 되어 있음에도 도소를 집어넣고 있는 것이다.

이상에서 살펴본 바와 같이 우지교의 건설자에 관한 사료는 고구려 승 도등의 경우 『일본영이기』, 『부상략기』, 『금석물어집』, 『본조고승전』 등에 기록되어 있고, 백제계 도소가 건설자로 되어 있는 사료로는 『속일본기』와 『원형석서』뿐이다. 한편, 도등·도소설은 『태정관부』와 『제왕편년기』에 기록되어 있어 사료 검토상 고구려승 도등설이 힘을 받고 있다. 그러나 도소가 건설했다 해도 도소 역시 백제계 승려라는 점도 눈여겨볼 점이다. 아울러 우지교의 건설 연대는 대화 2년(646)으로 보아야 할 것이다.

정리하자면, 우지교는 당나라 가상사의 길장대사에게 삼론의 종지를 전수받고 도일한 고구려승 도등이 대화 2년인 646년에 건설한 것으로 결론을 내려도 큰 무리는 없을 것이라고 본다. 다만 앞서 논한 우지교단비 문제는 우지교와는 달리 생각해도 좋을 것으로 본다. 왜냐하면 우지교단비 문제는 석비가 일본 최고最古의 석비냐 아니냐를 다투는 문제이기 때문이다.

도등이 우지교를 놓은 뜻은 어디까지나 불교의 자비행을 실천하여 중생 구제를 위한 차원에서였을 것이다. 백제계 행기대덕行基大德과 도소화상 그리고 고구려승 도등과 같은 법력이 높은 승려들의 보살행은 훗날 돌비석에 이름을 남기기 위한 것도 아닐 것이요, 칭송을 얻기 위함은 더더욱 아니었을 것이다. 우지교를 건설한 도등은 어쩌면 조국에서 이루지 못한 중생구제의 꿈을 일본에서 우지교 건설 등을 통해 실천해 갔는지 모를 일이다. 1,300여 년이 지난 지금 도등의 조국 고구려는 역사에서 사라졌지만 그의 이름은 일본의 사서에 또렷이 남아 있을 뿐 아니라 그가 건설한 우지교도 고스란히 남아 있어, 고구려승 도등의 불법佛法 실천을 향한 구도求道의 삶을 느끼게 한다.

제2부

일본의 천년고찰과 고대 한국 승려들

제1장 일본 삼론종의 시조인 고구려 혜관스님이 세운 천년고찰

1. 효고현 금강성사

> 보인(寶印, 절 순례 때 받는 도장)을 받거나 용무가 있으신 분들은 오른쪽 종루에 있는 종을 치신 뒤 납경소納經所로 오십시오.

2017년 2월 16일(목) 오후 1시에 찾아간 효고현 간자키군에 자리한 금강성사(金剛城寺, 곤고조지) 일주문 입구에는 이러한 안내문이 적힌 입간판이 세워져 있었다. 인왕문을 들어서니 사람 그림자 하나 없는 적막강산이었다. 구태여 종까지 칠 필요가 있나 싶어 살며시 경내로 들어가 종무소를 찾아도 눈에 안 띈다. 입간판에 적힌 납경소(納經所, 절 순례자들이 도장을 받는 곳)라도 찾아보려고 기웃거리다 보니 종루 뒤편 건물 안쪽에 납경소가 눈에 띄었다. 굳게 닫힌 문을 두드렸다.

"계십니까?"

"……"

몇 번을 부르고 문을 두드려도 인기척이 없다. 이곳을 찾기 3주 전 필자는 이 절 주지스님에게 한 통의 팩스를 보낸 적이 있다. 고구려 혜관스님이 창건한 금강성사를 방문하고 싶으니 절에 내려오는 문헌 자료가 있으면 준비해주시라는 짧은 내용의 팩스였다. 그러나 팩스를 보내고 며칠을 기다려도 답이 없어 직접 전화를 걸었다. 그때 주지스님은 "우리 절에 별로 자료가 없는데…"라면서 바튼 기침 소리를 냈다. 목소리만으로도 몹시 건강이 안 좋은 듯했으나 일단 방문 날짜와 시간을 허락하여 이날 필자가 절을 찾아간 것이다.

납경소를 비롯하여 주지스님이 계실 만한 곳을 두리번거리며 찾아보았지만 끝내 찾지 못하여 다시 종루로 돌아와서 커다란 종을 뎅그렁 울려보았다. 종을 울리고 한참이 지나자 단정한 승려 복장을 갖춘 노스님이 납경소 안쪽에서 모습을 드러냈다. "자네인가?"라는 짧은 인사를 건넨 노스님은 필자를 납경소 안쪽의 응접실로 초대했다.

금강성사 인왕문, 절로 들어가는 문이다.

본당(대웅전)

▲ 인왕문을 들어서면 바로 오른쪽에 종루가 있는데, 볼일이
있는 사람은 이 종을 치면 된다.
▶ 천문 3년(1534)에 기록된, 혜관스님의 창건기가 적힌 두루
마리

올해 89살인 데라카와 슌테이(寺河俊禎) 주지스님은 약간 건강이
안 좋아 보였다. 그럼에도 절을 찾아간 필자를 응접실에 앉게 하고
서는 손수 작은 쟁반에 녹차를 타 가지고 나왔다. 그리고는 전화 통
화에서 별로 자료가 없다던 것과는 달리 오래된 두루마리 하나를
꺼내 보였다. 이 두루마리는 절의 역사를 써 놓은, 483여 년 된「금
강성사연기金剛城寺緣起」였다. 주지스님은 혜관스님 이야기가 적혀
있는 부분을 손가락으로 짚어 주었다.

"이 절은 스이코천황 5년(推古天皇, 597), 성덕태자聖德太子가 이
곳을 방문하여 7종산七種山에 올랐을 때 산의 영험을 느껴 국가
안태國家安泰를 위한 기도처로 불사佛寺를 세우고자 하였으나 이
루지 못했다. 이후 성덕태자의 유지를 받들어 고구려 혜관법사慧
灌法師가 이곳에 절을 창건하여 처음에 자강사(滋岡寺, 시게오카데
라)라고 이름지었다. 혜관법사의 덕을 기리는 많은 이들이 재물

주지스님은 절의 유래가 적힌 두루마리를 조심스레 펴 보였다.

을 보시하여 7당 가람이 완성되
었다."

주지스님이 보여준 두루마리로
된 금강성사金剛城寺 유래는『신서
국순례안내新西國巡禮案內』(48~49
쪽)와『하리마서국관음영장(播磨
西國觀音靈場)』(29~30쪽)에도 기록
되어 있었다.

주지스님은 이 두 책자뿐만 아
니라『간자키군지(神崎郡誌)』(神崎
郡敎育會刊, 1942, 453쪽)에 나오는
혜관스님 부분을 미리 복사를 해

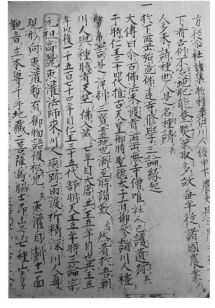

고구려 혜관법사가 이 절을 창건했다는 기
록(1534)

서 건네주었다. 이 책에는 금강성사를 혜관법사가 창건했다는 이야
기와 함께 다음과 같은 내용이 추가되어 있었다.

"고구려 혜관법사는 스스로 십일면관음상을 깎아 본존불로 삼고
천수 지장보살을 협시불로 모셔 가람을 완성했으며 절 이름을 자
강사滋岡寺라고 했다."

혜관스님이 처음에 지은 자강사滋岡寺는 이후 홍법대사(弘法大師,
774~835) 때 지금의 금강성사金剛城寺로 바뀌었다. 당시 혜관스님이
만들었다고 전해지는 십일면관음상은 금당(대웅전)에 모셔져 있으

절 경내는 연못 등이 있으며 규모가 크다.

며 공개하지 않는 비불秘佛이다. 주지스님께 "진짜 혜관스님 때 것
이냐?"고 물으니까 "그렇다고 전해져옵니다."라는 짧은 답만 들려
주었다.

　"우리 절은 창건 이래 여러 번의 화재를 만났습니다. 뿐만 아니
라 명치정부의 불교탄압 정책으로 명치 3년(1870)에는 절의 토지를
모두 몰수당하고 말았지요. 이후 명치 40년(1907)부터 소화 30년
(1955)에 이르는 약 70년간 꾸준한 불사를 거쳐 오늘의 모습을 갖추
었습니다. 그러나 내가 건강이 안 좋아서 걱정입니다. 이제 이 절은
둘째 아들이 이어갈 겁니다."

　주지스님의 간략한 이야기 속에는 근세 이후 일본불교가 걸어온
길이 압축되어 있었다. 메이지정부의 폐불훼석廢佛毁釋은 그야말로

광풍狂風이었다. 중국의 분서 갱유와 다를 바 없는 대대적인 불교 탄압이 시작되었고 수많은 절들이 산문山門 폐쇄의 길을 걷지 않으면 안 되었다.

2017년 당시 89살인 데라카와 주지스님의 인자한 모습

1868년 공포된 태정관포고, 일명 신불분리령神佛分離令은 1,300여 년간 이어져온 일본의 불교문화를 하루아침에 송두리째 뿌리 뽑는 안타까운 상황을 연출하고 말았다. 주석하고 있던 절에서 쫓겨난 승려들은 신사神社의 신직神職으로 전향해야 했고, 인류문화유산에 빛나는 숱한 불상과 불구佛具는 상당수 훼손되고 말았다.

폐불훼석이 철저했던 사츠마번(薩摩藩)에서는 사원 1,616개소가 절의 간판을 내려야 했고 환속한 승려만도 2,966명에 달했다고 하니 금강성사의 형편 또한 다를 바 없었을 것이다. 그래도 워낙 큰 규모의 절이었던 덕에 훼손되었다고는 해도 지금의 규모 또한 작지 않아 보였다. 금당(대웅전)을 비롯한 부속 건물들도 넉넉한 토지 위에 세워져 있었고, 무엇보다도 사방이 산으로 둘러싸인 곳에 자리하고 있어 무척 아늑한 느낌이 들었다. 금강성사가 들어서 있는 7종산 七種山은 효고8경(兵庫八景)에 속할 만큼 자연경관이 빼어난 곳이라

등산객들도 많다고 한다.

몸도 불편한 주지스님이 먼 곳에서 찾아온 필자를 위해 여러 자료를 복사해 놓고 복장을 갖춰 기다리고 있었던 것을 생각하니 고마운 마음이 들었다. 마침 사모님(일본에서는 승려들이 결혼함)이 외출 중이라고 손수 찻물을 끓여 정성스런 차 대접을 해주는 모습 또한 인상적이었다.

고구려 출신 혜관스님은 나라시대 일본의 삼론종 시조始祖답게 일본쪽 사료가 많이 남아 있다. 『일본서기』 스이코왕 33년(625)에 혜관의 도일을 알리는 기사인 '정월 고구려왕 승 혜관을 일본에 파견하다(正月、高句麗の王、僧慧灌を日本に遣わす)'라는 기록을 시작으로 『속일본후기』, 『일본문덕천황실록』 등은 물론이고 승전류인 『원형석서』, 『남도고승전』, 『본조고승전』, 그리고 전기류인 『불법전래차제佛法傳來次第』, 『7대사연표七大寺年表』 등에도 그 이름을 남기고

절 입구에 있는 안내판에는 혜관스님의 창건 이야기가 적혀 있다.

있다.[1] 다음은 승전僧傳인 『원형석서』
(1322)에 기록된 혜관스님 이야기 한 토
막을 소개한다.

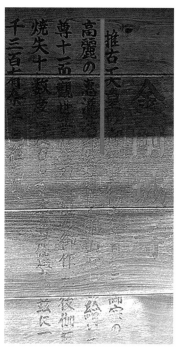

혜관은 고구려 사람이다. 수나라에 들
어가 가상대사 길장에게 삼론의 요지
를 배웠고, 스이코천황 33년(625) 을
유년 봄 정월에 본국(고구려)에서 천거
하여 우리 일본에 왔다. 칙명으로 원흥
사에 머물렀다. 그해 여름, 천하가 크
게 가물었다. 천황께서 혜관에게 조칙
을 내려 비를 빌게 하였다. 혜관이 푸
른 옷을 입고 삼론을 강설하니 곧바로
큰비가 내렸다. 천황께서는 매우 기뻐

고구려 혜관법사 창건이라고 쓰여
있다(고려란 고구려를 뜻함).

하시면서 그를 발탁하여 승정으로 삼
으셨다. 그 뒤 나이슈(內州, 지금의 오사카)에서 정상사井上寺를 창

---

1 이 밖에 고구려승 혜관에 관한 사료는 다음과 같다. 『日本書紀』, 『續日本紀』,
『日本三代實錄』, 『日本紀略』, 『類聚國史』, 『三論師資傳』, 『僧鋼補任(興福寺本)』,
『僧鋼補任抄出』, 『扶桑略記』, 『日本高僧傳要文抄』, 『東大寺具書』, 『內典塵露章』,
『三論祖師全集』, 『東大寺續要錄』, 『三會定日記』, 『東大寺圓照行狀』, 『東國高僧
傳』, 『淨土法門源流章』, 『寧樂逸文』, 『平安逸文』, 『鎌倉逸文』, 『大日本古典文書』,
『大日本史料』, 『淨土依憑經律論章疏目錄』, 『三論宗章疏』, 『東域傳燈目錄』, 『諸宗
章疏錄』, 『大正新修大藏經』, 『日本大藏經』, 『群書類從』, 『續群書類從』, 『續續群書
類從』 등이다.

건하여 삼론종을 널리 폈다.

이처럼 『원형석서』에는 효고현의 금강성사 창건 이야기는 나오지 않고 그 대신 오사카의 정상사 이야기가 등장한다. 하지만 그것은 어쩔 수 없는 일이다. 『원형석서』를 지은 작가가 혜관스님의 창건 절만 기록할 수 있는 상황은 아니었기에 말이다. 혜관스님에 관한 기록은 의외로 많은 사료에 남아 있어 다행이다. 혜관스님의 주 무대는 당시 수도이던 나라(奈良) 지역이었고 그 뒤 영역을 넓혀 관동 関東 지역으로 진출하였지만 효고현까지 발걸음을 하여 절을 지었다는 사실은 다소 놀랍다. 어쨌거나 효고현 금강성사를 짓고 불법을 널리 펼친 고구려 혜관스님의 발자취가 오래도록 남아 있길 바라는 마음으로 산문을 나왔다. 아울러 올해 89살의 노스님께서도 오래오래 건강하시길 빌었다.

● 금강성사(金剛城寺, 곤고조지)

주소   兵庫県 神崎郡 福崎町田口236

전화   0790-22-0014

가는 길 히메이지역(姫路駅)에서 반탄선(播但線)을 타고 30분쯤 가서 후쿠사키역(福崎駅)에 내려 택시로 5분 거리다. 후쿠사키역에서 4km 거리에 절이 있지만 걷기에는 좀 멀고 택시 외에는 다른 교통수단이 없다. 택시비는 1,400엔 정도이며, 내릴 때 명함을 받아두었다가 절에서 전화를 하면 택시가 와준다.

2. 군마현 광은사

"1월 1일 오후 3시에 오시면 시간을 내보겠습니다."

　일본 군마현 치요다초에 자리한 광은사(光恩寺, 고온지) 주지스님은 서울에서 누리편지(메일)를 보낸 필자에게 시간까지 정해주면서 찾아오라고 했다. 정초는 일본 절에서 새해맞이(初詣, 하츠모우데)로 가장 바쁜 때로 외부 손님과의 대담이란 기대하기 어려운 상황이지만 스님은 흔쾌히 필자와 약속을 해주었다.

　광은사는 고구려 혜관스님이 개산(開山, 산문을 연다는 뜻으로 창건을 뜻함)한 절로 군마현의 수택사(水澤寺, 미즈사와데라), 이바라기현의 근본사(根本寺, 곤뽄지)와 함께 관동 지역의 3대 천년고찰 가운데 한 곳이다.

혜관스님이 창건한 군마현 광은사(고온지) 본당

2017년 1월 1일, 하필 이렇게 바쁜 시기에 주지스님을 찾아뵙겠다고 한 것이 죄송스런 일이긴 하지만 필자 역시 시간을 낼 수 있는 것이 이때뿐인지라 용기를 내어 편지를 보낸 것이 가상했는지 광은사의 주지스님은 약속대로 3시에 필자를 만나 주었다.

팔십은 족히 되어 보이는 모습의 주지스님은 검은 옷에 흰 목도리를 두르고 필자를 만나자마자 명함을 건네주었는데 광은사 주직光恩寺 住職 나가라 쿄코(長柄行光)라는 이름이 적혀 있었다. "실례지만 연세는?"이라고 물으니 웃으면서 "아가씨 나이와 스님 나이는 묻지 않은 거랍니다."라고 재치 있게 질문을 피해갔다.

통성명을 마치고 자리에 앉자마자 "고구려 혜관스님의 기록을 좀 보여주십시오."라고 요청하자 미리 준비했다는 듯 주지스님은 커다란 종이 가방에서 광은사와 관련된 자료들을 주섬주섬 꺼내보였다. 그 가운데 눈에 띄는 두꺼운 책 한 권을 집어 들더니 바로 책장을 넘기기 시작했다. 그리고는 돋보기도 없이 깨알 같은 글씨를 줄줄 읽어 내려갔다.

> "이 절은 광사光寺 또는 광은사光恩寺라 불렸으며 서기 625년(推古帝23年)에 고구려승 혜관이 개산하였다. 처음에는 혜관의 삼론종三論宗을 받들었으나 809년(大同4年) 구카이(空海)스님이 밀종密宗으로 바꿔 오늘에 이른다."[2]

---

2 『군마현읍락군지軍馬縣邑樂郡誌』, 군마현읍락군교육회軍馬縣邑樂郡教育會 펴냄, 1918년, p.310.

한국에서 찾아간 필자를 위해 고구려 관련 책을 꺼내 해당 부분을 읽어주는 주지스님

스님은 마치 오랜 세월 필자를 기다려온 사람처럼 고구려 혜관스님 관련 자료를 이것저것 꺼내 설명해주기에 여념이 없었다. 그 가운데 인상 깊은 이야기가 하나 있었다.

혜관스님의 기록이 있는 『군마현지』를 보여주는 스님

"광은사 뒤편 곧 종루鐘樓가 있는 그 자리는 전방후원분(前方後圓墳, 서기 3~6세기 일본의 고분시대 무덤으로 지배층 사이에서 유행했던 무덤 양식)입니다. 그곳에 묻힌 이

는 나가라씨(長柄氏)로 당시 나가라씨족(長柄氏族)들은 이 일대의 유력한 호족들이었습니다. 그들은 이곳 아카이와(赤岩)에 절을 짓고 당시 조정에서 승정으로 이름을 떨친 혜관스님을 초청하게 된 것입니다."

주지스님은 마치 누에고치가 실타래를 풀듯 이야기를 이어나갔다.

"흥미로운 것은 당시 나라(奈良)의 조정에서 잘 나가던 혜관스님이 멀고도 먼 관동의 군마현까지 발걸음을 하기가 쉬웠겠느냐는 것입니다. 그것은 물리적인 거리의 문제가 아니라 바로 군마현에 귀화인(歸化人; 이 말은 한반도에서 건너간 사람들을 일컫던 말로 지금은 도래인渡來人이라 부르지만 주지스님은 귀화인이라는 말을 쓰고 있었다)과 관련이 있기 때문이라고 봅니다. 이곳에 고구려 유민들이 집단으로 살았던 것과 혜관스님의 관동 진출은 관련이 깊다고 봅니다."

스님은 자신이 말하고 있는 것은 모두 스승인 호소야 세키치(細谷淸吉)의 『고대읍락정관음영장古代邑樂町觀音靈場』이라는 책에 자세히 나와 있다면서 책 한 권을 선물했다. 호소야 세키치 선생의 책 22쪽에서 24쪽에는 「나가라씨와 광은사(長柄氏と光恩寺)」편이 있는데, 이곳에 혜관스님에 관한 자세한 이야기가 실려 있다. 간추리면 다음과 같다.

"『일본서기』에 보면 스이코왕 33년(625)에 고구려에서 혜관이 건너왔다. 혜관은 수나라에서 삼론종의 대가인 가상대사에게 삼

혜관스님 이후 중창을 한 구카이 스님이 지은 아미타당

론을 익히고 일본에 와서 삼론의 개조가 되었다. 나라의 원흥사
(元興寺, 간고지)에서 주석하고 있을 때 국가에 큰 가뭄이 들어 조
정에서 혜관스님에게 기우제를 청하였다. 혜관스님은 푸른 옷을
입고 삼론을 강설하였는데 돌연 큰비가 내렸다. 조정에서는 매우
기뻐하며 혜관을 승정으로 삼았다. 이것이 일본 최초의 승정 기
록이다. 혜관은 627년에 무츠지방(陸奧国, 현재의 아오모리 일대)
에서 괴물퇴치를 한 것으로 알려져 있다. 이 무렵 관동으로 와서
광은사(光恩寺, 고온지), 수택사(水澤寺, 미즈사와데라), 근본사(根本
寺, 곤뽄지) 도량을 열었다."

호소야 세키치 선생의 해설은 명쾌했다. 이러한 기록은 호소야 선
생이 지어낸 것이 아니라 정사인 『일본서기』 등에 기록된 혜관승정
에 관한 내용을 토대로 한 것이다.

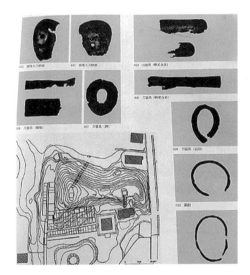

혜관스님을 군마지역으로 초대했던 호족들의 무덤인 전방후원분에서 나온 유물로 현재 광은사에 보관 중이다.

면담시간을 30분 정도로 잡고 3시에 만난 주지스님과의 대화는 고구려 혜관스님의 이야기에 빠진 주지스님의 설명에 그만 예정시간 한 시간 반을 훌쩍 넘긴 4시 반이 되어서야 끝났다. 그러나 대담만 끝났을 뿐 스님은 한 시간 반 동안 들려준 이야기가 적혀 있는 각종 자료를 복사해주겠다며 노구를 이끌고 복사실로 향했다.

스님이 복사물을 들고 다시 자리로 돌아오는 동안 필자는 동석한 치요다초 구청 공무원인 고바야시 씨와 이야기를 나눴다. 고바야시 씨는 치요다초(千代田町) 경제과상공통계계經濟課商工統計係 직원이었다. 나중에 안 일이지만, 광은사로 가는 교통이 아주 불편한 관계로 주지스님이 고바야시 씨에게 특별히 부탁하여 필자를 모셔오라고 했단다.

주지스님의 특별한 부탁 덕인지 일본으로 떠나기 전 고바야시 씨는 메일을 보내와 필자가 묵고 있는 숙소를 알려달라고 했다. 자신이 직접 차로 모시겠다는 것이었다. 그 덕에 편하게 광은사까지 갈 수 있었다. 나중에 알고 보니 광은사까지는 버스는 고사하고 택시도 잡기가 쉽지 않은 곳이었다.

주지스님과의 면담이 3시였기에 기왕 신세 지는 김에 고바야시 씨에게 조금 일찍 와달라고 했다. 일찌감치 가서 절 주변도 구경하고 점심도 먹으려고 한 것이 그만 예상이 빗나갔다. 고바야시 씨가 광은사에 내려준 시각은 오전 11시 반이었는데, 아뿔사 광은사 주변에는 음식점은 고사하고 흔하디흔한 편의점 하나 없었다. 절 앞에 작은 초밥집이 딱 하나 있었는데 정월 초하루(일본은 이 기간이 양력설)라 문을 닫았다.

1271년 가마쿠라시대에 만든 관동 최고의 '지장보살화상판비地藏菩薩画像板碑'가 경내에 있다.

그리 크지 않은 규모의 광은사는 절집에서 점심 공양을 준다든지 하는 일도 없었다. 밥은 고사하고 엉덩이를 붙이고 앉아 있을 곳도 없어 하릴없이 절 주변을 서성이며 3시간을 무료하게 주지스님을 기다려야 했던 기억이 새롭다. 그래도 기다린 보람이 있어 뜻밖의 자료를 손에 쥐고 나니 점심도 굶고 3시간이나 고생한 것을 보상받은 느낌이었다. 관동 굴지의 천년고찰 광은사는 과거 여러 번의 화재로 소실되기를 거듭하여 현재의 본당은 명치 때 새로 지은 것이다. 절의 규모는 고구려 혜관스님 당시의 규모와는 비교도 안 될 만큼 쇠락해 있었다. 가람 건물이 즈믄해(천년) 동안 지속되기란 어려운 일임을 광은사도 여실히 보여주고 있었다. 그 대신 광은사에는 절 경내의 전방후원분에서 나온 귀한 유물들이 보존되어 있다.

광은사 경내에 있는 전방후원분에서 출토된 유물의 전시 도록 『전방후원분이 사라질 때』

"전방후원분에서 출토된 유물 가운데 금붙이 등 귀한 것은 막부(에도 막부)에게 모두 빼앗기고 잔챙이만 우리 절에 남아 있습니다. 그러나 이것들도 매우 소중한 것으로 얼마 전 전시회도 열었습니다."

주지스님은 2016년 '다카사키시 관음총 고고자료관'에서 열린 「전방후원분이 사라질 때(前方後圓墳が消えるとき)」라는 제목의 전시책자 한 권을 선물로 주면서 광은사의 유물이 실린 13쪽 부분을 펴 보여주었다.

13쪽에는, 아까이와당산고분(赤岩堂山古墳) 출토에 대한 자세한 경위와 출토품이 컬러사진과 함께 수록되어 있었다.

"광은사 경내에 있는 전방후원분은 전장길이 90m, 후원부 지름 48m, 높이 6m, 전방부 폭 72m, 높이 7.5m다. (중략) 이 고분은 에도시대에 발굴되었으며 당시에 출토된 유물은 직도直刀, 철제 도장구鐵製刀裝具, 금동장두추대도金銅裝頭椎大刀 … 등이다. 고분의 축조 연대는 7세기 초엽으로 추정된다."

좀 장황하지만 이것을 인용한 것은 전방후원분에 묻힌 호족과 고구려 혜관스님이 관련이 있음을 이미 호소야 세키치 선생의 책에서 밝힌 바 있기에 조금 맛보기로 소개한 것이다.

한편, 주지스님이 건네준 복사물 가운데 눈에 띄는 한 가지가 또 있는데 그것은 다름 아닌『군마현읍락군지軍馬縣邑樂郡誌』317쪽의「광은사 보물」목록이다. 이 목록에는 절에 내려오는 제례용 방울 등을 포함한 목록이 다수 적혀 있었는데「신라마힐경권중新羅摩詰經卷中 1축」이라는 목록이 필자의 눈을 사로잡는다. 그것은 신라의『유마힐경』으로 상중하 가운데 중권이 이 절에 내려오는 것이라는 뜻이었다. 그러나 유감스럽게 주지스님이 복사된 자료를 건네줄 때는 미처 시간이 없어 찬찬이 보지 못하고 숙소에 와서 알게 되었다. 이에 대해서는 별도로 스님에게 질의를 해볼 참이다.

"저는 요새 고구려 주몽을 즐겨 봅니다." 자리에서 일어나려는데 주지스님은 한국의 드라마 이야기를 꺼냈다. 솔직히 필자는 드라마 주몽에 대해 아는 바가 없어 맞장구를 쳐주지는 못했다. 하지만 한 시간여 대담을 하면서 나가라 쿄코 주지스님의 해박한 역사의식에 감탄이 절로 나왔다.

"사실 군마현은 고대 귀화인(고대 한국인을 뜻함)들이 와서 일군 땅입니다. 당시에는 일본 내에서도 최첨단 문화집단이었죠. 적어도 서양문명을 받아들이기 시작한 명치 이전만 해도 군마지역은 대단한 문화적 자존심을 간직한 곳입니다. 군마群馬라는 지명에서 보듯이 일본 지명에 말(馬)자가 들어가는 곳은 군마가 유일합니다. 말(馬)이 무리(群)를 지어 사는 곳이란 권력을 뜻하는 것이며 기마민족들이 자리한 터전이란 뜻이지요."

나가라쿄코 주지스님
은 정초맞이로 바쁜 가
운데 필자를 위해 귀한
시간을 내주었다.

주지스님은 기마민족이 곧 고구려민족이라고 믿고 있었다. 요약
하면 군마 곧 고구려라는 등식으로 이해하고 있었던 것이다.

약속시간보다 너무 일찍 도착한 광은사에서 무려 3시간 이상 광
은사 주변을 맴돌아야 했지만 보람은 있었다. 1월 초순인데도 하늘
은 마치 천고마비의 계절처럼 푸르고 높았다. 지금은 한적한 시골
소읍에 지나지 않아 자력으로는 찾기도 어려운 절 광은사지만, 고구
려 혜관스님이 이곳 아카이와산(赤岩山)에 개산開山할 무렵에는 손
꼽히는 중심지였을 것이라는 생각이 든다. 경내에 있는 전방후원분
을 조금 지나 절 밖으로 나가보면 광활한 들판이 펼쳐진다. 어쩌면
저 너른 들판도 9개의 말사를 거느렸던 광은사 경내였을지 모른다.

1,300여 년 전 혜관스님도 필자처럼 이 자리에 서서 저 너른 들판
을 바라다보지는 않았을까? 물론 그때는 들판 가득히 가람이 들어
섰을지도 모른다. 일본의 초대승정으로 이곳 군마 땅에 와서 불법佛
法을 널리 펴면서 존경을 한 몸에 받았던 스님의 후예라는 것이 무
척 자랑스러웠다.

● 광은사(光恩寺, 고온지)

주소 群馬県 邑楽郡 千代田町赤岩1041

전화 0276-86-2157

가는 길 광은사를 가기 위해 비교적 접근이 편한 군마현群馬県 오타
(太田)역 주변의 토요코인(群馬県太田市飯田町1320-1)에 묵
었다. 그러나 광은사까지 가는 차편이 안 좋아 필자는 광은
사 주지스님으로부터 교통편의를 제공받아 승용차로 30분
거리의 광은사를 편하게 다녀왔다.

참고로 〈야후재팬〉의 지도에서 안내하는 길을 소개한다.
오타(太田)역에서 덴샤(電車)를 타고 1개역을 지나 도후쿠
고이즈미선(東武小泉線) 히가시고이즈미행(東小泉行)으로 갈
아탄 뒤 히가시고이즈미(東小泉)에서 하차하여 광은사까지
약 1시간 24분 걷는다. 현지에 가는 경우에는 반드시 각 역
의 안내에서 자세한 길을 묻는 것이 좋다.

3. 돌비석에 혜관스님 창건기가 새겨진 이바라키현 근본사

"아니, 이 돌비석에 고구려 혜관스님의 이야기가 써 있단 말입니까?"

어렵사리 찾은 이바라키현 근본사(根本寺, 곤뽄지)의 가미하라(上原) 주지스님은 필자가 멀리 한국에서 왔다고 하자 그렇게 물었다. 그리고는 또 한다는 말이 "본당(대웅전)이 원래 이 자리가 아니었는데 본당을 세우면서 돌비석을 이리로 옮긴 것입니다. 그때 이 돌비석의 유래를 몰라 그냥 버리려고 했었는데…"

아뿔싸란 말은 이럴 때 쓰는 말이던가! 주지스님에게 혜관스님 관련 돌비석 사연을 물으러 갔다가 되레 필자가 주지스님에게 돌비석의 유래를 설명해주는 꼴이 되었다. 이러려고 먼 한국에서 이바라키현 가시마시(茨城県 鹿嶋市)까지 낯선 길을 물어물어 찾아왔나 싶어 다소 실망감마저 느껴졌다.

혜관스님의 창건으로 알려진 이바라키현의 근본사 산문(일주문)

아담한 근본사 본당(대웅전)

2017년 1월 10일, 필자는 근본사根本寺를 찾아가기 위해 이른 아침 도쿄역에서 고속버스를 탔다. 근본사가 자리한 가시마(鹿嶋)까지는 고속버스로 두어 시간 걸렸다. 가시마진궁역이 종점인 곳에 내려 사람도 거의 다니지 않는 한적한 시골길을 걸어 간신히 근본사에 도착한 시각은 11시 무렵, 인기척 없는 경내를 살피다가 본당 앞에 이끼 낀 돌비석 하나를 발견했다.

오호라! 이 비석이구나 싶어 가슴이 뭉클했다. 그러나 워낙 오랜 세월의 덮개를 뒤집어쓴 탓에 비문은 쉽게 해독이 되지 않았다. 사방을 둘러보니 본당 옆에 '근본사종무소'라는 간판이 작게 달려 있어 무작정 문을 두드렸다.

"똑똑똑"

한참을 지나 '하이' 하는 소리와 함께 문이 빠끔히 열렸다. 책을 읽고 있었는지 늦은 잠을 자고 있었는지 주지스님은 눈을 비비며

혜관스님의 창건기가 적혀 있는 돌비석(앞쪽)

무슨 일이냐고 했다.

"저, 본당 앞의 돌비석에 대해 여쭙고 싶습니다만…"

돌비석이라면 자신도 아는 바가 없다면서 필자를 물끄러미 바라다보았다. 주지스님이 약간은 귀찮은 표정을 짓기에 틈을 주지 않고 잽싸게 돌비석이 본당 앞에 세워지게 된 경위를 말하기 시작했다. 그제야 주지스님은 고개만 빠끔히 내밀던 종무소에서 신발을 신고 본당 앞의 돌비석으로 나왔다.

필자는 주지스님에게 1702년에 만겐시반 스님이 지은 『본조고승전』에 나오는 혜관스님 이야기를 들려주었다.

"내가 상주 녹도鹿嶋의 근본사根本寺에 가서 이틀 밤을 묵으며 전각 안을 두루 관람하였는데 혜관 승정의 비碑가 있었다. 모서리는 닳았지만 글자 획은 또렷하였다. 주지가 말하길 '이 절은 혜관 때 개산하였다'라고 하기에 옛 기록이 있느냐고 물으니 없다고

하였다.…"³

에도시대의 승려 만겐시반(卍元師蛮, 1626~1710)은 일본 전역을 30년간 발로 뛰어 『본조고승전本朝高僧傳』(1702)을 썼다. 이 책은 고대로부터 에도(江戸)에 이르기까지의 고승 1,664명의 행적을 기록한 일본 최고最高의 고승전이다. 이 책에는 일본의 초대 승정을 역임한 고구려 혜관스님을 비롯하여 성실종의 시조인 백제의 도장 스님 등 고대 한국 출신 스님들에 대한 자세한 이야기가 실려 있으나 한국에는 그 내용이 거의 알려져 있지 않다.

이끼가 낀 상태지만 '동방약사여래…'라는 글자 등 몇몇 곳은 지금도 육안으로 해독이 가능하다. 이 비석 4행에 혜관스님 이름이 보인다.

지금으로부터 315년 전, 만겐시반 스님은 필자처럼 혜관 승정의 발자취를 확인하고자 가시마(鹿嶋)의 근본사를 찾아 당시 주지스님과 대화를 나눴다. 그때 근본사 주지스님은 명확히 고구려 혜관스님이 이 절을 개산(開山, 산문을 연다는 뜻으로 창건을 뜻함)했다고 했다. 그래서 절 경내를 돌아보니 돌비석이 있었고, 그 돌비석에는 혜관스님이 창건한 절이라는 글자가 선명하게 써 있었다고 했다.

---

3 餘抵常州 鹿嶋。信宿根本寺。歷觀殿裏。有慧灌僧正之牌。堂慧灌 楞側弊朽。子畫燦然。主曰。慧灌當時開山也。問古記無有之。…

필자가 주지스님에게 근본사에 대한 사서史書의 기록을 들려주자 그때서야 주지스님은 돌비석에 관심을 보였다. 몸을 구부리고는 이끼 낀 돌비석을 읽어내리려고 한참 동안 안간힘을 쏟고 있었다. 돌비석 옆에 활짝 핀 납매화臘梅花와 필자는 그런 스님의 모습을 물끄러미 바라다보았다. 탁본을 좀 해놓았으면 좋았을 텐데 싶었지만 탁본은커녕 고구려 혜관스님과 관련된 돌비석인지도 몰랐다니 그저 어이가 없을 뿐이었다. 얼마가 지났을까?

"아, 여기 써 있군요. 여기 보세요. 고구려 혜관이라는 글자가 보이는데요."

주지스님은 몸을 구부린 채 필자에게 손가락으로 "혜관惠觀"이라고 쓴 글자를 가리켰다. 자세히 보니 몇몇 글자는 해독이 가능하였다. 돌비석의 글자는 세로로 모두 6행으로 이뤄졌으며, 첫 줄은 "동방약사여래東方藥師如來…"로 시작하고 있었으나 군데군데 해독이 가능한 글자를 빼고는 탁본을 해야 정확한 것을 알 수 있을 것 같았다. 갑작스런 필자의 방문으로 돌비석의 정체를 알게 된 주지스님은 잠시 종무소로 들어가더니 「추고천황칙원소推古天皇勅願所 서웅산소사瑞甕山小史」라는 근본사의 유래가 적힌 자료를 가지고 나와 필자에게 건넸다.

"이 절은 스이코천황(推古天皇) 때에 성덕태자의 발원으로 호국흥륭을 위해 지은 절이다. 본존은 동방약사여래를 모셨으며 일본 최고最古의 절이다. 개조開祖는 고구려 혜관 대승정(성덕태자의 스승)으로 처음에는 삼론종三論宗에 속했으나 이후 법상, 천태에 이르러 중세에는 선종으로 바뀌었다.…"

　사전寺傳에 있는 창건 유래는 근본사 본당 앞 커다란 오석烏石에
도 반듯하게 새겨져 있었다. 근본사가 일본 최고最古의 절이라고 써
놓은 것은 스이코천황(推古天皇, 593~628) 발원 절이라는 점을 강조
한 것으로, 불교가 백제 성왕 때(552년) 유입되어 얼마 안 된 시기에
창건한 절임을 감안하면 관동 최고最古의 유서 깊은 절임에는 틀림
없다.

　근본사는 근세의 도쿠가와막부 시절만 해도 말사 2개사와 암자 5
곳을 거느리는 규모였지만 명치 때 폐불훼석(廢佛毁釋; 불교사원에서
승려들을 몰아내는 등 불교를 탄압한 사건. 대신 신도神道를 육성함)으로

▲본당 앞에는 근본사의 유래를 검은
　돌에 새겨두었다.
◀유래에는 고려(고구려) 혜관대승정
　의 개조라는 글자가 또렷하다.

근본사의 사세寺勢는 내리막길을 걷게 된다. 이렇게 되자 지역의 토호 신사인 가시마신궁(鹿島神宮)이 세력을 크게 확대하게 된다.

　실제로 이바라키현의 가시마시(鹿嶋市)는 가시마신궁의 참배객들이 먹여 살린다고 해도 지나친 말이 아닐 정도로 그 규모가 어마어마하다. 아예 도쿄에서 빈번하게 가시마신궁 앞까지 오는 고속버스가 있을 정도다. 사정이 이러하다 보니 근본사는 하츠모우데(정초 새해맞이 참배) 손님도 거의 없다고 한다.

　혜관스님이 창건한 군마현의 수택사(水澤寺, 미즈사와데라)는 절 주변에 큰 신사神社가 없어 정초 기도를 위해 찾는 참배객들로 넘치지만 근본사는 정초에도 조용하다고 했다. 절이든 신사든 찾는 이가 많아야 경영도 원활하고 종사자들도 신명이 날 텐데, 근본사는 1981년(소화 56)이 되어서야 지금의 본당을 겨우 중수할 정도였으니 형편이 여의치 않기는 그때나 지금이나 같아 보였다.

　혜관스님이 창건한 관동지방의 절 세 곳을 찾아 떠나기 전 필자는 한국에서 미리 군마현의 수택사水澤寺, 광은사光恩寺 주지스님과 연락을 해두었었다. 그러나 이바라키현의 근본사는 주지스님에게 메일을 보내려고 아무리 누리집(홈페이지)을 찾아도 없는데다 전화도 받지 않아 그냥 출발했었다. 마침 광은사에 갔을 때 친절히 안내해 주었던 고바야시(小林) 씨에게 '근본사 주지스님을 어떻게든 섭외해 달라'고 부탁을 해놓고 1주일을 기다려도 소식이 감감했다. 고바야시 씨는 하루가 멀다 하고 메일을 보내와서 '근본사에 전화를 해도 안 받는다'는 것이었다. 마냥 기다릴 수 없어서 필자는 1월 10일, 무작정 근본사를 찾아 나선 참이었다. 다행히 주지스님은 종무소에 있

었지만 자신이 주석하고 있는
절의 역사에 대한 깊은 지식을
갖고 있지 못했다. 할아버지
때부터 3대째 주지를 맡고 있
는 가미하라(上原) 주지스님은
먼 곳에서 찾아온 필자를 처음
에는 크게 달가워하지 않는 기
색이었다.

일본의 경우 절 경영이 어려
운 곳에서는 주지스님이 아르
바이트로 택시운전을 하거나
별도의 직업을 갖는다는 이야
기를 들은 적이 있는데, 근본

본당 앞에는 돌비석 첫 줄에 나오는 '동방약사
여래'상이 있다. 그러나 이 불상은 근대에 만든
것이다.

사 역시 형편이 어려운 모양이었다. 뿐만 아니라 주지스님의 사진을
찍고 싶다는 필자의 말을 정중히 거절했다. 대신 자신이 필자를 찍
어 주겠다고 했다.

그나마 돌비석 때문에 처음에 석연치 않던 응대가 호감으로 바뀐
것은 다행이었다. "이 돌비석은 매우 소중한 유산입니다. 나중에 꼭
탁본을 해주십시오."라고, 나는 혜관스님 이야기가 새겨진 돌비석
에 대해 신신당부를 했다. 근본사 경내의 고구려 혜관스님의 창건기
創建記가 적힌 돌비석의 공개는 필자가 처음일 것이다. 이는『본조고
승전』에 나오는 혜관스님에 관한 연구를 했기에 가능한 일이었다.
사실 혜관스님의 기록은 국내에는 전무하지만 일본에는『일본서기』를 비롯하여 40여 개 이상의 사서에 남아 있다.

이 많은 기록 가운데 혜관스님에 관해 가장 자세한 책은 1702년에 만겐시반 스님이 30년간 일본 전역을 발로 뛰어 쓴 『본조고승전』이다. 이 책은 필자가 이바라기현 근본사 경내에 돌비석이 있다는 사실을 알게 된 귀중한 자료이기도 하다. 『본조고승전』이 전하는 혜관스님에 관한 기록을 살펴보기로 한다.

"석혜관釋慧灌은 고구려 사람이다. 수나라에 들어가 가상대사 길장吉藏에게 삼론종의 종지를 받았다. 스이코천황 33년 정월 초하루 본국(고구려)에서 일본으로 보내와 칙명으로 원흥사元興寺에 머물러 있게 하였는데 공종(空宗, 곧 삼론종)을 부지런히 강설했다. 이 해 여름에 가물어서 왕이 혜관을 불러 비를 빌게 하였다. 혜관이 푸른 옷을 입고 삼론을 강설하니 큰비가 내렸다. 이에 천황이 크게 기뻐하며 발탁하여 승정에 임명하였다. 백봉白鳳 10년 봄 2월에 와슈 선린사(禪林寺)가 완성되어 혜관을 청해다가 낙성을 경축하는 도사導師로 삼았다. 혜관은 또 가와치 시기군에 정상사井上寺를 창건하여 삼론종을 널리 폈다. 나이 90에 멸도하였는데 본조(일본) 삼론종의 시조다."[4]

---

4 釋慧灌 高麗人. 入隨從嘉祥寺吉藏大師禀三論旨. 推古三十三年正月元日. 本國貢來. 勅住元興寺. 盛說空宗. 是歲夏旱. 詔灌祈雨. 灌著青衣演講三論. 大雨即下. 天皇大悅. 擢任僧正. 白鳳十年春二月. 和州禪林寺成. 請灌爲落慶導師. 灌又河內志紀郡創井上寺. 弘通本宗. 垂年九旬以滅度. 爲本朝三論宗始祖焉.

혜관스님의 족적을 알 수 있는 완벽한 이 기록은 1702년에 만겐시반 스님이 해놓았다. 그리고 만겐시반 스님은 이바라키현 가시마(鹿嶋)에 있는 근본사를 직접 찾아갔던 것이다. 필자처럼 말이다.

일본불교의 발상지인 아스카(飛鳥), 최전성기인 나라(奈良)시대에 창건한 절들은 거의 고대 한국과 밀접한 관계에 있다는 것은 이미 알려진 사실이다. 그리고 이 시대의 사원건축이 백제나 고구려의 영향이 짙다는 사실史實 또한 국내외의 많은 연구자들이 밝힌 바 있다.

근본사는 에도시대 유명한 시인인 마츠오 바쇼가 다녀갔다고 해서 곳곳에 시비가 서 있다.

그러나 이러한 것들은 하드웨어에 속하는 것들로, 소프트웨어는 뭐니 뭐니 해도 '고승'들의 활약이다. 불교가 어디 건축물만으로 이야기될 수 있는 것인가 말이다. 그 안에서 울고 웃던 사람냄새 물씬 풍기던 주역들은 역시 고승들이다. 나라시대의 실력자인 후지와라 씨의 중병을 낫게 한 치료승 백제의 비구니 법명스님, 초대 승정이 된 고구려 혜관스님, 역법曆法을 전한 백제 관륵스님, 『일본세기』를 지은 고구려 도현스님, 『화엄경』의 첫 강설자인 신라의 심상스님 등등, 이들이 머물렀던 절의 발자취를 찾아보는 일은 매우 소중하다. 하지만 아직 걸음마 수준이다. 고구려 혜관스님의 창건 유래를 간직한 관동 3사寺 답사는 2016년 12월 30일부터 2017년 1월 10일 사이에 이뤄졌다. 걸음걸음마다 힘들고 어려운 여정이었지만 필자를 따스하게 맞이해준 군마현의 수택사(水澤寺, 미즈사와데라), 광은사(光恩寺, 고온지), 이바라키현의 근본사(根本寺, 곤뽄지) 주지스님께 이 자리를 빌려 감사의 말씀 올린다.

● 근본사(根本寺, 곤뽄지)

주소	茨城県 鹿嶋市宮中
전화	0299-82-4720

가는 길 도쿄역에서 가시마진구역(鹿島神宮駅)행 고속버스로 종점인 가시마진구역에서 내려 11분 거리에 있다. JR가시마진구역에서 정면으로 나 있는 도로를 따라 7분 정도 걸어 올라가면 100엔 숍이 보이고, 이 건물을 따라 오른쪽 길로 첫 번째 신호등이 나올 때까지 4분 정도 걷는다. 2차선 도로를 끼고 내리막길을 걸어 내려가다 보면 무덤이 나오고 좀 더 내려가면 신호등이 나오는데, 신호등 오른쪽으로 난 동네 길로 들어서면 근본사에 닿는다. 도쿄역에서 JR열차가 있으나 편수가 적으므로 고속버스가 편하다. 시간대별로 다르지만 보통 1시간에 두세 대 다니며 요금은 1,830엔, 약 2시간여가 걸린다.

4. 한국인에게 최초로 공개한 군마현 수택사의 혜관스님 목상

"아! 이곳에 고구려 혜관스님 동상이? 스님, 사진을 찍어도 됩니까?"

"물론이죠. 얼마든지 찍으십시오."

주지스님은 친절히 대답했다. 본당(대웅전) 안은 약간 컴컴했으나 혜관스님 동상 앞에 켜놓은 두 자루의 촛불이 이내 주위를 밝혀주었다. 자세히 보니 혜관스님의 동상은 목상木像으로 가부좌를 틀고 앉아 있는 모습이었다. 1,300여 년 전 멸망한 고구려의 스님을 수택사(水澤寺, 미즈사와데라) 본당에서 마주하다니, 잠시 감격에 겨워 울컥 목이 메었다.

"고구려 혜관스님을 찾아 우리 절에 온 한국인은 이 선생님이 처음입니다. 우리 절에 관한 자료는 선대로부터 내려온 이 자료가 전부입니다만, 혹시 이 선생님께서 다른 자료를 찾게 되면 알려주십시오."

주지스님은 젊은 분으로 몹시 친절했다. 필자가 찾은 2017년 12월 31일 오전 10시는 일본 절에서는 한국의 부처님오신날에 버금가는 중요한 날로, 새해를 절에서 맞이하려는 사람들이 몰려드는 날이기에 주지스님을 개인적으로 만난다는 것은 좀처럼 어려운 일이었다. 하지만 주지스님은 한국에서 일부러 찾아간 필자를 위해 따끈한 차 한잔을 내어주며 흔쾌히 시간을 내주었다.

본당 안에 불상과 나란히 혜관스님의 목상이 모셔져 있다. 한국인에게 최초로
공개되었다.

종무소 한편에 마련된 자리에 앉아 명함을 건네자 스님도 야마모
토 도쿠메이(山本德明)라는 이름이 적힌 명함을 건네주었다. 그러면
서 미리 준비한 수택사 관련 자료를 필자 앞에 내놓았다.

"수택사水澤寺는 1,300여 년 전인 서기 625년 아스카시대 스이코
왕(推古天皇)의 칙령으로 고구려에서 건너온 고승 혜관慧灌스님이
개산(開山, 산문을 연다는 뜻으로 창건을 뜻함)한 것으로 전해오고 있
습니다. 혜관스님은 삼론종三論宗의 개조開祖이며 수택사 외에도 나
라(奈良)의 반야사般若寺 등도 건립했다고 전합니다."

이는 주지스님이 건네준「수택사 연기」의 첫 장 첫 줄에 나오는
말이다. 수택사는 일본에서도 손꼽히는 군마현의 이카호(伊香保) 온

천과 가까운 곳에 자리하고 있어 불교신도가 아니라도 유서 깊은 온천 나들이 겸 찾는 이가 많다. 특히 수택사는 관음성지의 명소로 판동33개소坂東三十三箇所, 곧 관동 일대의 33개 명찰 가운데 제16번째 절로, 주지스님은 필자와 대담을 하는 사이에도 순례자들이 가져온 납경장(納経帳, 순례한 절에서 확인 받는 수첩)에 사인을 해주느라 분주했다.

"아시겠지만 일본의 스님들은 결혼을 합니다. 할아버지 때부터 제가 3대째이지요. 사실 수택사가 오늘날처럼 신도들이 몰려들고 사세寺勢가 확장된 것은 그리 오래된 일이 아닙니다. 되돌아보면 꿈만 같습니다. 제가 올해 44살입니다만 아버지 대代에서는 절의 경영이 너무 어려워 제가 어린 시절에는 어머니를 도와 표고버섯을 채

본당 앞의 보라색 휘장은 이 절이 과거 도쿠가와 막부의 지원을 받았음을 말해주는 증표다.

수택사가 판동(관동)16번 영장
靈場 절임을 알리는 돌 비석

취하여 팔 정도였지요."

수택사는 창건 당시에는 당우堂宇가 30
여 채 있었고 불상도 1,200개에 이를 만큼
큰 규모의 절이었다. 그러나 세 번의 화재
를 만나 지금의 본당은 에도시대(江戶時代)
인 1688년에 새로 지은 것이다. 에도시대
만 해도 도쿠가와 막부의 든든한 재정적 후
원이 있었으나 이후 명치정부의 폐불훼석
廢佛毁釋 사건으로 수택사도 그만 쇠락의 길
로 접어들게 된다.

승려들은 절에서 쫓겨나고 불상이 파괴되는 등 한마디로 불교의
분서갱유 광풍이 분 것이다. 1871년(명치 4년) 1월 5일 명치정부는
태정관포고太政官布告를 통해 절의 재산을 몰수해버렸다. 상황이 이
러고 보니 고찰들이 예부터 전해 내려오던 수많은 자료와 문헌들을
챙길 여력을 잃고 말았다. 그러는 과정에서 없어진 불상이며 경전
등의 손실은 또 얼마이던가!

수택사 본당의 혜관스님 목상木像에 관한 자료 역시 주지스님은
갖고 있지 않다고 했다. 다만 본당 건물이 낙성된 1688년 이래 줄
곧 본당에 안치되어 있었으니 그 무렵 또는 그 이전 시기에 만들어
졌을 것으로 추정하고 있을 뿐이다. 본당에 부처와 나란히 승려상僧
侶像을 안치한 절은 주지스님 역시 다른 절에서는 보지 못했다고 했
다. 주지스님은 혜관스님 목상이 할아버지 이전부터 본당에 모셔져

절 입구에는 '수택관세음'이라고 쓴 빨간 펄침막이 나부낀다.

있던 것이라 제작연도에 대해 생각해본 적이 없다고 했다. 그러나 혹시 기회가 되면 제작연대를 확인해보겠다고 했다.

사실 나라시대 고승인 의연(義淵, 643~728)의 승려상僧侶像처럼 일본에 남아 있는 얼마 안 되는 승려상들은 그 연원이 1천여 년을 거슬러 올라간다. 지금도 그렇지만 불교에서 불상 외의 상을 만든다는 것은 어지간한 고승이 아니고는 상상할 수 없는 일이다. 그러한 고승상을 부처와 법당에 나란히 모신다고 하는 것도 보통 상식으로는 이해하기 어려운 일이지만 수택사 본당에는 고구려 혜관스님의 목상이 모셔져 있다. 고구려 혜관스님의 유적을 찾아온 한국 사람은 필자가 처음이며 목상 공개도 처음이라니 감개무량하다.

수택사를 찾아가기 앞서 필자는 수택사에 이메일 한 통을 보냈다. 수택사를 방문할 예정이니 고구려 혜관스님에 대한 자료를 좀 얻을 수 있느냐는 내용이었다. 그리고 돌아온 답변은, 문헌자료(6쪽짜리)

가 그다지 많지 않다고 하면서 혹시 필자가 갖고 있는 자료가 있으면 알려달라는 것이었다. 그리하여 필자가 알고 있는 혜관스님에 관한 문헌 자료를 알려주었다. 다음이 그것이다.

『日本書紀』, 『元亨釋書』, 『本朝高僧傳』, 『續日本紀』, 『日本三代實錄』, 『日本紀略』, 『類聚國史』, 『三論師資傳』, 『僧鋼補任(興福寺本)』, 『僧鋼補任抄出』, 『扶桑略記』, 『日本高僧傳要文抄』, 『東大寺具書』, 『內典塵露章』, 『三論祖師全集』, 『東大寺續要錄』, 『三會定日記』, 『東大寺圓照行狀』, 『東國高僧傳』, 『淨土法門源流章』, 『寧樂逸文』, 『平安逸文』, 『鎌倉逸文』, 『大日本古典文書』, 『大日本史料』, 『淨土依憑經律論章疏目錄』, 『三論宗章疏』, 『東域傳燈目錄』, 『諸宗章疏錄』, 『大正新修大藏經』, 『日本大藏經』, 『群書類從』, 『續群書類從』, 『續續群書類從』 등

특히 1702년에 나온 『본조고승전』에는 혜관스님에 대한 내용이 자세히 실려 있다. 수택사에는 혜관스님과 관련된 흥미로운 전설이 전해오는데, 『판동33관음순례(坂東三十三所觀音巡禮)』(朱鷺書房, pp.78~81)에는 다음과 같은 이카호낭자(伊香保姬)의 전설이 실려 있다. 계모에게 구박받은 한국판 숙영낭자전을 연상케 한다.

이카호낭자는 5세기의 리츄천황(履仲天皇) 때 관리였던 아버지가 누명을 쓰고 유배를 간 곳에서 1남 3녀 가운데 막내로 태어났는데 어머니가 죽자 아버지가 계모를 들였다. 마침 아들은 집을 떠나 관리가 되어 화를 면했지만 세 자매 중 두 명은 이미 살해당했고, 이제 이카호도 계모 손에 죽을 찰나에 갑자기 번개와 천둥이 치더니 계

모를 쓰러뜨리고 이카호는 구출된다. 그때 하늘에서 이카호낭자 손에 쥐어준 불상 덕으로 낭자는 목숨을 구하게 되었는데, 낭자는 혜관스님께 말씀드려 수택사를 짓고 이 불상을 본존불로 모셨다고 한다. 실제 수택사의 본존불인 십일면관세음보살은 예부터 융통관세음融通觀世音으로 알려졌는데, 중생의 일체 소원을 들어 손을 내밀어주는 보살로 유명하다. 이것이 지금의 수택사 본당에 모셔진 본존불로, 이 불상은 비불秘佛로 공개하지 않는다.

고대 한국에서 일본땅에 건너가 불법佛法을 편 고승들은 고구려 혜관스님뿐만이 아니다. 성실종의 시조인 백제 도장스님, 초대 승정을 지낸 백제 관륵스님, 첫 화엄경 강설자인 신라의 심상스님 등 숱한 고승들이 일본 불교계에서 활약했음을 일본의 사서史書들은 기록하고 있다. 그러나 이들의 행적에 대한 일본 내의 연구는 많지 않다. 이는 한국의 사정도 같다.

"사실 할아버지 때만 해도 절에서 호적 일을 다 맡아 보았어요. 글을 아는 사람들이 마을에는 많지 않기 때문이지요. 할아버지가 수택사의 유래에 대한 것도 꼼꼼하게 남긴 것입니다."

야마모토(山本) 집안(家)에서 3대째 주지를 맡고 있는 스님의 할아버지 때란 지금으로부터 불과 100년 전 일이다. 이 시절에도 글줄깨나 아는 사람은 승려들이었다. 하물며 일본에 불교를 전해준 백제 성왕 때(552년)의 승려들이 불교뿐만 아니라 수준 높은 문화 창달자의 역할을 했음은 두말할 나위가 없을 것이다.

하필 연중 가장 바쁜 날 수택사를 찾은 필자에게 주지스님은 바쁜 내색 없이 친절히 혜관스님의 발자취를 소상하게 들려주었다. 대담을 마치고 본당을 비롯하여 경내에서 기념사진을 찍는 시간까지 얼굴에는 온화한 미소를 잃지 않았다. 다른 일정으로 자정에 있을 제야의 타종을 보지 못하고 떠나는 필자에게 "한국에 꼭 가보고 싶다" 면서 여행길에 먹으면 맛있을 것이라며 까만 알사탕을 쥐어 주었다. 알사탕 한 알을 입에 물고 1,300년의 역사를 지닌 유서 깊은 절 수택사 경내를 천천히 거닐어본다. 하늘은 구름 한 점 없이 맑았고 겨울 날씨답지 않게 포근한 가운데 병신년 한해를 마무리하려고 찾아온 사람들로 왁자지껄한 경내를 조금 벗어나 오덕산五德山으로 오르는 호젓한 산길로 들어섰다. 혜관스님도 내가 걷고 있는 이 길을 걸었을 것이라고 생각하니 남다른 감회에 젖는다.

멀고 먼 고구려 땅에서 이곳 일본 군마현 미즈사와 땅까지 이름을 떨친 혜관스님의 발자취를 찾아 온 한국인이 1,300여 년 동안 한 사

일본 절에서 가장 바쁜 12월 31일, 주지스님은 승복을 갖춰 입을 새도 없이 평상복으로 분주히 움직이고 있었는데 필자를 위해 본당 앞에서 자세를 취해 주었다.

람도 없었다니… 미안하고 죄송스런 마음뿐이다. 산문을 나와 마침 점심시간인지라 미즈사와우동으로 유명한 곳이기에 우동 한 그릇을 시켜놓고 식당 밖 통유리 넘어 수택사로 눈길을 돌려본다.

세상의 모든 근심 걱정을 덜어주는 관음성지의 고찰, 수택사의 영원한 발전을 마음으로 빌면서 끊어질듯 끊어지지 않는 우동발처럼 지난한 세월을 이겨낸 혜관스님의 유서 깊은 역사의 현장에서 나는 오랫동안 생각에 잠겼다. 내일은 혜관스님의 또 다른 유적지인 광은사光恩寺로 떠날 참이다.

● 수택사(水澤寺, 미즈사와데라)

주소　　群馬県 渋川市伊香保町水沢214

전화　　0279-72-3619

가는 길　나리타공항에서 바로 가는 경우에는 제2터미널 10번 버스 승차장에서 다카사키역(高崎駅)까지 직행(2시간 40분 소요, 요금은 4,650엔), 다시 다카사키역 2번 버스승차장에서 이카호온천(伊香保温泉)행을 타고 미즈사와데라(水沢寺, 수택사)에서 하차(1시간 소요, 요금은 1,000엔). 다만, 다카사키역에서 미즈사와데라까지 가는 버스가 1시간에 한 대 정도로 드물고 일찍 끊긴다. 시간 여유가 있으면 10분 거리에 있는 유명한 온천지인 이카호온천에서 1박을 하고 수택사를 둘러보는 것도 좋을 것이다.

5. 오사카 정상사

긴테츠 하지노사토역(土師ノ里)은 작은 시골 역이었다. 역에 내렸을 때는 바람이 부는데다가 빗방울까지 뿌려 궂은 날씨였다. 2017년 2월 14일(화), 오전 11시 오사카에서 여러 번의 열차를 갈아타고 근 2시간이 걸려 고구려 혜관스님이 창건한 것으로 알려진 정상사(井上寺, 이노가미데라) 터에 도착할 수 있었다. 동행인은 하루 전날 교토 도시샤대학에서 가진 윤동주 추모회 때 만난 우에노 미야코(上野都, 70) 시인으로, 기꺼이 '고구려 혜관스님 발자취'를 찾아 나선 길에 함께해 주었다.

한국인이 일본의 옛 유적지를 답사한다는 일은 결코 쉬운 일이 아니다. 과거의 문헌이 있다 해도 이미 많은 시간이 흘러 해당지역에 실제 가보면 주택이나 빌딩이 들어서서 위치를 확인하기 어렵고, 설사 위치가 확인되었다 하더라도 아예 땅 이름이 과거를 연상할 수 없을 만큼 바뀌어 있는 경우가 허다하기 때문에 애로사항이 하나둘이 아니다.

혜관스님이 창건한 정상사 절터는 거대한 구석기 유적지다.

이 일대가 혜관스님이 지은 정상사 절터다.

이날 우에노 시인과 필자가 혜관스님의 유적지를 찾아 나선 자료는 한국에서 미리 조사한 종이 한 장뿐이었다. 이 역사적 기록은 1702년에 일본의 만겐시반 스님이 지은 『본조고승전』으로, 이 책에는 혜관스님에 대해 다음과 같이 쓰여 있다.

석혜관은 고려(고구려) 사람이다. 수나라에 들어가 가상대사 길장을 따라 삼론종의 종지를 받았다. 스이코천황 33년 정월 초하루 본국(고구려)에서 일본으로 보내와 칙명으로 원흥사에 머물러 있게 하였는데 공종(空宗, 곧 삼론종)을 부지런히 강설하였다. 이 해 여름에 가물어서 천황이 혜관을 불러 비를 빌게 하였다. 혜관이 푸른 옷을 입고 삼론을 강설하니 비가 크게 와서 천황이 크게 기뻐하고 발탁하여 승정에 임명하였다. 백봉 10년 봄 2월에 와슈 선린사(禪林寺)가 완성되어 혜관을 청해다가 낙성을 경축하는 도

사로 삼았다. 혜관은 또 가와치 시키군에 이노가미데라(河內志紀
郡 井上寺)를 창건하여 삼론종을 널리 폈다. 나이 90에 입적하였
는데 일본 삼론종의 시조가 되었다.[5]

만겐시반 스님은 『본조고승전』(1702)을 쓰기 위해 30여 년간 일
본 전역을 발로 뛰어 1,600여 명의 승려들의 행적을 기록하였다. 이
이전의 고승들에 관한 기록으로 『원형석서』(1322)가 있으나 혜관스
님에 관해서는 『본조고승전』이 가장 상세하다.

우에노 시인과 필자가 찾아 나선 곳은 바로 가와치 시키군(河內 志
紀郡)에 있는, 혜관스님이 창건한 정상사(井上寺, 이노가미데라)였다.
그러나 이 절은 현재 폐사廢寺 상태다. 가와치(河內)라는 지명은 현
재 오사카부 동부(大阪府東部)에 해당하는 지역이다. 이곳에는 시키
아가타누시신사(志貴県主神社)가 현존하는데, 혜관스님이 창건한 정
상사가 있던 곳이 바로 시키군(志貴郡)이었던 것이다.

현존하는 시키아가타누시신사(志貴県主神社)는 현재 그리 규모가
크지 않지만 한때는 지역 신사의 총본사總本社로 막강한 재정과 신
도들을 확보했던 곳이다. 특히 정상사가 있던 고대 가와치(河內)지
역은 이즈미(和泉), 셋츠(摂津), 야마토(大和), 야마시로(山城) 곧 지금
의 나라, 교토, 오사카를 아우르는 천여 년 간 수도로 명성을 높이던
곳이다. 왕실의 절대적인 권위를 인정받았던 혜관스님이 이 지역에
정상사를 세울 때만 해도 불교가 융성한 시기였다. 혜관스님 말고도

---

5 『본조고승전』 권제1, p.64.

시키아가타누시신사 근처 유적지에 혜관스님이 창건한 정상사가 있다.

당시 고대 한국 출신 스님으로는 20년간 일본 왕실에서 성덕태자의 스승이 된 혜자스님을 비롯하여, 성실종의 시조인 백제승 도장스님, 천문·지리서, 역법曆法을 전한 관륵스님 등 쟁쟁한 고승들이 활약하던 시대였다.

특히 혜관스님은 와슈 선린사(和州 禪林寺)가 완공되었을 때 낙경도사(落慶導師, 절의 낙성식을 집전하던 고승)로 초대 되는 등 그 활약상은 일본의 고대 문헌에 반듯하게 기록되어 있어 그 발자취를 어렵지 않게 엿볼 수 있다. 문제는 고대 문헌 속의 현장 답사가 쉽지 않다는 점이다. 백문이불여일견이라고 현장을 가봐야 그곳에서 울고 웃으며 살았던 사람들의 이미지를 떠올릴 수 있다. 필자는 정상사에 가기 전에 경주의 황룡사 9층목탑이 우뚝하게 서 있던 절터를 둘러 본 적이 있다. 지금은 황량한 절터지만 어마어마한 규모의 절터와 초석들을 보면서 문헌에서 느낄 수 없는 또 다른 감회를 맛볼

절과 마을이 있었음을 입증하는 발굴 유물들

수 있었다. 절이 들어 서 있던 땅은 변하지 않는다. 지상에 세워졌던 건물은 큰불이 나면 한 줌의 재로 바뀌어 버린다. 화재가 아니라도 전쟁의 병화兵禍 또는 불교를 신봉하지 않는 정권을 만나면 하루아 침에 폐사廢寺되는 일이 비일비재한 것이 역사다. 조선 땅에서 불교 가 유교 이념에 의해 말살의 길을 걸은 것처럼 일본의 경우 특히 명 치정부의 폐불훼석廢佛毁釋으로 불교는 치명타를 입었다.

현재 후지이데라시(藤井寺市)에 있는 혜관스님의 창건절 정상사도 그러한 거듭되는 법난法難을 당해 지금은 황량한 터만 덩그러니 남 아 있는 실정이다. 게다가 더 아쉬운 것은 후지이데라시 문화재보호 과의 처사다. 시市 이름에 절(寺) 자가 들어갈 만큼 후지이데라시(藤 井寺市)는 역사의 보고寶庫 그 자체다.

필자는 서울에서 이곳 절터를 보러 가기 위해 후지이데라시 교육 위원회(藤井寺市 敎育委員会)에 「고구려 혜관스님의 정상사에 관한 자료」를 얻고자 1회의 팩스와 1회의 메일을 보내둔 바 있다. 이곳에 자료문의 팩스를 보내고 답을 기다리다 못해 다시 메일을 보낸 바 있으나 회신이 없어 그냥 현장을 찾아야 했다.

현장에 다녀온 뒤 이러한 사실을 동행한 우에노 시인에게 말했더니 즉각 해당 부서에 전화를 걸었다. 혹시 팩스 전달이 안 되었나 싶어 문의를 한 결과, 쌓여 있는 팩스 용지 더미에서 필자가 서울에서 보낸 '질문지'가 발견되었으며, 바로 답을 못해 미안하다는 공무원 우에다(上田) 씨의 답이 있었다고 전했다. 회답도 회답이지만 현장에 절의 초석礎石이 남아 있다는 정보를 알고 갔으나 직접 가보니 초석은 보이질 않았었다. 하여 동행한 우에노 시인이 담당 공무원에게 혹시 초석을 문화재보호과에서 다른 곳으로 옮겼는지를 문의하니, 아뿔싸! 우리가 찾아갔던 현장의 임시 공중화장실 뒤편에 있었

다는 대답이다. 현장에 아무런 표지판도 없었기에 우리는 설마 후미진 공중화장실 뒤에 초석이 있으리란 생각은 꿈에도 못했던 것이다. 아니 현장에 표지판이 전혀 없었던 것은 아니다. 이곳이 국부유적國府遺跡이라는 표지판은 있었지만 초석에 대한 안내는 없었다.

후지이데라시에서 세워둔 국부유적에 관한 요약문을 보면, "이곳은 구석기시대부터 사람이 살았던 곳으로 추정되며 무덤, 마을, 사원 등의 유적이 남아 있어 매장문화재지역으로 고우유적이라 부르고 있다. 발굴조사에 따

혜관스님이 지은 절터를 찾기 위해 고심하는 모습, 사진은 동행한 우에노 미야코 시인

유적지를 찾아가는 길은 주택가로 미로였다. 행인에게 수차례 물어 겨우 찾았다.

국부유적지가 있는 도로변에는 세계문화유산 등록을 하겠다는 펼침막이 줄지어 있다.

르면 조오몽토기, 야요이토기와 함께 90구의 인골이 출토되었으며 귀걸이 장식 등도 나왔다. 이곳은 2만 년 전부터 사람이 살던 곳으로 구석기시대의 석기가 발견되고 있다."고 기록되어 있다. (국사적國史跡, 1974년 6월 25일 지정)

나중에 숙소에 돌아와서 현장에서 찍었던 사진을 살펴보니 먼발치에 공중화장실 한 개가 눈에 띄었으나 이미 현장을 떠나온 터라 다른 일정으로 다시 그곳에 다녀올 수 없는 상황이 되고 말았다. 후지이데라시 교육위원회에 이 사실을 전화로 따지니 나중에 사진을 찍어 보내주기로 했다. 몇 번이나 사죄의 말과 함께 말이다. 일설에 따르면 정상사의 초석을 근처에 있는 시키아가타누시신사의 수리 시에 밑돌로 썼다는 기록이 남아 있다. 안타까운 일이다.

알고 보니 역에서 20여 분 거리건만 표지판이 없는 바람에 혜관스님이 세운 절을 찾아 헤매다가 점심밥도 못 먹

고 겨우 찾은 유적지를 돌아보고 오사카로 돌아오기 위해 긴테츠 하지노사토역(近鐵 土師ノ里)으로 돌아온 시각은 오후 3시, 역으로 돌아오는 도로변에는 이 지역 고분군을 세계문화유산에 등록하자는 펼침막이 사방에 붙어 있었다.

"세계문화유산에 등록하려면 아직 먼 것 같아요. 이 지역 문화재에 관심을 갖고 몇 차례나 문의한 이 선생님에게 회신 하나 보낼 줄 모르는 사람들이 어떻게 그렇게 큰일을 하겠어요?"

고구려 혜관스님 유적지 답사에 일부러 귀한 시간을 내어 동행한 우에노 미야코 시인은 후지이데라시 공무원들의 안이한 문화재 인식에 일침을 가했다. 그래도 혜관스님이 지은 절터를 직접 밟은 감동은 잊을 수 없다.

◉ 정상사(井上寺, 이노가미데라)터

주소   大阪府藤井寺市惣社 國府遺跡

가는 길   긴테츠 미나미오오사카선(近鉄 南大阪線)을 타고 하지노 사토역(土師ノ里駅)에서 내려 역을 끼고 바로 오른쪽 도로로 3분 정도 가면 길 건너 편의점이 보인다. 이 편의점 옆길로 10여 분 직진한 곳에 국부유적(国府遺跡, 고우이세키) 터가 나오는데, 직진이라고는 했지만 주택가 좁은 골목들이 있고 표지판이 없어 찾기는 쉽지 않다.

6. 수선화로 유명한 천년고찰 나라현 반야사

나라(奈良) 반야사(般若寺, 한냐지)의 수선화는 한겨울인데도 곱게 피어 있었다. 2016년 1월 9일 오후 3시, 반야사는 주택가 언덕길을 막 벗어난 곳에 동백과 수선화를 품고 고즈넉하게 자리하고 있었다. 반야사에서 그리 멀지 않은 동대사(東大寺, 도다이지)에는 사람들이 늘 바글거리지만 반야사를 찾는 이는 그다지 많지 않았다. 반야사에 머무는 동안 찾아오는 사람이라곤 낡은 카메라를 든 노인들뿐이었다. 아마도 겨울 수선화를 찍기 위해 온 동네 사람들 같았다.

　"나라산(奈良山) 아래 언덕 고즈넉한 곳에 자리한 반야사는 아스
　카시대에 고구려 스님 혜관법사에 의해 창건되었다. 수도가 나

나라시에 있는 반야사 전경. 왼쪽이 본당이고 오른쪽 탑은 석탑으로, 목탑이 주종을 이루는 일본에서는 보기 드문 석탑으로 13세기에 만든 것이다.

라로 천도함에 따라 덴표 7년(735) 성무왕(聖武天皇)이 헤이죠쿄 (平成京)의 귀문鬼門을 지키기 위해 '대반야경'을 기단에 넣어 탑 을 세운 것이 인연이 되어 절 이름을 반야사라 부르게 되었다. 이 후 헤이안시대에는 천여 명의 학승들이 있을 정도로 번창했으므 로 학문사(學問寺, 가쿠몬지)라 이름 지었다. 그러나 1180년 헤이 케(平家)의 남도 공격으로 대가람은 재로 변하고 말았다."

이는 반야사의 자료에 있는 절의 유래 가운데 일부이다. 천여 명 의 학승들이 공부할 만큼 컸던 대사찰 반야사가 가마쿠라시대 무사 들의 군웅할거와 함께 한줌의 재로 사라지게 되었다는 말이 유난히 안타깝게 들린 것은, 특별히 이 절을 창건한 인물이 바로 고구려 스 님 혜관慧灌이기 때문이다.

혜관스님은 나라시대 남도 6종의 한 종파인 삼론종三論宗의 시조 로 추앙 받는 고승대덕이다. 혜관스님이 일본에 건너와 불법佛法을 펼쳤다는 처음 기록은 『일본서기』 스이코왕 33년(625)조에 '정월

국보로 일본에서 가장 오래된 가마쿠라시대 누문

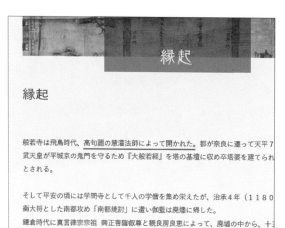

縁起

般若寺は飛鳥時代、高句麗の慧灌法師によって開かれた。都が奈良に遷って天平7
武天皇が平城京の鬼門を守るため『大般若経』を塔の基壇に収め卒塔婆を建てられ
とされる。

そして平安の頃には学問寺として千人の学僧を集め栄えたが、治承4年（1180
衛大将とした南都攻め「南都焼討」に遭い伽藍は廃墟に帰した。

鎌倉時代に真言律宗宗祖 興正菩薩叡尊と親良房良恵によって、廃墟の中から、十三

아스카시대 고구려 혜관법사가 창건했다고 써놓은 반야사 홈페이지, 붉은 밑줄 부분

고구려왕이 승려 혜관을 보냈다(正月、高句麗の王、僧慧灌を日本に遣わす)'라는 기록이다. 이 무렵『일본서기』에는 고대 한국의 고승들이 빈번하게 일본에 건너온 이야기들이 기록되어 있는데, 고구려 혜자 스님이 건너와 성덕태자의 스승이 되었고, 담징스님은 5경과 채색 및 지묵紙墨과 맷돌을 일본에 전했다는 기록 등이 그것이다.

뿐만 아니라 일본 최초의 불교 통사인『원형석서』에도 혜관스님 이야기가 전한다.『원형석서』를 지은 승려 고칸시렌(1278~1346)은 양梁·당唐·송宋나라의 3대『고승전』을 참고로『원형석서』를 지었는데, 이 책에 혜관스님 이야기가 나온다.

"혜관은 고구려 사람이다. 수나라에 들어가 가상대사嘉祥大師 길장吉藏에게 삼론의 요지를 배웠고 스이코왕 33년(625) 을유년 봄 정월에 본국(고구려)에서 천거하여 우리 일본에 왔다. 칙명으로 원흥사에 머물렀다. 그해 여름, 천하가 크게 가물었다. 왕께서 혜

관에게 조칙을 내려 비를 빌게 하
였다. 혜관이 푸른 옷을 입고 삼론
을 강설하니 곧바로 큰비가 내렸
다. 왕께서는 매우 기뻐하시면서
그를 발탁하여 승정으로 삼으셨
다. 그 뒤 가와치(河內)에서 정상사
(井上寺, 이노가미데라)를 창건하여
삼론종을 널리 폈다."

수선화 꽃에 싸여 있는 불상

1,300여 년 전의 반야사는 천여 명
의 학승이 있을 정도로 대규모 절이었
을 테지만 오늘의 반야사는 작고 아담
한 규모의 절이다. 절 입구 매표소에
는 늙고 쇠잔한 할머니가 표를 팔고
있었는데, 600엔을 내고 들어서니 본
당으로 이르는 길에 활짝 핀 수선화가
나그네를 반긴다.

반야사는 "일본 최고의 코스모스 명
소"라고 알려져 있지만 수선화도 그
에 못지않게 경내 구석구석에 활짝 펴
있어 사진 애호가들이 즐겨 찾는 곳이
기도 하다. 반야사에는 국보로 지정된
일본 최고最古의 누문樓門과 중요문화

관서지방의 꽃절로 유명한 17번째
도량 반야사

재인 13중 석탑 등이 있지만 본당(대웅전)을 비롯한 경내의 건축물들은 모두 가마쿠라시대(1185~1333) 이후의 것으로 혜관스님 때 것은 아니다. 하지만 혜관스님이 맨 처음 이 땅에 대가람을 세운 분이라는 사실만으로도 한국인으로서 감격스러움을 감출 길 없다.

이 세상의 상相이라는 것은 사라졌다가 다시 생기는 것이지만 그 터(址)라는 것은 천지개벽이 없는 한 그 자리에 여여하게 자리하는 것이 아니던가! 바로 그 반야사 터에 서서 실바람에 살랑거리는 수선화 꽃을 바라다보자니 1,300여 년 전 고구려 땅에서 건너와 이곳에 대가람을 지으면서 일본에 불법佛法을 폈던 혜관스님의 모습이 떠오른다. 스님은 가고 스님의 조국 고구려도 역사 속으로 사라져버렸지만 혜관스님의 발자취만은 여전히 반야사에 남아 이곳을 찾는 한국인들 가슴속에 한 떨기 수선화로 오래도록 남을 것임을 믿으며 반야사를 뒤로 했다.

● 반야사(般若寺, 한냐지)

주소　　奈良県 奈良市 般若寺町221

전화　　0742-22-7257

가는 길　JR 나라역에서 아오야마주택행(青山住宅行) 11번 버스를 타고 10여 분 가다 반야사정류장에서 내려 반야사(般若寺, 한냐지)쪽으로 5분 정도 걷는다. 버스는 210엔, 택시는 1,400엔 정도이다.

제2장 최초로 일본에 건너간 고구려 혜편스님의 유적지를 가다

1. 효고현 수원사

"마스이산(增位山) 수원사(隨願寺, 즈이간지)는 하리마 천태6산 (播磨 天台六山)의 한 절로 사전寺傳에 따르면 고구려 혜편(惠便, 에벤)스님이 창건한 절로 알려져 있다. 덴표연간(天平年間, 729~749)에 교키(行基)스님이 중흥했으며 원래는 법상종이었으나 덴쵸 10년(天長, 833) 닌묘왕(仁明天皇)의 칙명으로 천태종으로 개종하였다. 헤이안시대(平安時代, 794~1192)에는 가람이 정비되어 36개의 암자가 있을 정도로 큰 절이었다.…"

이는 수원사 경내에 절의 유래를 적어 놓은 안내판에 있는 내용 가운데 일부다. 고구려 혜편스님의 발자취를 찾아 효고현에 있는 수원사를 찾은 것은 2017년 2월 15일 오후 4시 무렵이었다. 오사카역

에서 오전부터 서둘러 신칸센을 타고 히메지역에 도착한 뒤 숙소에
짐을 풀고 부랴부랴 택시를 잡아타고 수원사 입구에 내리니 산중이
라 그런지 짧은 겨울해가 뉘엿뉘엿 지고 있었다.

"수원사는 히메지역에서 꽤 멉니다. 버스도 드문 데다가 버스에
서 내려 산길로 30분은 걸어가셔야 합니다."라고 하면서 히메지역
관광안내소의 여직원은 필자에게 택시를 권했다. 초행길인 데다 해
가 떨어지기 전에 숙소로 돌아와야 하기에 역 앞에서 택시를 탔다.
택시 기사에게 수원사를 부탁하자 고개를 갸웃거리며 그곳에 가는
이유를 물었다.

"그 절은 고구려의 혜편이라는 스님이 창건한 절입니다. 저는 한
국의 고구려 출신 스님들이 창건한 절을 연구하는 사람으로 일부러

절 초입에 자리한 개산당. 뜰은 이끼가 껴 있었고 매우 고즈넉했다.

수원사를 보기 위해 일본에 왔습니다."라고 하자 기사는 매우 흥미로운 듯 연신 필자에게 질문 세례를 퍼부었다. 한 20여 분 달리자 기사는 절 입구라면서 차를 세웠다. 택시가 돌아가고 두리번거리며 입구를 찾아보니 수원사라고 적힌 작은 팻말이 눈에 띄었다. 사방은 빽빽이 나무들로 둘러싸여 있었다.

오솔길로 난 좁은 나무 계단을 올라가니 키가 큰 나무들로 사방은 어둑해 보였는데 음산한 겨울바람 한 자락이 휙 하고 지나가자 갑자기 무서운 생각으로 소름이 돋았다. 택시에서 내릴 때만 해도 고구려 혜편스님의 발자취를 용케도 찾아왔다는 안도감이 들었는데 어둑해지는 숲속에 혼자라는 생각이 들자 와락 되돌아가고 싶은 생각이 들었다. 그러나 택시는 이미 떠나버린 뒤였다. 누군가 뒷덜미라도 잡아당기는 듯하여 빠른 걸음으로 걷다가 오솔길을 뛰기 시작했다. 내리막길이라고 생각되는 곳쯤에 도착하자 멀리 절 지붕이 눈에 들어왔다. 휴!

택시에서 내려 수원사 팻말이 있는 쪽은 숲으로 들어가는 오솔길이다.

본당 천정에는 에도시대에 그린 선
녀상이 색채를 그대로 간직한 채 있
었다.

절 마당에 들어서자 지붕의 주인공은
본당(대웅전)이 아니라 개산당開山堂이
었다. 개산당이라면 절을 창건한 혜편스
님을 위한 당우堂宇일 것이라는 생각이
들었다. 두 손을 모으고 고개를 조아렸
다. 아! 혜편스님! 사람 그림자 하나 없
는 고즈넉한 개산당 앞에서 필자는 그렇
게 혜편스님을 불러보았다. 한참을 이끼
긴 마당에 서 있었다. 좀 전의 무서움도
잊은 채 말이다.

고구려 혜편스님이 나오는 일본의 문
헌은 『일본서기』 권20의 민다츠왕(敏達
天皇) 13년(584) 기록이다. "민다츠(敏達
13, 584) 9월, 백제로부터 불상 2구가 도착했다. 우마코(馬子)의 명
령으로 시바닷토(司馬達等)와 함께 사방에 사자使者를 보내 수행자
를 찾았는데 하리마국(播磨國, 지금의 효고현)에 있던 고구려승 혜편
을 초빙해 시바닷토의 딸을 출가시켜 깊이 불법佛法을 믿게 했다."

본당은 바로 개산당 모퉁이를 도는 곳에 자리하고 있다. 그리고
그 앞에는 혜편스님이 창건한 절이라는 유래가 적힌 제법 커다란
안내판이 세워져 있었다. 꼼꼼하게 절의 유래를 읽어 내려간 뒤 종
무소를 찾았다. 종무소는 안내판 건너편에 있었다. 조심스럽게 종
무소 건물에 들어서니 마침 주지스님이 작업복 차림으로 며칠 전에

큰 행사를 치렀다면서 뒷정리를 하고 있었다. 통성명을 하고 나니 아주 반가운 모습으로 절의 자료들을 이것저것 챙겨준다. 건네받은 자료 가운데 수원사의 유래가 비교적 자세히 적혀 있는, '하리마관음 33개사순례(播磨觀音33個寺巡禮)'를 소개한 『하리마서국관음영장(播磨西國觀音靈場)』이란 책이 볼만했다. 이 책에는 수원사가 4번째 순례절로 소개되어 있으며, 13쪽에는 다음과 같이 쓰여 있다.

▲수원사라고 쓴 편액이 걸린 본당의 건물은 320여 년 전에 세워진 것이다.

국가지정 중요문화재인 수원사 본당(위)
본당 전경(아래). 오른쪽은 경당經堂 건물로 국가지정 문화재다.

增位山 随願寺

播磨天台六山の一つ。史料では増井寺とも記される。寺伝によると高麗僧慧便が開基し、天平年間(七二九～七四九)に行基が中興したという。もとは法相宗であったが天長一〇年(八三三)に仁明天皇の勅命で天台宗に転じた。平安時代には諸堂が整備され、山上には三十六坊もある大寺であったという。天正元年(一五七三)、別所長治に攻められ全山を焼失。同一三年に羽柴秀吉が

▲주지스님이 고구려 혜편스님이 창건한 절이라고 쓰여 있는 곳을 가리키며 미소 짓고 있다.

◀고려(고구려를 뜻함) 혜편스님의 개기(開基, 곧 창건) 절이라고 쓰여 있다.

"쇼토쿠태자(聖德太子)가 고구려승 혜편법사를 이곳에 주석시킨 데서 이 절이 유래한다. (중략) 본당은 전국시대戰國時代 장수인 벳쇼 나가하루(別所長治)에 의해 불탔는데, 1692년 히메지 성주 사카키바라 타다츠구(榊原忠次)에 의해 다시 세워졌다."

그래서인지 경내에는 히메지 성주의 무덤이 자리하고 있었다.

가토 텟슈(加藤哲崇) 주지스님은 하던 일을 멈추고 필자를 본당으로 안내했다. "천년고찰 수원사는 헤이안시대 번창 이후 무사정권기인 덴쇼원년(天正元年, 1573)에 대규모 법난法難을 겪어 완전히 파괴되었습니다. 이어 또 한 차례 명치정부(1868)에 의한 폐불훼석廢佛毁釋으로 수난을 겪었습니다. 절이 소유하고 있던 토지가 몰수되는 등 거의 고사 직전이었지만 선대先代 때부터 노력하여 지금에 이르렀습니다."라며 주지스님은 그간 수원사가 걸어온 고난의 이야기

본당 안의 관음상이 모셔져 있는 화려한 문, 이곳은 일반인에게 공개하지 않는데 필자에게만 특별히 공개했다.

를 들려주었다.

그런 와중에도 수원사 경내에는 국가지정 중요문화재인 본당과 개산당, 종루 등이 건재하고 있으며, 효고현(兵庫県) 지정문화재인 목조약사여래좌상木造藥師如来坐像과 히메지시 지정문화재(姫路市 指定文化財)인 교키보살좌상(行基菩薩坐像) 등이 남아 있어 유서 깊은 절임을 알려주고 있다. 주지스님은 절의 수난사를 설명하고는 본당 앞에 나와 한국에서 일부러 찾아온 필자를 위해 포즈를 취해 주었다.

본당 앞에서 사진을 찍고 나자 마침 작은 승용차 한 대가 경내로 들어왔다. 주지스님의 부인(일본은 스님들이 결혼함)이 시내에 볼일을 보고 돌아오는 길이었다. 그러자 스님은 부인에게 필자를 히메지역까지 모셔다드리라고 말하는 게 아닌가? 그렇잖아도 택시도 없고 날은 어두워져가서 하산길이 걱정이었는데 그런 필자의 사정을 알고 편의를 봐주는 주지스님 내외가 고맙기 그지없었다.

화장기 없는 당찬 또순이 같은 사모님은 예순 정도의 나이였는

국가지정 중요문화재인 종루는
상태가 양호했다.

데 구불구불한 산길을 능숙한 운전 솜씨를 발휘하며 필자를 산 아래 히메지역까지 배웅해주었다. 며칠째 감기 기운이 돌아 그만 차 안에서 기침을 하자 사모님은 목캔디를 건네며 '건강한 모습으로 답사를 마치고 귀국하시라'는 말을 잊지 않았다. 그리고는 며칠 전 행사에서 신도들에게 나눠주기 위해 만든 모나카 과자를 선물로 건넸다. 숙소에 돌아와 따스한 녹차 한잔과 달콤한 모나카를 먹으며 1,300여 년 전 혜편스님이 고국 고구려에서 멀고 먼 효고현 마스이산(增位山)에 수원사를

창건한 것을 생각하니 역사 속에 사라진 고구려가 가슴속에서 부활하는 듯했다. 감격스러웠다.

● 수원사(隨願寺, 즈이간지)

주소   兵庫県 姫路市 白国 三丁目 12番5号

전화   079-223-7187

가는 길 JR히메지역(姫路駅) 기타구치(北口)에서 신키버스(神姫バス)를 타고 시라쿠니(白国) 정류장에서 내려 마스이산(增位山) 정상을 향해 30분쯤 걷는다. 필자는 날이 저물기 시작하여 히메지역에서 택시로 갔다. 2,000엔 정도.

2. 혜편스님을 위해 성덕태자가 창건한 절 학림사

"이 분이 바로 고구려 혜편(惠便, 에벤)스님이십니다."

학림사(鶴林寺, 가쿠린지) 보물관 담당자의 안내를 받아 들어서자 두 손을 가지런히 모으고 편안한 자세로 지긋이 눈을 감고 있는 아담한 모습의 목상木像이 눈앞에 들어왔다. 2017년 2월 16일 오전 10시, 학림사 보물관에서 마주한 혜편스님은 필자를 반갑게 맞이해주었다.

효고현(兵庫縣) 천년고찰 학림사 보물관은 원래 촬영금지였지만 고구려 승려를 연구하는 사람이라는 명함을 내밀자 '먼 곳

입을 약간 벌리고 눈을 지그시 감은 혜편법사 좌상과 설명문이 전시되어 있다. 설명문 첫 줄에 고구려 혜편법사라는 말이 나온다.

학림사 산문인
인왕문

에서 오셨는데 특별히 허락하겠습니다'라는 말을 건네며 담당
자인 호리가와 겐조(堀川憲三) 씨가 필자를 보물관으로 안내했
다. 보물관에는 혜편스님 외에도 백제계 행기(行基, 교키, 668~
749)스님의 좌상도 나란히 모셔져 있었는데, 일본인이라면 혜편스
님은 몰라도 나라시대(奈良時代)의 행기스님을 모르는 사람이 없을
정도로 유명한 분이다. 행기스님은 전국에 저수지와 우물을 파고 가
난한 이들을 보살핀 고승대덕이다.

일본에 불교가 맨 처음 전해진 곳은 아스카(飛鳥)지역이다. 그런
데 고구려 혜편스님을 위해 성덕태자가 창건한 절로 알려진 효고현
의 학림사는 나라(奈良)의 아스카(飛鳥)로부터 120km나 떨어진 곳
으로 당시에는 이동이 쉽지 않았던 곳이다.

그럼 왜 혜편스님은 아스카에서 당당하게 불법佛法을 펴지 못하
고 멀고먼 이곳 학림사까지 오게 된 것일까? 그 해답을 학림사의 유
래를 통해 살펴보자.

"고구려승 혜편법사는 모노베 씨를 중심으로 한 배불파(排佛派, 불교 배척집단)의 박해를 피해 이 땅으로 몸을 피신했다. 이때 성덕태자가 혜편법사의 가르침을 얻기 위해 이 땅에 오셨다. 587년 하타노 가와카츠 씨에게 명하여 정사精舍를 건립하여 처음에는 토다산사천왕사성영원(刀田山四天王寺聖霊院)으로 이름 지은 것이 이 절의 기원이다. 710년

백제계 행기스님 좌상도 모셔져 있다.

에는 7당가람七堂伽藍을 건립하였고, 9세기 초에는 자각대사 엔닌이 입당入唐 시에 이곳에 들러 약사여래불을 보시하여 국가 안위를 기원하였으며, 1112년 학림사鶴林寺라는 지금의 이름으로 바뀌었다. 학림사 전성기에는 사방(寺坊, 일종의 암자)만도 30여 개에 이르고 사령寺領 25,000석(절 소유 토지에서 나오는 쌀) 규모였다. 뿐만 아니라 절의 각종 행사 때 동원되던 절 소속 악사만해도 수십 명에 이르렀으나 전국시대(戦国時代, 1467~1590)에 도요토미 히데요시 등의 불교탄압과 에도시대(1603~1686)와 명치기에 이르는 폐불훼석(廢佛毀釋, 불교말살정책)으로 쇠퇴의 길을 걸었다. 그러나 많은 사람들의 신앙의 힘과 절이 보유한 문화재 등이 전란 속에서도 무사히 보존되어 현재의 학림사는 성덕태자를 기리는 하리마의 법륭사(播磨の法隆寺)라고 일컬어지고 있는 유서 깊은 절로 소생하였다."[6]

한마디로 학림사는 성덕태자가 혜편스님의 가르침을 받기 위해 창건한 것으로 절 건축은 고대 한국 출신인 하타노 가와카츠(秦河勝)의 손으로 지은 것이라고 정리할 수 있다.

하리마의 법륭사(播磨の法隆寺)로 알려진 학림사는 나라(奈良)의 천년고찰 법륭사法隆寺와 맞먹는 역사와 전통을 갖고 있다. 하리마(播磨)란 지금의 효고현(兵庫県) 서부지역을 말한다. 학림사가 있는 효고현은 오사카역에서 신칸센으로 30여 분 거리에 있는 곳으로, 이곳에는 일본의 가장 아름다운 성으로 알려진 히메지성(姬路城)이 있다. 학림사를 가기 위해서는 히메지역에서 JR카고가와역(加古川驛)까지 가서 택시를 타는 편이 편하다. 그러나 필자는 열차편이 드문 하마노미야역(浜の宮驛)까지 가는 바람에 흔한 택시 한 대도 없어 고생을 했다.

학림사 경내에는 국보인 본당(대웅전, 1397년), 태자당(太子堂, 1112년)을 비롯하여 무로마치시대의 인왕문(仁王門, 효고현 지정문화재), 중요문화재인 행자당(行者堂, 1406년), 호마당(護摩堂, 1563년) 등의 건축물들이 있어 이 절이 오래된 절임을 잘 말해주고 있었다. 또한 보물관과 본당에는 비불秘佛로 하쿠호시대(白鳳時代, 645~710)의 금동성관음상金銅聖観音像 등 많은 불상들이 보존되고 있었지만 일반에게는 공개하지 않고 다만 절에서 발간한 책을 통해 볼 수 있을 뿐이라 아쉬웠다.

---

6 『학림사와 그 전성시대(鶴林寺とその全盛時代)』, 법장관法藏館 간행, 2009.

왼쪽이 국보인 본당(대웅전),
가운데가 종루, 오른쪽은 관
음당이다.

경내의 3중탑은 효고현 지정
문화재다.

혜편스님의 동상이 모셔져 있는 보물관 내부. 오른쪽 끝이 혜편스님 좌상

　참고로 학림사는 이 절에 있던 고려불화가 한국인에 의해 도난당
해 아직 찾지 못했다는 이른바 '고려불화사건'이 있던 절임을 말해
두고 싶다.

　2005년 3월 18일 세계일보 기사에 따르면, "… 세상을 떠들썩하
게 했던 고려불화의 행방은 미궁 속에 남게 됐다. 고려불화 사건은
지난해 10월 검찰이 무속인 김 모(56)씨와 동료 황 모(54)씨를 특
수절도 혐의로 구속기소하면서 세상에 알려졌다. 검찰이 밝힌 이들
의 혐의는 2002년 7월 일본 효고현(兵庫縣) 학림사鶴林寺에서 일본
의 국가지정 문화재인 아미타삼존상 등 그림 8점(감정가 17억 5,000
만 원)을 훔쳐 국내로 들여온 뒤 팔았다는 것. 아미타삼존상이 한국
에서 일본으로 건너간 국보급 문화재인 데다 김씨가 '일본에 빼앗긴
문화재를 되찾아온 것'이란 주장을 펴면서 이 사건은 한일 양국에서
모두 화제가 됐다."

　필자는 아직 이 사건에 대한 결과를 알지 못한다. 다만, 학림사 보

물관에는 "도둑 맞았다는 불화"가 걸렸던 자리에 복제품을 걸어 놓은 상태였다. 보물관 담당자인 호리가와 겐조 씨에게 슬쩍 결과를 물으니 "아직도 해결이 안 된 상태"라고 말끝을 흐렸다. 필자 역시 내용을 잘 모르는 일이라 답변 없이 복제품 고려불화만을 넋 놓고 바라다보다 나왔다.

모진 인연으로 고국을 떠나 돌아오지 못하는 고려불화 가운데서도 으뜸인 「수월관음도」는 일본 도쿄 천초사(浅草寺, 센소지)에 소장되어 있으며 이밖에도 뛰어난 고려불화의 90%가 일본에 있다고 하는 현실에서 멀고먼 효고현 학림사까지 건너온 고려불화는 과연 무슨 사연이 있었을까 하는 마음으로 절을 나오는 내내 착잡하기만 했다. 하지만 효고현의 법륭사(法隆寺, 호류지)라고 일컬어지는 학림사가 고구려 혜편스님을 위해 성덕태자가 지은 절이라니 한편으로 자랑스런 마음도 들었다.

● 학림사(鶴林寺, 가쿠린지)

주소　　兵庫県 加古川市 加古川町 北在家424

전화　　079-454-7053　FAX : 079-454-7055

가는 길　히메지역을 기준으로 한다면 JR가고가와역(加古川驛)이
　　　　나 산요덴테츠(山陽電鉄) 하마노미야역(浜の宮驛)에서 내려
　　　　택시를 타면 10분 이내며, 요금은 약 1,500엔 정도이다.

제3장 문화전파자로 남은 고구려 스님들의 발자취를 찾아서

1. 후쿠오카 관세음사에 스며 있는 고구려 담징스님의 향기

고구려 '담징스님 맷돌'로 알려진 맷돌 하나를 보기 위해 후쿠오카 행 비행기에 몸을 실었다. 담징스님 맷돌은 후쿠오카 관세음사(福岡 觀世音寺, 간제온지) 대웅전 앞마당에 덩그러니 놓여 있었다. 2013년 12월 7일, 관세음사 입구에 도착하니 단풍나무가 여전히 붉은 잎을 자랑하고 있었다. 한국은 이미 단풍이 모두 진 상태였지만 이곳은 초겨울 날씨치고는 포근한 것이 마치 한국의 늦가을 같았다.

후쿠오카 관세음사 본당
(대웅전)

관세음사는 규슈지방의 대표적인 고찰로 절의 첫 삽을 뜬 시기는
666년이다. 이곳은 나라의 동대사東大寺, 관동의 약사사藥師寺와 더
불어 일본의 '삼계단(三戒壇, 계를 주는 단)'이 설치되었던 주요 절이
다. 또한, 이 절에는 698년에 주조된 교토 묘심사의 동종銅鐘보다 앞
선 일본 최고最古의 동종과 함께 국보급 불상이 많이 전해지고 있다.

그 가운데 담징스님의 맷돌은 단연 돋보이는 유물이다. 절의 주지
이자 서남학원대학 문학부 교수인 다카쿠라 히로아키(高倉洋彰) 씨
의 『태재부와 관세음(太宰府と觀世音)』(1996)에 따르면 "이 맷돌은
610년 고구려에서 온 승려 담징이 처음 만든 것으로 이것이 그 실물
이다. 이 맷돌은 식용의 가루를 가는 용도가 아니라 가람 건립 때 사
용되는 적색 안료인 '주朱'를 생산하기 위한 것이었다."라고 밝히면
서, 일본의 맷돌 권위자인 미와(三論茂雄) 씨의 「태재부太宰府 관세음
사 맷돌에 대하여」에 자세히 나와 있다고 인용하고 있다.

한편 『축전국속풍토기筑前国續風土記』(1798) 기록에 따르면, "관세
음사 앞(마당)에 옛날 맷돌이 있는데 지름 3척 2촌 5분, 윗부분 두께
8촌, 아랫부분 두께 7촌 5분이다.
이것은 절을 지을 때 주朱를 생산
하는 데 사용했다고 전한다."는 내
용으로 보아 이 맷돌은 오랜 세월
관세음사와 함께하고 있음을 알
수 있다. 다카쿠라 히로아키 교수
는 관세음사 창건과 더불어 전해

고구려 담징스님이 만들었다고 전하는 맷돌

내려오는 '담징스님 맷돌'은 중요한 유물로, 제분기술 측면에서도 이 맷돌의 연구는 좀 더 진행되어야 한다고 말했다. 관세음사는 과거의 영화와 달리 지금은 찾는 사람이 많지 않은 한산한 절이지만, 가람 규모로 보나 발굴된 승방터와 절을 지을 때 적색 안료를 만들기 위해 썼던 거대한 맷돌 등으로 볼 때 일본에서 손꼽히는 규모의 절이었음을 짐작할 수 있다.

담징의 맷돌을 뒤로하고 본당(대웅전) 뒤뜰로 나가면 커다란 주춧돌이 점점이 박혀 있는 널찍한 승방터가 나온다. 지난해 왔을 때는 흰 눈이 내려 주춧돌 사이에 쌓여 있었는데 올해는 큼직큼직한 주춧돌이 선명히 그 모습을 드러냈다. 커다란 주춧돌은 육안으로 봐도 엄청나다. 이 규모로 볼 때 담징스님 당시에 승방에 머물렀던 스님들의 숫자는 꽤나 많았을 것이란 생각이 들었다. 그도 그럴 것이 관세음사는 고대 일본의 3대 사찰 중에 하나였다는 사실만 봐도 알 수 있다.

담징스님이 맷돌을 만들 당시 분명코 이곳 승방에서 묵었을 터였다. 승방터라고 쓰여 있는 표지판 앞에 서서 끝없는 승방터를 물끄러미 바라다본다. 담징스님은 나라 법륭사의 화려한 금당벽화를 50면이나 그린 대화가이자 일본인의 최고 우상인 성덕태자의 스승이기도 하다. 한편으로는 사찰 건축에 쓸 '안료'를 분말화할 때 쓰는 맷돌까지 만들었다니 그 다재다능한 기술에 놀라울 뿐이다.

일본에서 유명한 담징스님에 대한 한국쪽 기록은 유감스럽게도 남아 있지 않다. 그러나 일본쪽에는 몇몇 사서에 담징스님의 기록이 남아 있다. 가장 이른 기록은 『일본서기』 권22에, 스이코 18년(610)

봄 3월조에 "고구려왕(영양왕)이 승려 담징(曇徵, 돈초)과 법정(法定, 호조)을 보냈다. 담징은 오경(사서오경)에 능통하고 채색(그림)을 잘했으며 종이와 먹 만드는 기술을 지니고 있었다. 또한, 물레방아와 맷돌을 최초로 전했다.(高麗王貢上 僧曇徵 法定 曇徵知五經 且能作彩色及紙墨 造 蓋造 始于是時歟)"라는 기록을 꼽을 수 있다.

그런가 하면 1251년의 『일본고승전요문초日本高僧傳要文抄』에 "고구려 승 담징은 외학을 섭렵하고 오경에 밝았으며 610년 3월 법정 스님과 함께 건너왔다."라는 기록이 있다. 담징스님이 남긴 법륭사 금당벽화와 더불어 후쿠오카 관세음사의 맷돌은 1,400여 년의 세월을 뛰어넘어 지금도 우리 가슴에 고구려인의 뛰어난 예술혼을 보여주고 있다. 후쿠오카에는 곳곳에 고대 한국 관련 유적지가 많지만, 우리에게는 관세음사야말로 고구려 스님 담징의 이야기가 전해지는 정겨운 곳이다.

그러나 일본쪽 관광 안내서에는 관세음사와 담징에 대한 이야기를 적어 놓지 않고 있다. 심지어는 관세음사 안내판에도 담징에 대한 말은 없다.

관세음사의 규모가 컸음을 말해주는 승방터와 표석

일본의 3대 계단원 가운데 하나인 관세음사 계단원

"관세음사(관제온지)는 규슈의 중심적 사원으로 태재부의 큰 절이다. 백제를 구원하기 위해 규슈로 떠난 사이메이(齊明)천황은 출병하기 2년 전 661년에 아사무라노궁에서 돌아가셨다. 그의 아들 텐지(天智)천황은 어머니의 명복을 빌기 위해 태재부太宰府에 관세음사를 발원하고 약 80여 년의 세월이 지난 746년에 절이 완성되었다"는 한글 설명이 붙어 있을 뿐이다.

하지만 본당(대웅전) 앞의 커다란 맷돌은 오늘도 천여 년의 세월을 거뜬히 이겨내고 그 자리를 변함없이 지키고 있다. 서기 538년 야마토(이 시기에는 일본이란 국호가 생기기 이전) 조정은 백제로부터 불교를 받아들여 아스카와 나라불교를 꽃피웠다. 이와 더불어 일본의 불교 유입 시절에는 일본이 성자로 추앙하는 성덕태자의 스승인 고구려 혜자스님을 비롯하여 담징스님 등 수많은 고승들이 고대 한국 땅에서 건너와 불사佛事에 전념했다.

지금 보아도 넓고 큰 승방터에 북적거렸을 승려들은 다 어디론가

가버리고 지금은 승방터 돌덩이만 덩그렇게 남아 12월의 스산한 바람을 견디고 있다. 곳곳에 동백꽃이 피어 있는 경내를 걸으며 우리에게 결코 낯설지 않은 이름 "고구려 담징스님"을 그려본다. 요즈음은 후쿠오카에 오는 한국인들이 많은데 담징스님의 유서 깊은 유래가 전해지고 있는 관세음사를 아는 사람은 많지 않다. 후쿠오카를 찾는다면 한번 관세음사를 찾아 담징스님의 발자취를 돌아보는 것도 좋을 것이다.

◉ **관세음사**(觀世音寺, 관제온지)

주소	福岡 太宰府市 觀世音寺 五丁目 6番1
전화	092-922-1811
가는 길	다자이후(太宰府)역에서 내려 15분 정도 걷거나 또는 역 앞에서 관세음사 앞까지 가는 마호로바(100엔) 버스를 타면 된다.

2. 법륭사 금당벽화를 그린 채색의 마법사 담징스님

나라(奈良)의 고찰 두 군데를 꼽으라면 동대사(東大寺, 도다이지)와 법륭사(法隆寺, 호류지)를 꼽을 만큼 이 두 절은 일본인들 사이에 지명도가 높은 천년고찰이다. 그러나 오래된 순서로 따지자면 단연 법륭사를 꼽을 수 있다. 동대사가 752년에 세운 절임에 견주어 법륭사는 이보다 훨씬 이른 시기인 607년에 세운 절로, 당시 건축물이 남아 있는 일본 최고最古의 절로 꼽힌다. 성덕태자의 발원으로 지은 법륭사는 그 넓이가 약 6만 평에 이르고, 경내에 있는 서원가람西院伽藍은 현존하는 세계 최고의 목조건축물로 알려져 있으며, 금당金堂에는 고구려 담징스님이 그린 금당벽화가 있어 우리에게는 더욱 친숙한 절이기도 하다.

  법륭사 금당(대웅전)에는 동아시아 불교미술사상 최고의 보물로 알려진 금당벽화가 있다. 금당벽화는 1897년(명치 30년) '고사사(古社寺, 오래된 신사와 절)보존법' 시행 후 1934년(소화 9년) 법륭사국보보존사업의 한 고리로 특수촬영 및 혹시 모를 화재로부터 금당벽화를 지키기 위해 당대 뛰어난 화가들에 의한 모사模寫 작업이 이루어

법륭사 서원가람 모습

졌다. 그러나 이 과정에서 1949년 1월 26일 금당에 화재가 일어나는 바람에 금당벽화의 일부가 불타고 말았다. 화재 원인은 모사 화가가 쓰고 있던 전기 이불방석이 원인이라는 설과 형광등용 전열기기의 누

전설을 비롯하여 누군가에 의한 방화설 등
이 있으나 아직 확실한 원인은 밝혀지지 않
고 있다.

다행히 일부 손상된 벽화는 아크릴수지
와 요소수지를 주입하여 경화시킨 뒤 복원
하여 법륭사 안에 수장고를 지어 보관하고
있다. 그러나 보존상의 이유로 일반인들에
게는 공개하지 않는다. 일본에서는 법륭사
금당 화재를 계기로 서둘러 문화재보호법
을 제정하여 1950년 8월 29일부터 엄격한

불타기 전인 1935년에 찍어 놓은 벽화 12면 가운데 1면의 금당벽화

관리를 하고 있다. 그렇다면 금당벽화는 얼마나 아름다운 것일까?
『고사순례古寺巡禮』를 쓴 와츠지 데츠로(1889~1960)의 말을 들어
보자.

"금당은 동쪽 입구로부터 들어가게 되어 있다. 우리는 그곳(벽화)
으로 가기 위해 먼저 본존 앞에서 왼쪽으로 꺾었다. 약사삼존불
앞에 왔을 때 나는 아무 생각 없이 서쪽을 바라보았다. 그리고 깜
짝 놀라 걸음을 멈추었다. 일렬로 나란히 줄지어져 있는 오래된
불상과 검은 기둥 사이의 서쪽 벽에 아미타불이 밝은 모습으로
합장한 손의 모습까지 확실히 보이는 것이었다. 동쪽 입구에서
조금 먼 거리에 있는 아미타불이 이렇게 확실히 보일 거라고는
예상치 못했다. 이 정도의 거리를 두고 바라다본 벽화의 조각적
인 아름다움이 선명하게 눈에 새겨지는 것 또한 예기치 못한 일

이었다. 벽화에 이르는 길목의 본존불과 좌우 조각에는 눈도 주지 않고 우리는 아미타불쪽으로 내달았다. 이 그림이야말로 동양 회화의 절정이다. 꽤 표면이 떨어진 부분이 있었지만 그 흰 떨어진 면조차 벽화의 신선한 생동감으로 느껴졌다. 이 벽화 앞에 서면 아무 생각을 할 수 없다. 아무것도 보태고 더할 것이 없다. 그저 바라다보고 취할 뿐이다.”

이는 금당벽화가 불에 타기 전 직접 가서 본 철학자이자 사상가인 와츠지 데츠로가 한 말이다.『고사순례』는 절 순례기의 성서라고 일컬어지고 있는 책이다.

그렇다면 법륭사의 금당벽화를 그린 고구려 담징스님은 언제 일본으로 건너갔을까?『일본서기』권22에 보면, 스이코 18년(610) 봄 3월 조에 “고구려왕(영양왕)이 승려 담징(曇徵, 돈초)과 법정(法定, 호조)을 보냈다. 담징은 오경(사서오경)에 능통하고 채색(그림)을 잘했으며 종이와 먹 만드는 기술을 지니고 있었다. 또한 물레방아와 맷돌을 최초로 전했다.(高麗王貢上 僧曇徵 法定 曇徵知五經 且能作彩色及紙墨 幷造碾磑 蓋造碾磑 始于是時歟)”는 기록이 있다.

담징스님이 법륭사 금당벽화를 그린 주인공이라고 밝힌 사람은 다카야마(高山樗牛, 1871~1902) 박사로, 그는『쵸규전집 제1권 일본미술사미정고(樗牛全集 第一卷, 日本美術史未定稿)』에서 분명하게 법륭사 벽화는 담징의 작품이라고 밝혔다. 그렇다면 채색의 마법사 담징스님이 법륭사에 그린 벽화는 모두 몇 점일까? 우리가 흔히 말하는 ‘금당벽화’는 금당 외진外陣 흙벽에 그려진 12면을 말하지만 실제로

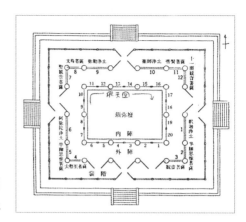

법륭사 금당벽화의
벽화 배치도

담징스님의 벽화는 내진소벽內陣小壁의 비천飛天 벽화 20면과 외진
소벽外陣小壁의 산중나한도山中羅漢圖図 등 18면이 더 있다. 이를 모
두 합하면 50면으로 결코 작은 규모가 아니다. 1949년 화재로 외진
벽 12면이 불에 탔고 나한도를 그린 18면은 화재 후에 벽이 무너져
내리는 바람에 산실되어 버렸다. 그러나 비천상 등 20면은 일부 떼
어내어 별도의 장소에서 보존하고 있어서 화재를 면했다.

외진 벽화에는 1호부터 12호까지 번호가 매겨져 있다. 동쪽 문을
열고 들어가면 왼쪽부터 1호벽이며 그 옆이 2호벽으로, 시계방향으
로 번호를 매겨 나가 동쪽 문 북쪽으로 나있는 벽화가 12호 벽화이
다. 벽면의 크기는 가로 폭 225~260cm의 대형크기와 155cm의 소
형벽 두 가지다. 담징스님이 그린 벽화는 인도의 아잔타석굴 벽화,
중국 돈황 막고굴 벽화와 함께 아시아 고대 불교회화를 대표하는
작품으로 평가 받아 왔다. 법륭사 금당벽화에 대해 미술사학자인 도
쿄대학의 다키(滝精一) 교수는 사방사불四方四佛로 설명하고 있으나
후쿠이(福井利吉郎) 씨 등은 석가·아미타·미륵·약사여래로 구성된

국보 백제관음보살입상

'사불정토도四佛淨土圖'로 보고 있다.

금당 외진外陣의 12점 그림을 살펴보면, 제1호 벽화 '석가정토도', 제2호 '보살반가상', 제3호 '관음보살상', 제4호 '세지보살상勢至菩薩像', 제5호 '보살반가상', 제6호 '아미타정토도', 제7호 '관음보살상', 제8호 '문수보살상', 제9호 '미륵정토도', 제10호 '약사정토도', 제11호 '보현보살상', 제12호 '십일면관음보살상' 등으로 이뤄져 있다.

담징스님은 법륭사 벽에 벽화만 그려준 게 아니다. 그림을 그릴 수 있도록 종이 만드는 법을 아울러 전수해 준 분이다. 지금이야 종이가 흔해빠진 것이지만 1,400여 년 전 종이기술은 지금의 IT혁명급의 신기술이었다. 담징스님 이전까지는 목간 따위에 적어두던 기록물을 종이에 기록하였으니 담징스님이야말로 일본문화사상 가장 위대한 기술을 전수한 분이라고 해도 지나치지 않을 것이다. 담징스님이 가르쳐 준 종이기술은 동대사東大寺 정창원正倉院의 미농美濃, 축전筑前, 풍전豊前 지방의 호적戶籍용지로 남아 있다.

채색의 마법사 담징스님이 그린 6호 벽화(소실되기 전 모습)

법륭사에는 담징스님의 벽화 말고도 꼭 보아야 할 불상이 있는데, 늘씬한 형상의 백제관음상이 그것이다. 백제목조관음보살입상은 국보에 등록된, 높이 210.9cm의 7세기 전반 작품으로, 일본을 대표하는 조각작품으로서 전 세계에 소개되고 있다. 법륭사는 이 불상을 특별히 보존하기 위해 1998년 법륭사 안에 대보장원大宝蔵院을 지어 안치해놓고 일반에게 공개하고 있다. 이 불상은 대영박물관에도 있는데 그것은 이 불상을 본뜬 모조작품이다.

1997년에 일본과 프랑스의 국보 교환전시가 개최되었는데, 일본 측은 법륭사의 '백제관음상'을 프랑스측은 '민중을 이끄는 자유의 여신'을 각각 대표작으로 뽑았다. 법륭사의 백제관음상은 일본을 대표하는 불상이라고 해도 지나친 말이 아닐 정도로 세계적으로 그 예술성을 인정받고 있다. 또 하나 눈여겨 볼 작품은 백제 출신 구라

츠쿠리노도리(鞍作止利)가 만든 석가삼존불상이다. 도리는 나라시대에 활약한 불상조각가로, 그의 작품은 법륭사의 금당본존동조석가삼존상(金堂本尊銅造釈迦三尊像, 623년)과 아스카사(飛鳥寺)의 본존불인 석가여래좌상(釈迦如来坐像, 일명 아스카대불)을 대표작으로 꼽을 수 있다. 그의 작품은 특히 도리식(止利式)이라고 할 정도로 독특한 양식을 보여주는데, 후세의 일본 불상과는 다른 대륙풍의 작품으로 일본불교조각사에서 큰 평가를 받고 있다.

도리법사의 석가삼존상을 보고『일본천황도래사-일본천황은 한국에서 왔다-』를 쓴 와타나베 미츠토시(渡邊光敏) 씨는 그의 책에서 "백제인 도리 씨가 만든 아스카대불이나 법륭사 여래상 양식을 보면, 동그랗고 반짝 뜬 눈과 네모진 얼굴에 미소를 머금은 얼굴은 (충남) 서산의 얼굴 마애불을 닮았고 걸친 옷 무늬는 (부여) 군수리 폐사에서 출토된 석가여래상과 같다."면서 법륭사 불상의 원조가 백제임을 강조하고 있다.

백제관음과 석가삼존불 외에 고구려 혜자스님과 백제 관륵스님의 목상木像이 법륭사에 모셔져 있는 것도 짚고 넘어가야 한다. 이 두 목상은 일반인에게 공개하고 있지 않지만『남도육대사대관』'전관륵승정좌상傳観勒僧正坐像'에 상세히 전해지고 있다. 이 목상은 혜자스님과 관륵스님이 생불生佛로 활약했음을 잘 말해주는 것으로, 이들 한국계 고승들은 초기 일본불교계를 쥐고 흔든 분들이다. 그리고 보면 법륭사는 고대 백제인의 향기와 고구려인의 숨결을 동시에 느낄 수 있는 일본 속의 한국인 셈이다. 천천히 시간을 가지고 넓은 경내를 거닐다 보면 어느새 천 년의 세월도 훌쩍 넘나드는 기분이 든다.

◉ 법륭사(法隆寺, 호류지)

주소 奈良県 生駒郡 斑鳩町 法隆寺山内1-1

전화 0745-75-2555

가는 길 오사카에서 가는 경우는 오사카 난바(難波)에서 야마토지센(大和路線)을 타고 법륭사역法隆寺驛에서 내려 나라교통버스(72번 계통)를 타면 법륭사 바로 앞에서 내린다. 오사카 간사이공항에서 직접 가는 경우는 간사이공항 안내에서 친절한 한국말 서비스를 받을 수 있다.

3. 우지시의 우지교, 고구려 도등스님이 건설했다

우지차(宇治茶)로 유명한 일본 교토 남부의 우지시(宇治市)에는 우지강(宇治川)이 있다. 이 우지강에 놓인 우지교(宇治橋)는 서기 646년, 고구려 도등道登스님이 건설한 다리로 알려져 있다. 2017년 2월 13일에 찾은 우지강은 1,400여 년의 세월을 품은 우지교 밑을 유유히 흐르고 있었다. 다리를 건너면서 "강물을 건너다 빠져죽은 이들을 보고 이들이 안전하게 강물을 건너도록 다리를 놓은 도등스님"을 떠올렸다.

우지(宇治)는 과거 대화(大化, 646) 시절부터 현대에 이르기까지 관동關東에 이르는 인적, 물적, 군사적으로 매우 중요한 곳이다. 우지교(宇治橋)는 세타노가라교(瀬田唐橋)와 야마사키교(山崎橋)와 함께 일본의 오래된 다리(古橋) 3곳으로 전해지는데, 현재의 우지교는 1996년 3월에 새로 개축한 것이다. 길이 155.4m, 폭 25m로 실제 다리를 건너가보면 그렇게 크지 않은 느낌이며, 주변에 명승고적 뵤도인(平等院)을 포함한 『겐지모노가타리(源氏物語)』의 고장답게 우지교는 일반 다리에서 볼 수 없는 전통미를 살린 모습이다.

우지교에 관한 기록은 『본조고승전』을 비롯하여 『일본서기』, 『속일본기』 등 수많은 일본의 문헌에 등장하고 있으며, 8세기 설화집에 다음과 같은 흥미로운 기록도 보인다.

"고구려의 학승 도등道登은 원홍사元興寺 승려로 야마시로(지금의 교토) 혜만 집안 출신이다. 과거 다이카 2년 우지교 건설 때문에 자주 왕래하던 때에 나라산(奈良山) 계곡에 해골이 있었는데 항상 사람이나 짐승들에게 밟히고 있었다. 도등은 이를 불쌍히 여겨 종자從子인 마로를 시켜 해골을 나무 위에 걸어두게 하였다."[7]

도등스님에 관한 가장 자세한 기록은 1702년에 만겐시반 스님이 전국을 돌며 고승들의 행적을 기록한『본조고승전』이 으뜸이다. 좀 길지만 도등스님이 우지교를 놓게 된 당시 상황이 가장 잘 나타나 있는 기록이므로 원문의 일부를 소개한다.

1급하천 우지천이라고 쓴 다리 빗돌, 우지역 쪽에 있다.

우지역 쪽에서 바라다본 우지교 전경

---

7 『일본영이기』, 상권 12화.

"석도등釋道登은 스이코천황(推古天皇) 말기에 고구려에서 당나라로 들어가 가상사의 길장대사에게 삼론의 종지를 전수 받고 견당사와 함께 일본에 와서 원흥사元興寺에 머물면서 오로지 공종(空宗=삼론종)을 설하였는데 도소道昭와 함께 명성을 얻었다. 고토쿠천황(孝德天皇) 다이카 원년(645) 가을 8월에 천황이 도등道登과 복량福亮, 혜운慧雲 등 10사師를 불러 여러 절의 승려들에게 석가의 가르침을 널리 전하라고 하였다. 다이카 2년 병오에 도등과 도소에게 명령하여 우지강에 대교大橋를 놓으라고 하고 우사右史에게 명하여 빗돌에 이름을 새기에 하였다. 그 내용은 다음과 같다.

'거칠게 흐르는 물이 빠르기가 화살 같아 유유히 지나가는 나그네 말을 멈추어 저자(시장)를 이루었다. 그런데 물을 건너뛰자니 무섭고 깊어서 사람과 말이 다 목숨을 잃겠는지라 옛날부터 지금까지 운명에 항거할 줄 몰랐다. 이때 세상에 석가의 제자가 있어 이름을 도등道登이라 하였다. 야마시로(교토)의 혜만 집에 태어나서 다이카 2년 병오에 다리를 놓아 사람과 짐승이 건너게 하였다. 곧 조그만 선업善業을 인연으로 큰 원을 세웠는데 이로 인해 다리를 놓아 피안彼岸에 이르게 하였다. 법계의 중생이 널리 한가지로 이 소원을 빌어 공중에서 전생의 인연을 인도해주었다.'

하쿠치(白雉) 원년에 나가토 국사(長戶國司) 무라카베노무라지 시코부가 흰 꿩을 바쳤다. 도등道登이 말하길, '옛날 고구려왕이 절을 지으려고 터를 고르는데 흰 사슴 한 마리가 나타났습니다. 그래서 마침내 그 자리에다 백록원사白鹿園寺를 지었더니 불법佛法

이 크게 일어났고 또 흰 공작이 나타나서 모두들 길조라고 했습니다.'고 하였다. 그래서 천황은 원호元号를 하쿠치(白雉)라고 하였다. 도등이 처음으로 우지교를 놓았다.……"[8]

이 기록을 통해 고구려 도등스님으로 인해 하쿠치(白雉, 650~654)라는 원호(元号, 천황의 통치 연호를 말함)가 붙었으며, 우지교를 처음으로 건설한 사람이 도등스님이라는 것을 알 수 있다.

한 가지 짚고 넘어 갈 것은 우지교를 건설한 사람이 『속일본기』에는 백제계 도소道昭스님이라고 기록되어 있는 점이다. 그러나 도등스님의 경우 『일본영이기』, 『부상략기』, 『금석물어집』, 『속일본기』, 『본조고승전』 등에 기록되어 있고, 백제계 도소스님이 건설자로 되어 있는 사료로는 『속일본기』, 『원형석서』뿐인 것으로 보아 도등스님의 건설로 보아도 무방할 것이다.

고구려 도등스님이 건설했든 백제계 도소스님이 놓았든 간에 이들은 고대 한국과 관련된 인물이다. 이들이 우지교를 놓은 것은 훗날 돌비석에 이름을 남기기 위한 것도 아닐 것이요, 칭송을 얻기 위함은 더더욱 아니었을 것이다.

우지교를 건설한 도등스님은 어쩌면 조국에서 이루지 못한 중생 구제의 꿈을 일본에서 우지교 건설 등을 통해 실천해 갔는지 모를 일이다. 1,300여 년이 지난 지금, 도등스님의 조국 고구려는 역사에서 사라졌지만 그의 이름은 일본의 사서에 또렷이 남아 있을 뿐 아

---

8 『본조고승전本朝高僧傳』 권제72, pp.410~411.

우지교를 건너 20여 분 거리에 있는, 윤동주 시인이 학우들과
놀러갔던 다리

니라 그가 건설한 우지교도 고스란히 남아 있어 스님의 불법佛法 실
천을 향한 구도求道의 삶을 느끼게 한다.

　참고로, 우지교를 건너 걸어서 20여 분 거리에는 윤동주 시인이
도시샤대학(同志社大學) 친구들과 함께 놀러갔던 아마가세댐(天ヶ
瀨) 하류 지역의 줄다리〔밧줄로 당기는 모습의 다리, 츠리바시(吊り
橋)〕가 있으며, 윤동주 시인의 마지막 사진은 1943년 5월 이곳에서
찍은 것이다. 뿐만 아니라 우지시에는 세계문화유산에 등록된 뵤도
인(平等院) 등 볼거리가 많다.

◉ 우지교(宇治橋)

　교토부 우지시 우지가와(京都府 宇治市 宇治川)에 있는 다리로 케이
　한전철 우지역(京阪 宇治驛)에 내리면 바로 앞에 있다.

제4장 교토의 젖줄인 기즈강변의 고구려절터를 가다

"고마데라(高麗寺, 고려사는 고구려절을 뜻함)는 7세기 초, 아스카 시대(飛鳥時代, 592~710)에 창건된 일본에서 가장 오래된 불교사원의 한 곳입니다. 이 땅은 일찍이 소라쿠군(相樂郡) 오오고마향(大狛鄉)에 속하여 조선 3국의 하나였던 고구려로부터 건너온 씨족인 고마('狛'은 '高麗'와 같은 의미로 고구려를 뜻함)씨족과 연관이 있다고 덴표(天平, 729~749) 때인 『일본영이기』에 기록되어 있

교토 기즈시에 있는 '사적 고려사지(고려사란 고구려절을 뜻함)'에서 필자

습니다. 가람은 기즈강(木津川)을 내려다보는 언덕 위에 남향으로 입지해 있으며 서쪽에 금당(대웅전), 동쪽에 탑을 배치한 법기사식法起寺式 가람 배치를 보이고 있습니다. 탑, 금당, 강당은 정교하고 아름다운 기와로 쌓은 기단을 외장外裝으로 하고 있으며, 강당의 양 날개로부터 늘어선 회랑(복도)은 탑과 금당을 둘러싸고 중문으로 연결됩니다. 절 넓이(寺域)는 동서 약 200m, 남북으로 약 190m 크기이며, 주변에는 여러 당탑堂塔을 짓기 위한 기와 생산지인 고마데라가마(高麗寺瓦窯)와 다카이데 기와터(高井手瓦窯跡)가 존재하고 있습니다. 절 북쪽에는 고마데라(高麗寺)를 조성한 씨족으로 생각되는 대규모 집터인 상박동유적(上狛東遺蹟)이 발견되고 있습니다."〔교토부(京都府) 야마시로초(山城町)명소, 관광시설〕

교토역에서 나라행 전철로 53분 거리에 있는 가미고마역(윗 고구려 마을이란 뜻)은 역무원이 없는 무인역이다.

이는 교토 기즈강변(木津川)에 있는 고구려절터 안내판에 적혀 있는 일본어 설명을 우리말로 번역한 것이다. 이곳은 교토역에서 나라행 전철로 53분 거리에 있는 가미고마역(上狛驛, 윗 고구려마을이란 뜻) 근처에 있다. 2018년 12월 23일 낮 12시, 겨울이지만 마치 봄날과

도 같은 화창한 날씨에 찾아간 고마데라터(高麗寺趾, 고구려절터)는 시골냄새가 물씬 풍기는 들판 한가운데 있었다. 교토역을 출발한 보통열차(가쿠에키, 역마다 서는 열차)가 교토 시내를 벗어나자 이내 농촌 풍경이 펼쳐졌다. 약 1시간쯤 달려 가미고마역(上狛驛)에 내렸지만 역무원이 없는 작은 무인역인 데다가 역 앞에는 가게도 없고 사람 하나 얼씬하지 않았다.

주변을 둘러보니 마침 가미고마역에서 내린 50대로 보이는 부부가 있어 다가가 길을 물으니 역 앞의 커다란 안내판으로 안내하였다. 이들은 시댁이 있는 가미고마에 다니러 온 야나기하라 씨 부부로 안내판에 적혀 있는 고마데라(高麗寺)를 가리키며 상냥하게도 이 일대가 예전에 고구려인들이 살던 곳이라고 이야기해 주었다. 가미고마역에서 고마데라(高麗寺)까지는 걸어서 10분 정도 걸렸다.

역 이름이 가미고마(上狛)인 이곳은 역 이름에서도 고구려인들이 살던 곳임을 알려주었는데, 일본인들이 고마(狛=高麗=貊)라고 하는 것은 모두 '고구려'를 뜻한다. 그것을 입증하는 흥미로운 간판을 발견했는데, 바로 역에서 가까운 청과물

가미고마역에서 바로 오른쪽으로 나 있는 고구려절터로 가지 않고, 편의점을 들르느라 역 앞 마을을 끼고 돈 곳에서 만난 고구려마을(고마노사토라고 써 있으며, 한자로 고려라고 쓴 것은 고구려를 뜻함)이란 간판이 이곳이 옛 고구려인의 마을이었음을 알려주었다.

평성 31년(2019) 3월 31일까지 '고구려절터사
적지환경정비공사'를 알리는 간판도 반갑다.

시장 간판에 '고구려마을(高麗里)'이라고 적힌 글이었다. 도매시장인 이곳은 일요일이라 문을 닫은 모양인데 '고구려마을'에서 날마다 청과물을 사고 파는 사람들이 혹시 고구려인의 후예가 아닐까 하는 생각을 하며 고마데라(高麗寺)로 향했다.

고마데라에 도착하니 교토부(京都府) 야마시로초(山城町)의 명소라고 커다란 안내판이 서 있었다. 그러나 가미고마역에서 찾아 가는 길은 쉽지 않았다. 그도 그럴 것이 허허벌판에 남아 있는 절터를 찾아가는 길이라서 물어볼 곳도 없었고, 도심 속의 건물을 찾는 것처럼 쉽지는 않았던 것이다.

흥미로운 것은 교토의 고마데라(高麗寺)처럼 일본땅 곳곳에 고구려, 신라, 백제와 같은 이름의 절과 신사神社와 땅 이름이 남아 있다는 점이다. 위로는 아오모리로부터 아래로는 규슈에 이르는 곳곳에 고대 한국 관련 절, 신사, 땅 이름을 발견하게 되면 그냥 지나칠 수 없는 것이 한국인의 정서일 것이다.

"고마데라(高麗寺, 고구려절)는 7세기 초, 아스카시대에 창건된 우리나라(일본) 최고最古의 불교사원의 한 곳입니다."〔교토부(京都府) 야마시로초(山城町)〕

고구려절의 가람이 있
던 자리에는 주춧돌이
남아 있다.

　일본땅에 자리한 고대 한국 관련 절이 하드웨어라면 소프트웨어
에 해당하는 것이 승려들일 것이다. 서양식 건물인 명동성당이 들어
서고 처음에는 서양인 신부들이 들어와 포교를 하다가 이후 한국인
들이 그 자리를 차지한 것처럼, 일본 땅에 고구려절이 들어섰다는
것은 고구려 승려들이 이곳에서 불법佛法을 펼쳤다는 것을 뜻한다.
일본땅에 건너온 고대 한국 관련 승려들에 대한 기록을 일본사서인
『일본서기』(720년)를 통해 살펴보면 다음과 같다.[9]

　① 스이코 3년(595) 5월 고구려승 혜자가 귀화하여 성덕태자聖德
太子의 스승이 되었다.
　② 스이코 4년(596) 11월 (고구려승) 혜자가 백제승 혜총과 함께
이 해 건립된 법흥사法興寺에 주석하였다.

③스이코 10년(602) 10월 고구려승 운총雲摠과 승륭僧隆이 귀화하였다.

④스이코 18년(610) 4월 고구려승 담징은 5경을 알고 채색 및 지묵紙墨과 맷돌을 만들었다. 담징과 함께 법정을 보내왔다.

⑤스이코 23년(615) 11월 (고구려승) 혜자가 귀국하였다.

⑥스이코 29년(621) 2월 성덕태자가 죽었다는 이야기를 듣고 혜자가 크게 슬퍼하다가 성덕태자 기일忌日에 죽었다.

⑦스이코 32년(624) 4월 (백제승) 관륵을 승정僧正으로, 고구려승 덕적을 승도僧都로 삼았다.

⑧스이코 33년(625)조 정월 고구려왕이 승려 혜관을 보냈다. 그를 승정僧正에 임명하였다.

⑨천지天智 원년(662) 4월 고구려승 도현道顯이 점을 쳐서 고구려의 멸망을 예견하였다.

『일본서기』에 고대 한국 승려 이름이 이렇게 많이 나오는 까닭은 무엇일까? 답은 간단하다. 일본에 불교를 전한 것이 고대 한국이기 때문이다. 공식적인 불교의 전수는 백제 성왕 때로 『일본서기』에는 552년[10]으로 기록되어 있다. 불교의 전수란 단순한 경전과 불상만을 건네주고 온 것이 아니다. 그걸 입증하는 것이 『일본서기』 등 수많은 일본의 문헌이다.

예컨대 서기 625년에 도일渡日한 것으로 기록된 고구려승 혜관

---

10 그러나 이보다 앞선 기록이 원흥사에서 나와 현재는 538년설을 따르고 있다.

만 하더라도 그 기록은 차고 넘친다. 사실 고구려승 혜관의 기록은
국내에는 전무하지만 일본에는 다음과 같이 많은 사서에 기록되어
있다.

『日本書紀』, 『元亨釋書』, 『本朝高僧傳』, 『續日本紀』, 『日本三代實
錄』, 『日本紀略』, 『類聚國史』, 『三論師資傳』, 『僧鋼補任(興福寺本)』,
『僧鋼補任抄出』, 『扶桑略記』, 『日本高僧傳要文抄』, 『東大寺具書』, 『內
典塵露章』, 『三論祖師全集』, 『東大寺續要錄』, 『三會定日記』, 『東大寺
圓照行狀』, 『東國高僧傳』, 『淨土法門源流章』, 『寧樂逸文』, 『平安逸
文』, 『鎌倉逸文』, 『大日本古典文書』, 『大日本史料』, 『淨土依憑經律論
章疏目錄』, 『三論宗章疏』, 『東域傳燈目錄』, 『諸宗章疏錄』, 『大正新修
大藏經』, 『日本大藏經』, 『群書類從』, 『續群書類從』, 『續續群書類從』,
『本朝高僧傳』 등

특히 위 문헌 가운데서 고구려승 혜관에 관한 가장 자세한 책을
들라 하면 1702년에 만겐시반 스님이 지은 책을 들 수 있다. 만겐시
반은 교통도 불편했던 시절에 30년간 일본 전역을 돌며 『본조고승
전』을 썼다. 『본조고승전』이 전하는, 혜관에 관한 기록을 살펴보자.

"석혜관釋慧灌은 고구려 사람이다. 수나라에 들어가 가상대사 길
장吉藏에게 삼론종의 종지를 받았다. 스이코천황 33년 정월 초하
루 본국(고구려)에서 일본으로 건너와 칙명으로 원흥사元興寺에
머물게 하였는데 공종(空宗, 곧 삼론종)을 부지런히 강설했다. 이

야마시로향토사료관에는 고구려절터에서 나온 기와, 귀면와 등이 전시되어
있다. (오른쪽 기와 사진: 야마시로향토사료관 제공)

해 여름에 가물어서 천황이 혜관을 불러 비를 빌게 하였다. 혜관
이 푸른 옷을 입고 삼론을 강설하니 큰 비가 내려 천황이 크게 기
뻐하고 승정僧正에 임명하였다. 백봉白鳳 10년 봄 2월에 와슈 선
린사(禪林寺)가 완성되어 혜관을 청해다가 낙성을 경축하는 도사
導師로 삼았다. 혜관은 또 가와치 시기군에 정상사井上寺를 창건
하여 삼론종을 널리 폈다. 나이 90에 죽었는데 본조(일본) 삼론
종의 시조다."

승려 한 사람의 기록만도 이러하니 당시 일본불교에 고대 한국승
이 남긴 발자취가 어떠했는가는 상상하기 어렵지 않다. 다만 이 부
분에 대한 연구가 미진한 게 아쉬울 뿐이다. 고구려 승려 혜관은 일
본쪽에서 볼 때 '고대 한국의 승려'에 지나지 않는 데다가 명치정부
때 폐불훼석(廢佛毁釈, 명치정부가 불교사원과 승려들이 받고 있던 특권
을 무너뜨리기 위해서 사원, 불경, 불상 등을 훼손한 사건)의 광풍이 불

어 불교를 연구할 기회가 없었다. 또한 한국의 입장에서도 고대 일본불교에 관심이 없다보니 고구려승 혜관처럼 고대 일본에서 활약한 한국 승려에 대한 변변한 논문 한 편 없는 것이 현실이다.

상황이 이러할진대 1,300년 전 교토 기즈가와(京都 木津川)에 건립되어 불법을 전수하던 고마데라(高麗寺, 고구려절)에 대한 정보를 얻기는 쉽지 않았다. 그것도 지금은 주춧돌만 나뒹구는 폐허의 절이니 더욱 그렇다. 다행히 절터에서 800m쯤 떨진 곳에 교토부립 야마시로향토자료관(京都府立 山城鄕土資料館)이 있어 뜻밖에 많은 자료를 얻을 수 있었다. 특히 자료과 담당인 마츠오 후미코(松尾史子) 씨는 친절한 자료관 안내와 고마데라 절터에서 나온 기와 사진 등을 제공해주었다.

일본의 사서 가운데『속일본기』(797)에 "서기 716년(靈龜 2년) 고구려인 1,799명을 무사시국(관동)에 이주시키고 이곳에 고구려군을 설치했다."는 기록이 있는데, 지금의 관동지방으로 이주하기 전에도 고구려인들은 이곳 교토지역 등에서 집단으로 살고 있었다. 그것을 입증하는 것이 현존하는 일본 내 고구려촌(高麗村, 고려촌은 고구

고구려절터임을 알리는 빗돌, 현재 고구려절터 정비 중이라 통행금지 팻말이 서 있다.

감이 탐스럽게 열려 있는 금당(대웅전)터에 서면 멀리 앞쪽에 기즈강이 흐른다.

드넓은 절터의 나무가 서 있는 곳에 금당 (대웅전), 탑 등이 있었다.

려를 뜻함)들이다.

고마무라 또는 고우라이무라, 고우레이손으로 불리는, 현존하는 일본 내의 고구려인 집단 마을은 다음과 같다.

마을이름 한자/일본발음	지역	현재 소재지
高麗村(고마무라)	사이타마현(埼玉県)	埼玉県日高市
高麗村(고마무라)	가나가와현(神奈川県)	神奈川県中郡大磯町高麗
高麗村(고우라이무라)	교토부(京都府)	京都府木津川市
高麗村(고우레이손)	돗토리현(鳥取県)	鳥取県米子市, 西伯郡大山町

고대 일본불교는 왕실불교로, 고대 한국에서 건너갔던 승려들은 황궁 안에 자리한 절에서 종교인으로, 지식인으로, 왕실의 스승으로 그 역할을 충실히 수행하였다. 교토의 고마데라(高麗寺, 고구려절) 근처는 일본불교를 중흥시킨 성무왕(聖武天皇)이 740년부터 3년간 서울(수도)로 쓰던 구닌쿄(恭仁京)가 있던 자리로, 고마데라 역시 성무

왕 시절에 중추적인 역할을 했을 것으로 생각된다. 그때 활약했던 고대 한국의 승려가 누구였는지는 향후 연구가 필요하다.

고구려절터 주변은 사람이 살기 좋은 따스한 곳으로, 교토의 젖줄 인 기즈강(木津川)이 흘러 예부터 비옥한 농토가 형성된 곳이었으니 수도의 입지로는 더없이 좋은 자리였다고 본다. 이 이야기는 1,300 여 년 전의 사실史實이지만, 지금은 황량한 벌판에 주춧돌만이 나뒹 구는 폐사廢寺 터로만 남아 있으니 세월의 무상함이 느껴진다. 그래 도 피는 물보다 진하다고 했던가! 비록 멸망한 나라지만 고구려인 의 후예를 자처하는 필자는 기즈강이 내려다보이는 고구려절터에 서서 고대 일본불교에 한 획을 그었던 고구려 스님들을 오래도록 그려보았다.

◉ 교토 기즈시의 고구려절터

가는 길 교토역을 기준으로 하면, 나라행(奈良行) 보통열차(가쿠에 키, 역마다 서는 열차)를 타고 1시간쯤 거리의 가미고마역(上 狛驛)에 내린다. 이 역은 무인역으로 역 앞에 돌로 만든 표 지석에는 야마시로 향토사료관(1.5km) 방향으로 0.7km 가 도록 안내하고 있다. 약 10여 분 거리에 있지만 고구려절터 가 허허벌판에 자리하고 있어 찾기는 쉽지 않다.

참고문헌

텍스트

『三國佛法傳通緣起』, 大日本佛教全書(第101冊), 潮書房, 1932

『元亨釋書』, 大日本佛教全書(第101冊), 潮書房, 1932

『扶桑略記』, 黑板勝美, 新訂增補國史大系 12, 吉川弘文館, 1932

『帝王編年記』, 黑板勝美, 新訂增補國史大系 12, 吉川弘文館, 1932

『日本三代實錄』, 黑板勝美, 新訂增補國史大系 4, 吉川弘文館, 1934

『政事要略』, 黑板勝美, 新證增補國史大系 28, 吉川弘文館, 1935

『東大寺要錄』, 筒井英俊 校訂, 國書刊行會, 全國書房, 1944

『三寶繪詞』, 山田孝雄, 寶文館, 1961

『本朝高僧傳』, 大日本佛教全書(第102, 103冊) 佛書刊行會編, 名著普及會, 1987

『日本書紀』, 小島憲之 外 校注・譯, 新編日本古典文學全集2~4, ①~③, 小學館,
　　1999

『日本靈異記』, 中田祝夫 校註・譯, 新編日本古典文學全集 10, 小學館, 2001

『續日本紀』, 靑木和夫 外 校注, 新日本古典文學大系 12~16, ①~⑤, 岩波書店,
　　2003

『今昔物語集』, 馬淵和夫 外 校注・譯, 新編日本古典文學全集 35~38, ①~④, 小學
　　館, 2003

『沙石集』, 新編日本古典文學全集 52, 小學館, 2003

阿部秋生 外 校注・譯, 『源氏物語』, 新編日本古典文學全集 24, ⑤, 小學館, 2004

『譯註 三國遺事』(전5권), 한국정신문화연구원, 이회문화사, 2002

주석서

小島憲之 校注, 『文華秀麗集』, 日本古典文學大系 69, 岩波書店, 1964

林陸朗 校注訓譯, 『完譯注釋 續日本紀』, 現代思潮新社, 1985

直木孝次郎 譯註, 『續日本紀』, 東洋文庫, 全4卷, 平凡社, 1986

小島憲之 外 校注·譯,『日本書紀』, 新編日本古典文學全集3, ①~③, 小學館, 1999

김부식 저, 이병도 역주,『三國史記』上下, 을유문화사, 1996

馬淵和夫 外 校注,『三宝繪注好選』, 新日本古典文學大系, 岩波書店, 1997

佐竹昭廣, 山田英雄 外 校注,『萬葉集』, 新日本古典文學大系, 岩波書店, 1999

『譯註 三國遺事』(전5권), 한국정신문화연구원, 이회문화사. 2002

小峰和明·篠川賢編,『日本靈異記を讀む』, 吉川弘文館, 2004

이능화 편,『(역주)조선불교통사』1-8, 동국대학교불교문화연구원, 조선불교통사
    역주편찬위원회 편찬, 동국대학교 출판부, 2010

사전

今井溱,『社會科學大事典 19』, 島硏究所出版會, 1974

長谷川政春,『時代別文學史事典』, 上代編 有精堂, 1987

岩本裕,『日本仏敎語辭典』, 平凡社, 1988

洪思誠 主編,『불교상식백과』상·하, 불교시대사, 1993

高橋千劒破,『日本史名僧ものしり百科』, 新人物往來社, 1994

佐伯有淸,『日本古代氏族事典』, 雄山閣出版, 1994

『日本地名大百科』, 小學館, 1996

井上薰,『行基事典』, 東京 圖書刊行會, 1997

中村元,『仏敎辭典』, 第二版, 岩波書店, 2002

大島建彦 外 3人,『日本の神佛の辭典』, 大修館書店, 2002

『시공 불교사전』, 시공사, 2003

柳橋眞,『世界大百科事典』第2版, 平凡社, 2007

한보광, 임종욱,『중국역대불교인명사전』, 이회문화사, 2011

『알기 쉬운 불교 용어 산책』, 도서출판 양사재, 2011

국내단행본

崔南善,『六堂 崔南善全集』8~14권, 高麗大學校 亞細亞問題硏究所 六堂全集編纂
    委員會編, 현암사, 1973

황패강,『신라불교설화연구』, 일지사, 1975

李能和 著, 尹在瑛 譯『朝鮮佛敎通史』上中下, 박영사, 1980

金烈圭,『韓國神話와 巫俗硏究』, 一潮閣, 1981

金斗鍾,『韓國医學史』, 探求堂, 1981

변밀운,『한국과 불교』, 호암출판사, 1984

김상현,『남사藍史 정재각박사고희기념동양학논총』, 고려원, 1984

조동일,『한국설화와 민중의식』, 정음사, 1985

장휘옥,『해동고승전연구』, 민족사, 1991

고순호,『불교학개론』, 선문출판사, 1991

방영웅 지음,『분례기』, 창작과비평사, 1997

최재석,『고대한일불교관계사』, 일지사, 1998

도수희,『백제의 언어와 문학』, 도서출판 주류성, 2004

임동권,『일본에 살아있는 백제문화』, 도서출판 주류성, 2004

신형식,『백제의 대외관계』, 도서출판 주류성, 2005

문명재,『일본설화문학연구』, 보고사, 2003

_____,『今昔物語集의 전승방법』, 보고사, 2005

_____,『今昔物語集의 세계』, 제이앤씨, 2006

고익진,『한국고대불교사상사』, 동국대학교 출판부, 2006

정재윤,『사료를 보니 백제가 보인다』, 도서출판 주류성, 2007

이광준,『한일불교문화교류사』, 우리출판사, 2007

김충영,『일본 고전의 방랑문학』, 안암신서 7, 고려대학교 출판부, 1997

_____,『일본고전문학의 배경과 흐름』, 고려대학교 출판부, 2007

이향순,『비구니와 한국문학』, 예문서원, 2008

홍윤기,『일본 속의 백제 나라(奈良)』, 한누리미디어, 2009

_____,『백제는 큰 나라』, 한누리미디어, 2010

의천 지음, 박용진 옮김,『대각국사문집』, 지식을만드는지식사, 2010

표윤명 지음,『묵장』, 가쎄, 2010

남무희,『고구려 승랑 연구: 동아시아 신삼론 사상의 개척자』, 서경문화사, 2011

海住(全好蓮),『화엄의 세계』, 민족사, 2011

김성철,『승랑-그 생애와 사상의 분석적 연구-』, 지식산업사, 2011

김대문·각훈 지음, 여성구 옮김, 『화랑세기·해동고승전』, 玄遊, 지식을만드는지식
　　사, 2012

이윤옥, 김영조, 『신일본 속의 한국문화답사기』, 바보새, 2011

＿＿＿＿＿＿＿＿，『일본 속의 고대 한국출신 고승들의 발자취를 찾아서』, 인문사,
　　2013

김종덕, 『겐지이야기의 전승과 작의』, 제이앤씨, 2014

단행본 역서

田村圓澄 魯成煥 譯, 『韓日古代佛敎關係史』, 學文社, 1985

에드워드콘즈 저, 주민황·안성두 역, 『인도불교사상사』, 민족사, 1988

가마타시게오 저, 장휘옥 옮김, 『화엄경 이야기』, 도서출판 장승, 1993

『속고승전』 1-3, 동국역경원, 1997~1998

마츠오 겐지 지음, 김호성 역, 『인물로 보는 일본불교사』, 동국대학교 출판부,
　　2005

스에키 후미히코, 이시준 옮김, 『일본불교사 - 사상사로서의 접근 - 』, 뿌리와이파
　　리, 2005

김부식 지음, 신호열 역해, 『삼국사기』, 동서문화사, 2007

정천구 역주, 『元亨釋書: 일본 최초의 불교문화사 상, 하』, 씨아이알, 2010

기노 쓰라유키 외 엮음, 최충희 옮김, 『고금와카집』, 지식을만드는지식사, 2011

문명재·김경희·김영호 역주, 『일본영이기: 일본 최초의 불교설화집』, 세창출판사,
　　2013

장옥희 역, 『조선침략참회기: 일본 조동종은 조선에서 무엇을 했나?』, 동국대학교
　　출판부, 2013

이시준·김태광 옮김, 『금석이야기집』, 〈일본부〉 1~9권, 세창출판사, 2016

단행본 원서

高山樗牛, 『樗牛全集』 第1卷, 博文館, 1907

境野黃洋, 『支那仏敎史講話』 下卷, 共立社, 1929

『政事要略』, 『新證增補國史大系』 第28卷, 吉川弘文館, 1935

和辻哲郎, 『古寺巡禮』, 岩波書店, 1947

太田英藏, 『建築及び壁畵文樣研究』, 美術研究所, 1953

藪田嘉一郎, 『日本上代金石叢考』, 河原書店, 1959

高木市之助 外, 『万葉集』, 日本古典文學大系 ④~⑦, 岩波書店, 1957~1962

尾崎喜左雄, 『多胡碑(上野國三碑付那須國造碑)』, 中央公論美術出版, 1967

田村圓澄, 『古代朝鮮仏教と日本仏教』, 吉川弘文館, 1970

_____, 『飛鳥·白鳳仏教史』 上下卷, 吉川弘文館, 1994

_____, 『古代日本の國家と仏教 東大寺創建の研究』, 吉川弘文館, 1999

_____, 『古代東アジアの國家と仏教』, 吉川弘文館, 2002

金達壽, 『日本の中の朝鮮文化 その古代遺跡をたずねて』(全12卷), 講談社, 1970~
　　1991

_____, 司馬遼太郎 上田正昭 『日本の渡來文化 座談會』, 中央公論社, 1975

_____, 『行基の時代』, 朝日新聞社, 1982

_____, 『古代日本と朝鮮文化』, 筑摩書房, 1984

_____, 『渡來人と渡來文化』, 河出書房新社, 1990

_____, 『見直される古代の日本と朝鮮』, 大和書房, 1994

今西龍, 『百濟史研究』, 圖書刊行會, 1970

中井眞孝, 『日本古代の佛教と民衆』, 評論社, 1973

柳澤孝, 『奈良の寺』 8, 法隆寺金堂壁畵, 岩波書店, 1975

_____, 『日本仏教史』 全5卷, 法藏館, 1982~83

_____, 『仏教伝來と古代日本』, 講談社學術文庫, 1986

_____, 『日本古代の宗教と思想』, 山喜房仏書林, 1987

_____, 『飛鳥·白鳳仏教史』 上下卷, 吉川弘文館, 1994

井上光貞, 『日本古代の國家と仏教』, 岩波書店〈日本歷史叢書〉, 1971

_____, 『日本の歷史3 飛鳥の朝廷』, 小學館, 1974

_____, 『日本古代仏教の展開』, 吉川弘文館, 1975

_____, 『日本古代思想史の研究』, 岩波書店, 1982

_____, 『日本古代の王權と祭祀』, 東京大學出版會, 1984

手島郁郎, 『太秦の神-八幡信仰とキリスト景教』キリスト聖書塾, 1971

守屋茂, 『佛教社會事業の研究』, 法藏館, 1971

中井 眞孝, 『日本古代の仏教と民衆』, 評論社, 1973

_____, 『日本古代佛教制度史の研究』, 法藏館, 1991

『源氏物語』, 新編日本古典文學全集 ⑬~⑰, 小學館, 1972~1976

山岸德平, 『古代政治社會思想』, 〈日本思想大系1~8〉, 岩波書店, 1982

金智見, 『均如大師華嚴學全書解題』, 東京 後樂出版株式會社, 1977

關敬吾, 『日本昔話大成』 全2卷, 角川書店, 1978

宮井義雄, 『上代神日本の宗教と基調』, 成甲書房, 1978

家永三郎 外 6人, 『日本佛教史』, 法藏館, 1980

平岡定海, 『日本寺院史の研究古代編』, 吉川弘文館, 1981

鎌田茂雄, 『中國仏教史』 1-6, 東京大學出版會, 1982~1999

_____, 『仏教のきた道』, 原書房, 1985

堀池春峰, 『南都佛教史の研究』 上, 東大寺篇, 法藏館, 1980

_____, 『東大寺史へのいざない』, 東大寺, 2004

平岡定海 山崎慶輝, 『南都六宗』, 吉川弘文館, 1985

吉田靖雄, 『行基と律令國家』, 吉川弘文館, 1986

_____, 『日本古代の菩薩と民衆』, 吉川弘文館, 1988

石村喜英, 『日本古代佛教文化史論考』, 山喜房佛書林, 1987

高木豊, 『佛教史のなかの女人』, 平凡社, 1988

小田晉, 『佛教と日本人』, 春秋社, 1989

『兵庫縣の歴史散歩下』, 兵庫縣高等學校教育研究會歴史部會編, 山川出版社, 1990

根本誠二, 『奈良佛教と行基の傳承展開』, 雄山閣出版, 1991

八重樫直比古, 『古代の仏教と天皇－日本靈異記論』, 翰林書房, 1994

日野昭, 『日本古代の社會と宗教』, 龍谷大學佛教文化研究所, 1996

壽岳文章, 『日本の紙』, 日本歴史叢書 新裝版, 吉川弘文館, 1996

高倉洋彰, 『大宰府と觀世音寺』, 海鳥社, 1996

井上薫編, 『行基ゆかりの寺院』, 圖書刊行會, 1997

末木文美士, 『日本佛教史』, 新潮社, 1997

肥田路美, 『法隆寺美術論爭の視點』, グラフ社, 1998

江口孝夫,『懷風藻』, 講談社學術文庫, 2000

籔元晶,『雨乞儀礼の成立と展開』, 岩田書院, 2003

中村修也,『今昔物語集の人々』, 平安京編, 思文閣出版, 2004

上川通夫,『日本中世仏教形成史論』, 校倉書房, 2007

磯部隆,『東大寺大佛と日本思想史』, 大學敎育出版, 2010

학위논문

李根雨,「日本書紀에 引用된 百濟三書에 관한 硏究」, 韓國精神文化硏究院 博士學
　　位論文, 1994

송기호,「발해의 역사적 전개 과정과 국가 위상」, 서울대학교 대학원 박사논문,
　　1995

靑木侃,「일본 고대불교의 성립에 관한 연구: 한래승·도래계씨족의 역할을 중심으
　　로」, 원광대학교 동양학대학원 석사논문, 2002

황철균,「7세기 백제 승려들의 활동: 백제 주변국과의 관계를 중심으로」, 인하대학
　　교 대학원, 석사논문, 2014

일반논문

〈국내〉

김태흡,「동양불교의 개설」,『佛敎』제41호, 불교사, 1927

최남선,「조선불교 – 東方文化史에 있는 그 地位 – 」,『佛敎』제74호, 1930

金映遂,「五敎兩宗에 대하여」,『佛敎』신29집, 1941

고병익,「新羅僧求法入唐表」,『동아교섭사의 연구』, 서울대출판부, 1970

崔柄憲,「新羅下代待 禪宗九山脈의 成立」,『한국사연구』, 韓國史硏究會, 1972

손영익,「南都六宗의 宗祖에 대하여」,『인도학불교학연구』제21권 제2호, 일본인
　　도학불교학회, 1973

金知見,「新羅華嚴學의 系譜와 思想」,『學術院論文集』, 人文社會科學篇 12, 大韓
　　民國學術院, 1973

_____,『均如大師華嚴學全書』, 대한전통불교연구원, 1977

박동원,「8세기 전후 일본에 있어서 신라학문승과 신역경전 – 특히 대반야경, 금광

명최승왕경의 전래 경전을 중심으로-」, 『광주교육대학교 논문집』 24, 1983

김인덕, 「승랑대사 사상학설의 관계자료」, 『韓國佛敎學』 8, 韓國佛敎學會, 1983

_____, 「백제의 삼론 고승」, 『한국불교학』 22, 한국불교학회, 1997

김영태, 「일본사료를 통해 본 백제불교」, 『佛敎學報』 21집, 東國大學校 佛敎文化研究院, 1984

_____, 「高句麗僧朗에 대한 재고찰」, 『한국불교학』, 한국불교학회 20권, 1995

_____, 「三論正脈 靑衣學統의 史的 展開」, 『韓國佛敎學』, 韓國佛敎學會 24, 1998

李奎植, 「韓國古代医學の史蹟考察」, 『圓光保健專門大學論文集』 第8集, 圓光保健專門大學, 1985

安輝濬, 「三國時代 繪畵의 日本傳播」, 『國史館論叢』 第10輯, 국사편찬위원회, 1989

孫弘烈, 「三國時代の仏教医學」, 『韓國仏教文化史思想卷上』, 伽山李智冠甲華甲紀念論叢, 1992

김정미, 「日本靈異記의 行基菩薩考」, 『일본학』 제12집, 동국대학교일본학연구소, 1993

양은용, 「신라 審祥과 일본의 華嚴學」, 『伽山學報』 제3호, 가산불교문화연구원, 1994

최재석, 「백제의 大和倭에서의 高句麗僧과 新羅僧의 역할」, 『민족문화』 20, 1997

이영아, 「良弁上人說話에 관한 一考察」, 『日語日文學研究: 文學·日本學』, 韓國日語日文學會, 2000

박선영, 「高句麗 出身의 僧朗을 相承한 中國三論宗 第2期의 家風 2: 僧詮과 그 제자 慧布를 중심으로」, 『佛敎學報』 37, 東國大學校佛敎文化研究院, 2000

張寅成, 「古代の韓國人の疾病觀と医療」, 『韓國古代史研究』 20, 韓國古代史學會, 2000

김종덕, 「日本古代文學에 나타난 韓文化」, 『외국문학연구』 제7호, 2000

_____, 「『源氏物語』에 나타난 질병과 치유의 논리」, 『日語日文學研究』 제80집 2권, 2012

_____, 「『源氏物語』에 나타난 참배여행의 의의와 作意」, 『日語日文學研究』 제91집 2권, 2014

정선영, 「종이와 제지술의 전래시기에 관한 연구」, 『서지학연구』 15, 1998

_____, 「종이의 전래 경로」, 『사회과학연구』 제10집, 2000

이근우, 「日本列島의 百濟 遺民에 대하여」, 『한국고대사연구』 23, 2001

문명대, 「법륭사 금당벽화와 불상조각 연구의 문제」, 『강좌 미술사』 16권, 한국불교 미술사학회(한국미술사연구소), 2001

이시준, 「『今昔物語集』の寺院確執説話にみる王法・佛法相依理念の考察」, 『日本 學報』 제61집 2권, 한국일본학회, 2004

_____, 「平安時代における盂蘭盆會の考察」, 『日本文化學報』 제34집, 韓國日本 文化學會, 2007

_____, 「飛鳥, 奈良時代의 旱魃과 종교적 대응에 관한 고찰:『日本書紀』『續日本 紀』의 기술을 중심으로」, 『日本研究』 제32집, 2012

_____, 「日本上代時代의 災難과 宗教的對應方法」, 『日語日文學研究』 제80집 2권, 2012

정선여, 「7세기초 고구려 불교계 변화와 혜자」, 『人文科學論文集』 제35집, 2003

송기호, 「발해문화사의 연구 현황과 과제」, 『한국사연구』 122, 한국사연구회, 2003

윤선태, 「靈辯 撰 '화엄경론'의 유포와 현존 상황」, 『보조사상』, 2004

연민수, 「7세기 동아시아 정세와 왜국의 대한정책」, 『신라문화』 24, 동국대학교신 라문화연구소, 2004

김진순, 「고구려중기(5~6세기초) 고분벽화에 보이는 불교적 제재와 그 연원」, 『고조 선 고구려 발해 발표 논문집』, 고구려재단, 2005

吉基泰, 「百濟의 呪禁師와 藥師信仰」, 『新羅史學報』 第6號, 2006

金志珉, 「발해불교의 연구현황」, 『慶州史學』 제24·25합집, 경주사학회, 2006

김성철, 「신삼론 약교이제설의 연원에 대한 재검토」, 『韓國佛教學』 45, 2006

_____, 『승랑 – 그 생애와 사상의 분석적 연구 –』, 지식산업사, 2011

김승호, 「해외문헌을 통해 본 삼국시대 승려의 인물전승 양상: 중국 및 일본 내 간행불서를 중심으로」, 『韓國文學研究』 제32집, 東國大學校韓國文學研究 所, 2007

장원철, 「발해 한시문학의 현황과 창작 경향」, 『大東漢文學』 제26집, 대동한문학회,

2007

박재용, 「『日本書紀』에 인용된 道顯의 『日本世紀』」, 『한국고대사연구』 47, 2007

김천학, 「백제 道藏의 '성실론소' 逸文에 대해서」, 『불교학리뷰』. Vol. 4, 2008

조법종, 「高仙芝와 고구려 종이 '蠻紙'에 대한 검토」, 『한국사학보』 33, 고려사학회, 2008

최연식, 「大乘四論玄義記寫本의 기초적 검토」, 『불교학리뷰』 5호, 금강대학교 불교문화연구소, 2009

장인성, 「고대 일본에 전파된 백제 도교」, 『한국고대사연구』 55, 한국고대사학회, 2009

_____, 「三論學綱要書의 유통을 통해 본 백제불교학의 일본불교에의 영향」, 공주대학교백제문화연구소, 2013

박이순, 「고대일본의 불교 보급과 民의 삶에 대한 고찰-私度僧을 중심으로-」, 『일본학연구』 제27집, 2009

이도엽, 「新羅審祥研究」, 『신라학 국제학술대회 논문집』 제3집, 2009

伊藤隆壽, 「大乘四論玄義記に關する諸問題」, 『불교학리뷰』 5, 금강대학교 불교문화연구소, 2009

편무영, 「일본 나라 중궁사 천수국수장의 연화화생에 대한 고구려의 영향」, 『동아시아고대학』 제22집, 동아시아고대학회, 2010

백미선, 「『海東高僧傳』을 통해 본 각훈의 고구려 불교사 인식」, 『한국사학사학보』 제23집, 2011

_____, 「백제멸망기 渡倭 승려들의 활동과 사상」, 『한일관계연구』 41집, 2012

신명희, 「維摩経의 禪觀 및 수행체계 연구」, 『한국선학』 제30호, 한국선학회, 2011

김현구, 「고대일본의 도일 한인집단에 대한 정책」, 『史叢』 제73집, 高麗大學校 歷史研究所, 2011

宮崎健司, 『불교학리뷰(Critical Review for Buddhist Studies)』 9권, 2011

원영상, 「한국학계의 일본불교연구 동향」, 『한국불교학』 제68집, 한국불교학회, 2013

김효숙 「일본고전문학에 나타난 渤海의 형상-일본문헌에 남겨진 渤海人의 漢詩

와 모노가타리(物語)」,『동아시아고대학』제34집, 동아시아고대학회, 2014

김광식, 이시준,「조선총독부 편수관 아시다 에노스케(芦田惠之助)와 조선동화
　　고찰: 조선총독부『조선동화집』과의 비교를 중심으로」,『日本硏究』제37집,
　　2014

〈일본〉

安藤乾幽,「萬葉集に表はれたる 新羅尼理願に對する一考察」, 조선 1933

江田俊雄,「新羅仏教に於ける淨土教」,『支那仏教史學』3-3·4合号, 1939

結城令聞,「三論源流考」,『印度學仏教學研究』12, 1952

＿＿＿＿＿,「華嚴章疏の日本傳來の諸說を評し、審祥に關する日本傳承の根據と
　　審祥來日についての私見」,『南都佛教』第40號, 1978

松田浩,「萬葉の人言」-尼理願挽歌を起点として-, 古代文學における〈風聞〉,
　　『日本文學』, 日本文學協會編, 1952

平岡定海,「奈良時代における'宗'について」,『宗教研究』40, 日本宗教學會, 1967

堀池春峰,「華嚴堀池春峰「光明皇后御願瑜伽師地論の書寫について」,『南都仏教
　　史の研究』上〈東大寺篇〉, 法藏館, 1980

平岡定海,「新羅の審祥の教學について」,『印度學仏教學研究』40(20-2), 1972

鎌田茂雄,「日本華嚴における正統と異端」,『思想』593號, 岩波書店, 1973

八重樫直比古,「靈異記佛教の論理」,『文藝研究』第81集, 日本文芸研究會, 1976

伊藤隆壽,「三論宗學系史に關する傳統說の成立-特に中國三論學派について」,
　　『駒澤大學佛教學部研究紀要』36, 1978

＿＿＿＿＿,「香山宗撰『大乘三論師資伝』について」,『印度學佛教學研究』Vol.
　　27(1978~1979)

井上光貞,「日本における仏教統制機關の確立過程」,『日本古代國家の研究』, 岩
　　波書店, 1985

末木文美士,『三國佛法傳通緣起』, 日本三論宗章研究,『東洋文化研究所紀要』99,
　　東京大學東洋文化研究所, 1986

松原智美,「法隆寺金堂壁畵に關する一考察」,『佛教藝術』218, 1986

平井俊榮,「南都三論宗史の研究序說」,『駒澤大學佛教學部研究紀要』第44號, 1986

364

直林不退,「東大寺大佛開眼供養會と道璿」,『印度學佛教學研究』46卷 第2號, 1998

花谷浩,「飛鳥池工房の發掘調査成果とその意義」,『日本考古學』第8号, 1998

牧伸行,「良弁と續日本記」『佛教大學綜合研究所紀要』別冊,『宗教と政治』, 1998

淺野則子,「挽歌に託した自己：理願挽歌の求めたもの」,『別府大學大學院紀要』,
　　別府大學研究出版委員會 編, 1999

松本眞輔,「元亨釋書の三韓關係記事の檢討」,『日本歷史』, 2000

小林芳規,「大谷大學藏新出角筆文獻について」,『書香』19, 大谷大學圖書館報,
　　2002

伊藤信博,「御靈神の誕生」,『言語文化論集』第25卷, 名古屋大學大學院國際言語
　　文化研究科編, 2004

福士慈稔,「三國時代・統一新羅時代の仏教に對する研究」,『韓國仏敎學SEMINAR』
　　8, 2004

海老澤早苗,「『元亨釋書』に描かれた女性と仏教」,『駒澤大學佛教學部論集』第三
　　十六號, 2005

宮崎健司,「光明子發願五月一日経の勘経」,『日本古代の写経と社会』, 塙書房,
　　2006

＿＿＿＿＿,「大谷大學博物館藏 判比量論 斷簡の性格」,『日本古代の写経と社会』,
　　塙書房, 2006

福士慈稔,「大日本古文書正倉院編年文書」にみられる新羅仏教の二・三の問題,
　　『東洋文化研究所所報』, 身延山大學東洋文化研究所, 2007

菅野博史,『大乘四論玄義記』の基礎的研究,『印度學佛敎學研究』第57卷 第1号,
　　2008

奧野光賢,「僧詮の僧朗受學について」,『印度學佛教學研究』40卷 1號, 2010

浜田久美子,「漢詩文にみる弘仁六年の渤海使」,『法政史學』第六十六号, 法政大
　　學史學會, 2010

竹村牧男,『日本仏教 思想のあゆみ』, 講談社學術文庫, 講談社, 2015

三宅久雄,「宮內廳 古文書 年次報告」, 宮內廳正倉院, 2003

찾아보기

이윤옥

한국외국어대학교 일본어과를 졸업하고, 동 대학 대학원에서 문학박사 학위를 받았다. 한국외대 연수평가원 일본어과 교수, 일본 와세다대학 객원연구원을 지냈으며, 현재는 한일문화어울림연구소장으로 한일 간의 우호증진에 힘쓰고 있다.

지은 책으로는『일본 속의 고대 한국출신 고승들의 발자취를 찾아서』,『신일본 속의 한국문화 답사기』, 우리 풀꽃 속의 일제 잔재를 다룬『창씨개명된 우리 풀꽃』, 국어사전 속 일본말 찌꺼기를 다룬『오염된 국어사전』,『사쿠라 훈민정음』등 다수가 있다.

일본불교를 세운 고대 한국 승려들

초판 1쇄 인쇄 2020년 9월 18일 | 초판 1쇄 발행 2020년 9월 28일
지은이 이윤옥 | 펴낸이 김시열
펴낸곳 도서출판 운주사

(02832) 서울시 성북구 동소문로 67-1 성심빌딩 3층
전화 (02) 926-8361 | 팩스 0505-115-8361
ISBN 978-89-5746-618-6 93220 값 22,000원
http://cafe.daum.net/unjubooks 〈다음카페: 도서출판 운주사〉